천재, 빛나거나 미쳤거나

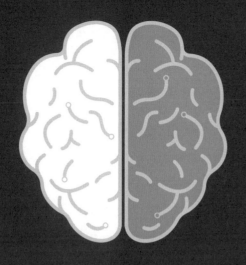

천재,

빛나거나
미쳤거나

천재는 대체 누구이며 어떻게 만들어지는가?

WHO IS
T—H—E
GENIUS

팬덤북스

목차

Chapter 4 천재, 미치거나 빛나거나

Chapter 5 더 창조적인 삶을 위하여

보통사람에서 제외된 자, 천재

먼저 이 책은 쇼펜하우어의 철학과 니체의 초인 사상에 영향을 받았음을 미리 밝혀둔다.

천재라는 단어를 들었을 때 사람들이 가장 먼저 떠올리는 이미지는 화려한 성공과 축복 그 자체일 것이다. 평범한 사람들은 인류의 역사를 주도한 인물, 비범하고 위대한 창조로 세상을 뒤흔들었던 천재들을 마냥 부러워하고 동경한다. 지적 허영심이 강한 사람들은 자신의 평범한 재주를 힘껏 부풀려 그들과의 유사성을 강조하기도 한다. 하지만 천재를 단순히 뛰어난 재능_{뛰어난 암기력이나 높은 IQ}을 가진 사람으로만 알고 있는 평범한 사람들은 실로 이들이 감당해야 할 번뇌와 그 심연에 대해서는 무시하는 경향이 있다.

천재성에 대해 깊은 고민을 해본 사람들은 천재성에서 축복 이외의 다른 무엇인가를 발견해내기도 한다. 천재에 대한 명확한 정의나 이들에 대한 명확한 실체는 밝혀낼 수 없지만, 이들은 하나같이 비범하고 독특한 정신적 개성을 통해 일반인들과 전혀 다른 관점에서 세상을 감지했다. 천재의 독창성은 기존의 규범과 질서를 어기는 일과 관련이 있으므로, 이들은 자신의 성과를 세상에 드러내기 이전에 세상과의 이질감을 극복해야 하는 힘겨운 과제를 떠맡았다. 평범한ordinary 존재가 절대적 대다수를 차지하는 이 세상에서 예외적인extraordinary 존재는 언제나 비정상적인abnormal 존재로 인식되기 마련이다.

천재와 광기를 매우 밀접한 것으로 보았던 철학자 쇼펜하우어는 이렇게 말했다.

"위대한 천재란 모든 시대를 초월하여 인류에게 불멸의 가치를 남긴 사람들만을 두고 하는 말이다. 그렇다고 해서 천재들의 재능이 그들에게 행복한 삶을 약속하는 것은 아니며, 오히려 그 반대인 경우가 많음을 알 수 있다. 그리고 천재들의 행동은 거의 모든 면에서 동시대와 모순되기 마련이므로, 외부세계와의 관계가 원만하지 못하다. 그런가 하면 천재는 시대라는 유성의 궤도에 뛰어든 혜성과도 같은 존재라 할 수 있다. 그 궤도의 규칙적인, 그리고 명확히 들여다볼 수 있는 질서의 세계에서 보면, 혜성의 변덕스러운 진로는 매우 기이하게 보인다. 따라서 천재는 오래전에 확립된 시대의 규칙적인 궤도에 진입할 수 없으며, 오히려 시대가 천재의 능력을 뒤쫓아서 겨우 붙잡을 수 있는 아득히 먼 길에 내던져진다."

안승일(2014), 《열정의 천재들 광기의 천재들》, 연암서가

'정상'이란 무엇인가? 쉽게 말해 그 시대가 정해놓은 상식과 규범의 울타리를 넘어서지 않는 것이다. 그러나 천재는 상식이 아닌 진리를 추구한다. 진리를 추구하는 천재는 자신의 의도와 상관이 없이 그 시대가 정해놓은 상식의 범주를 넘어서게 된다. 수재가 어려워 보이는 목표를 달성한다면, 천재는 아무도 생각해보지 않았던 목표를 향해 나아간다.

이와 같은 천재들의 특성은 곧 광기와 연관되어 설명된다. 이 책에서 말하는 광기는 단순한 성격이상이나 정신질환에만 국한되지 않는다. 광기란 정상적인 사회적 기능을 넘어서는 독특한 사고방식이나 정신세계를 의미하기도 하고, 세계의 비밀과 창조에 관련된 -논리적으로 설명할 수 없는- 신비스러운 힘을 의미하기도 한다. 우리가 누군가를 미쳤다고 말하는 것은 그가 건강하지 않아서가 아니라 다수와 보편적인 신념을 공유하지 않기 때문이다.

만약 광기가 그저 정신병에 불과한 것이라면 우리는 미치지 않기 위해 정신건강을 챙기는 것만으로 충분할 것이다. 광기는 대부분의 사람들이 옳고 바람직한 것으로 규정짓는 것과

는 전혀 다른 길을 선택할 기회를 준다.

철학, 과학, 예술 등 각기 분야에서 천재적 재능을 보이며 이름을 떨친 사람들을 살펴보면, 그 광기의 징후를 확인할 수 있다. 실제로, 빅토르 위고, 괴테, 헤밍웨이, 니체, 쇼펜하우어, 로시니, 카프카, 반 고흐, 아인슈타인, 스티브 잡스 등 위대한 천재들의 삶 곳곳에는 광기의 흔적이 남아 있다. 창조성이 비범한 인물, 예술가로서 독보적인 결과물을 남긴 인물들은 기질적으로 보통 사람들과는 전혀 다른 특성을 지니고 있었다. 천재는 보통 사람보다 괴팍한 시각으로 세상을 바라본다. 이들은 세인世人들이 전혀 이해하지 못하는 것들, 간과하고 지나치는 수많은 것들에서 의미를 찾아내고 그 깊이를 더해간다. 기질적으로 남다른 특성은 이들이 기존의 질서에 온전히 편입되지 못하고 사상가, 예술가로서 창조의 길을 갈 수밖에 없도록 부추기는 역할을 했다.

천재들의 굴곡진 삶과 치열한 창조의 과정을 연구하면서 깨달은 점은 위대한 창조성이 꼭 훌륭하고 모범적인 성격과 관련이 있는 것은 아니었으며, 이러한 사실에 대해 우리가 아는 것이 별로 없다는 것이다. 사회가 대중을 효율적으로 통제하기 위해 역사 속의 위대한 창조자들을 한결같이 모범적이고, 주어진 일에만 성실한 사람들로 묘사했을 뿐이다. 사회는 이들의 어두운 면에 대한 언급을 회피하고 아름다운 가상의 인물로 만든 뒤 이를 앞으로 자라날 어린 아이들에게 주입하고 있다. 하지만 독자적 영역을 개척하고 이 세상을 바꾸어 놓는 사람들은 대부분 무난한 인성과 거리가 멀었다. 이들은 하나같이 주변 사람들을 혼란스럽게 하는 습관과 특성을 가지고 있었다. 이들의 모든 정신력은 지나치게 특정 분야에만 집중된 나머지, 평범한 사람이라면 절대 실수할 일이 없는 일상적인 과제에서 서툰 모습을 보이기도 했다. 사물의 모든 것을 예리하게 분석할 수 있는 지성을 지녔으면서도 정작 주변 사람의 마음을 헤아리고 배려해주는 데 있어서는 부족함을 보이기도 했다. 자신의 거대한 이상에만 집착한 나머지 주변 환경과 갈등을 초래하였으며, 자신만의 세계 속에서 강박증에 시달리기도 했다.

우리는 대개 익숙해진 인식체계 내에서 모범적인 행동을 하는 사람들만 덕德 있는 사람이라고 생각하기 쉽다. 우리 주변에는 예의 바르고 상식적으로 행동하는 사람이 있다. 그들은 자신을 조직에 잘 끼워 맞추며 자신에게 주어진 여러 가지 의무들을 성실하게 이행한다. 하지만 덕에는 그러한 종류의 것만 있는 것이 아니다. 기존의 관념에 갇혀 있지 않고 새로운 변화를 이끌어내는 것은 사실 매우 큰 덕에 해당한다. 하지만 대부분의 인간은 자기 시야의 한계를 곧 세계의 한계라고 생각한다. 인간은 언제나 자기 시야의 한계 속에서 상대방의 결점만을 인식할 수 있다. 천재들은 자신과 가장 가까운 가족이나 동료들에게 조차 몰이해의 대상이 될 뿐이었다. 정신적 위대함은 사회적 지위나 재산처럼 당장 눈에 보이는 것이 아니므로, 세상이 이를 알아보기까지는 상당한 시간이 소요된다는 말이다.

또한 그 보이지 않는 것을 가졌음을 의도적으로 표출하는 것이나 그 조짐이 의도치 않게 외부에 표출되는 것은 은연중에 다른 이들의 지적 허영심과 질투심을 자극하기도 한다. 극히 비범한 정신을 지닌 사람은 사소한 영역에서 취약함을 보이는 경향이 있는데, 세인들이 그 결점을 끝까지 물고 늘어지며, 결국 많은 이들이 너도 나와 다를 바 없는 별 볼일 없는 인간이라는 사실을 상기시키고자 달려들 것이 자명하다.

그러나 내면에 큰 덕을 품은 천재들은 이 세상 모든 사람들이 좋다고 칭찬하는 방향대로 움직이지도 않았고, 반대로 냉소와 조롱을 보내는 방향일지라도 계속 멈추지 않고 나아갔다. 이들은 세인들의 몰이해와 조롱에도 불구하고, 자신들의 이상함을 위대한 창조성으로 승화시켰다. 이들은 세상을 변화시켰고, 대중이 세상의 사물과 현상을 바라보는 방식을 변화시켰다. 필자는 이 위대한 정신을 '창조적 정신'이라고 부른다. 천재들은 마치 높은 탑과도 같아서, 너무 가까이 있는 사람은 감히 그 높이를 가늠할 수조차 없다. 천재는 시간을 두고 멀리서 바라봐야 그 진정한 높이를 알 수 있다.

권위를 조롱하는 아인슈타인, 기괴한 행동만 일삼던 스티브 잡스, 시대의 여성상에 어긋나는 특이한 여성 마리 퀴리. 이들은 사회적 규범에서 벗어나는 기이한 행동으로 사람들의 비난을 받았다는 공통점이 있다. 만약 이들이 세상의 가혹한 기준에 억눌려 '정상'이라는 범주에 들기 위해 자신의 개성과 독창성을 검열했다면, 오늘날 이들의 경이로운 업적은 드러나지 않았을 것이다. 하지만 다행히 이들은 세상의 기준에 굴복하지 않았다. 이들은 자신을 향한 세상의 시선보다 세상을 향한 자신의 시선을 더 중시했다. 자신만의 세계를 창조한 인간이 가장 세계적인 인물이 되고, 가장 자기중심적인 인간이 가장 이타적인 인물이 되는 것이다.

이처럼 창조성을 발휘하는 것은 미지의 세계에 몸을 내던지는 것과 같다. 미지의 세계란 말 그대로 보통 사람들의 시선이 미치지 못하는 곳이다. 창조적인 인물이 되겠다는 것은 곧 주변과의 공감대가 자연스럽게 형성되지 않을 수 있음을 각오한다는 것을 의미한다. 그만큼 자신의 고유한 사상을 정립하고 그것을 세상에 드러내는 것은 매우 수고롭고 용기가 필요한 일이다. 자신의 사상을 관철시키려면 대립에 따른 고통을 회피해서는 안 된다. 일부러 이 길을 선택해야 한다. 세상의 보편적 기준에 어긋나더라도 자신이 세운 삶의 가치에 따라 사는 담대한 태도를 유지해야 한다.

필자는 천재들의 광기를 과감하게 다룬 이 책이 인간의 재능이나 창조성을 논함에 있어 새로운 지평을 열어줄 것이라 기대한다. 곧 다가올 새로운 시대에서는 엉뚱한 것을 상상하고 그려낼 수 있는 사람들, 즉 과학적이고 논리적이면서도 인문적이고 예술적인 사람들이 각 분야에 진출하여 그 시대의 지성을 대표하게 될 것이다.

우리가 앞으로 맞이할 시대는 두뇌의 기능적 측면에만 의존해서는 결코 선도력을 발휘할 수 없는 시대다. 언어 영역과 수리 영역은 컴퓨터가 인간보다 훨씬 월등하다. 그럼에도 불구하고 우리의 교육은 여전히 언어와 수리를 관장하는 좌뇌의 일부분만을 너무나 편애하고 있다. 모든 교육적 지원과 투자가 두뇌의 이성적 기능을 개발하는 것에만 쏠려 있다. 결국, 인공지능에 대체 당할 인재들을 양성하기 위해 최선의 노력을 다하고 있는 것이다.

사람들은 천재에게서 탁월한 이성적 측면만을 발견하지만, 천재가 보통 사람의 범주에서 벗어날 수 있었던 근본적 원인은 창조적 상상력과 과감성에 있었다. 아직 일어나지 않았지만 앞으로 벌어질 일을 내다보고 비합리적인 짓을 저지를 수 있는 능력은 혁신가로서 매우 중요한 자질이며 인공지능도 함부로 흉내 낼 수 없는 것이다. 하지만 혁신은 그것을 실행하는 자와 받아들이는 자 두 부류가 참여하는 작업이고 서로 협력해야만 이루어질 수 있다.

천재 혼자서만 혁신을 이뤄낼 수 없다는 말이다. 한 개인의 창조성을 평가할 수 있는 핵심적 위치에 있는 사람들은 정치권력이나 종교 등 창조성과 무관한 요인으로부터 독립성을 보장받아야 하고, 미래의 잠재력을 알아볼 수 있는 탁월한 안목을 지녀야 한다. 미래의 잠재력에 현재의 상식과 인과율을 들이대는 사회적 분위기는 미래의 아인슈타인들을 합리적으로 짓밟는 결과를 초래하게 될 것이다.

Chapter 1

천재, 대체 누구이며 무엇인가?

WHO IS
T—H—E
GENIUS

1

운명의 수호신,
게니우스

> 때로는 나 자신이 매개체가 되는 것 같다. 가끔씩 예술가들한테서 발
> 현되는 무의식이 다른 영혼들, 즉 다른 신들의 매개체라 생각한다. 이
> 때문에 우리가 이성적으로 가질 수 없는 것을 가지게 되는 것이다.
>
> **- 웅토자케 상게**

인간을 제외한 모든 동물은 이미 만들어진 자연이라는 구도 속
에 갇혀 있다. 동물들은 과거나 현재, 그리고 미래에서 자연 그
대로의 원시적 상태에서 벗어나지 못한다. 반면, 인간이라는
존재는 창조적 능력을 바탕으로 이미 스스로 존재하는 자연이
라는 구도 위에 새로운 가치 체계를 건립했다. 우리는 그것을
문화 또는 문명이라고 부르며, 그 모습은 역사의 진보에 따라
더욱 뚜렷하고 세련된 모습으로 변모해갔다.문화는 종교, 학문, 사상 등 정
신적 측면에서의 진보를 말하고 문명은 물질, 기술적 측면의 진보를 말한다. 이처럼, 인류

에게 영장류라는 지위를 가져다준 가장 큰 공은 '창조적 능력'에 있다 할 것이다.

그러나 서양사를 기준으로 창조적 능력이 인간이 지닌 능력의 일부로서 받아들여지는 데는 오랜 시간이 걸렸다. 인간은 그 자체로 유한한 존재로서 창조적 능력은 외부의 신神으로부터 주어지는 것으로 간주되어왔다. 오늘날 우리는 비범한 정신적 능력을 갖춘 사람 또는 독창적 결과물을 창조한 사람들을 천재로 정의하지만 본래 'genius'라는 단어는 라틴어 '게니우스genius'에서 온 단어로서 그 의미가 오늘날과는 다소 다르게 쓰였다. 라틴어 게니우스는 그리스 신화에 등장하는 정령 '다이몬daimon'과 동일시되는 것으로서 한 개인을 따라다니는 일종의 수호신을 지칭하기도 했다. 고대 그리스에서는 특정한 장소, 사물, 인간 등 모든 만물에는 그 기질과 운명을 결정짓는 정령이 깃들어 있다고 믿었고 이를 다이몬이라고 불렀다. 원래는 선신이든 악신이든 전부 다이몬이라 불렀지만, 훗날 그리스도교의 영향으로 오늘날엔 악마demon와 동일시하는 의미로 쓰이게 되었다. 알라딘에 등장하는 요술램프 속 지니genie 역시 마력을 지닌 귀신이며, 인간을 수호하는 정령의 일환이다.

고대 그리스 사람들은 이 수호신이 한 개인의 정신을 사로잡는다고 보았다. 소크라테스는 자신의 철학적 영감이 다이몬으로부터 주어지는 것이라고 했으며, 시인들 역시 과학적 사고

프랑수아 부셰(1703~1770)의 <예술의 게니우스들>(1762)
게니우스는 고대 로마에서 각 개인의 운명을 좌우하는 수호신, 정령의 의미를 가지고 있었고, 이는 그리스어 다이몬에 해당한다. 게니우스는 고대 조형에서 남성이나 뱀의 형상을 하고 있지만, 후기에는 아이의 형상을 띠기도 한다. 게니우스는 예술에 특별한 영감을 주는 존재인데, 부셰의 그림에서 건축, 회화, 소묘, 조각 등 여러 분야의 게니우스들이 모여 있는 것을 확인할 수 있다.

가 아닌 충동적 본능에 의존하여 시를 창작하는 것이라 한다. 사실 소크라테스는 이성을 중시했지만, 비이성적 존재인 다이몬을 섬기기도 했다는 점에서 모순적인 인물이기도 하다.

플라톤에 의하면 진정한 시詩는 신내림의 언어였다. 시인이 제정신일 때는 일상생활을 영위하는 한 인간으로서는 제 기능을 할 수 있었지만, 시를 쓰는 시인으로서는 별로 쓸모가 없었다. 다이몬은 한 개인을 평범한 인간에서 위대한 인간으로 거듭나게 하는 천재성 그 자체인 것이다.

정녕 천재들은 신령과 밀회한 결과로 영감을 부여받은 것일까?

훗날 모차르트는 자신의 의지와 상관없이 음악적 영감이 불쑥불쑥 떠오른다고 고백하기도 했고, 독일의 대문호 괴테 역시 창작의 과정에서 다이몬의 역할을 강조하기도 했다. 다이몬은 괴테에게 있어 시적 영감의 원천이었다. 독일의 철학자 니체는《이 사람을 보라》에서 어떤 철학의 정신이 다가와 존재가 되었고, 그 존재가 말이 되어 자신의 밖으로 나가는 것 같은 체험을 했음을 밝히고 있다.

실제로, 작품을 완성해내는 동안 니체의 지성은 신들린 지성이었으며, 그의 작품은 뜨거운 광기에 휩싸여 만들어진 것이기에 논리적이고 체계적이기보다는 다분히 시적이고 직관적이다. 이는 우리가 쓰는 '신들렸다'는 표현과 일맥상통한다. 바이올린을 연주하는 사람, 글을 쓰는 작가들, 사상에 미쳐 있는 철학자들, 그들의 표정과 눈빛 그리고 행동거지를 보면 알 수 있다. 그들은 더 이상 평범한 인간의 영역에 속해 있다고 보기 어렵다. 인간 지성을 초월하는 신적인 존재와의 접촉, 이것이 바로 창조적 힘의 원천인 것이다.

중세시대에서는 오직 기독교적 하나님만이 유일한 창조자

였다. 곁에서 인간을 보호하고, 특별한 과제를 해결하도록 지시하고 능력을 부여하는 존재는 수호천사 또는 성령聖靈이었다. 다이몬이든 게니우스든 이교의 신은 모두 악마, 즉 데몬의 범주에 넣고 뭉뚱그렸지만, 이 시기에도 인간의 창조성은 여전히 신기독교적 하나님의 창조성을 모방하는 차원에 머물렀다.

그러나 르네상스 시대 이후 인문주의가 발달하게 되면서, 창조성은 지성을 특성으로 하는 인간 존재의 고유한 능력이 되었다. 외부에서 주어지는 '신의 가르침'에 의존하여 세상을 인식하던 기존의 방식에서 벗어난 인간들은 이제 신의 창조적 권능을 자신의 것으로 만들 수 있게 되었다. 사람들은 창조성이라는 것이 별도의 정령이나 신이 아닌 각 개인으로부터 직접 나온다고 믿기 시작했다. 이때부터 예술가는 스스로를 '지니어스genius'라고 칭하기 시작했다. 이제 'genius'라는 단어는 더 이상 신령 '게니우스'가 아닌 비범한 창조적 능력을 지닌 한 인간, 즉 '지니어스'를 일컫는다.

오늘날, 신령에 자아ego를 양도함으로써 자아를 망각한 경지는 몰입이라는 용어로 설명된다. 몰입의 상태에서 우리의 창조성과 직관력은 극대화된다. 몰입은 오늘날 교육 심리학에서 영재들의 특성을 다룰 때 자주 등장하는 용어이기도 하다. 자의식이 강한 영재나 천재들이 마음의 평온과 특별한 영감을 얻을 수 있는 때가 있는데, 이는 이들이 몰입의 경지에서 자아를 망각한 때이다.

하지만 오늘날의 설명 방식이 고대 그리스인들의 설명 방식과 그 근본에 있어 차이가 있는 것은 아니다. 신성한 영적 존재로부터의 도움이 필요하지 않게 된 인간들은 천재 현상을 설명하기 위해 무의식, 직관, 몰입이라는 개념들을 도입했지만, 결국은 동일한 현상을 설명하는 것이기 때문이다. 고대 그리스 사람들은 인간 내면에 깃들어 있는 창조적 힘의 근원을 설명하기 위해 다이몬이라는 표현을 선택했을 뿐이다.

다이몬의 음성은 무의식의 세계에서 들려오는 직관의 음성이고 자신의 존재 이유와 근원적 삶의 가치에 대한 깨달음을 주는 음성이다. 천재는 그 음성에 귀를 기울임으로써 삶의 소명召命을 들었고, 극한의 상황에서 직관력을 발휘했다. 이 세상에 위대한 창조적 업적을 남기는 사람들은 대부분 내면의 소리에 집중했고 그것을 이 세상 밖으로 끄집어낸 것에 불과하다. 그것이 사상이 되고, 이론이 되고, 음악이 되고, 시가 되는 것이다. 아인슈타인은 물리학자로서의 소명召命을 들었고 우주의 비밀을 풀어내는 소리를 들었다. 베토벤과 모차르트는 내면에서 들려오는 소리를 악보에 그려내고 연주했다.

우리는 내면의 음성으로부터 얻어진 깨달음을 직관이라 부르고 그것을 이 세상에 통용되는 수식이나 언어로 표현해내고 객관적으로 증명해내는 것을 의식 세계에서의 이성의 발현이라고 한다. 대다수의 평범한 사람들은 논리적 지성, 즉 이성에만 의존하여 세계를 체험한다. 이성은 논리적이고 합리적이지만 자기 자신이 세상의 전부이다. 바깥에 더 넓은 세상이 존재한다는 것을 모른다. 하지만 천재에게 있어 논리적 지성은 자신의 무의식적 직관과 공상을 세상에 증명하고 정립해내는 수단에 불과했다. 높은 IQ만으로 천재 현상을 설명할 수 없는 이유가 바로 여기에 있는 것이다. IQ는 의식 세계에서 통용되는 이성적 능력의 일부만 측정해 줄 수 있다.

논리적 체계를 건너뛰어 영감이 최고조에 달하는 이 상태를 일종의 접신接神 상태라 부를 것인지, 무의식의 발현과 직관의 작용으로 부를 것인지 판단하는 것은 여러분들의 자유다.

심리학의 3대 거장 중 한 명인 칼 융은 다이몬의 음성을 분명히 인식하고 자신에게 주어진 임무에 온전하게 몰입하는 자가 천재라고 말했다. 이는 영성 지능과도 일맥상통한다. 영성 지능은 인간 실존에 대한 통찰력이다. 한 인간의 삶을 의미 있는 삶으로 이끈다. 자신의 존재 이유와 근원적 삶의 가치를 추구하게 만든다. 영성 지능이 높은 사람은 세상의 보편적 기준에 어긋나더라도 자신이 세운 삶의 가치에 따라 사는 담대한 태도를 유지할 수 있다.

칼 구스타프 융(1875-1961)
프로이트와 쌍벽을 이루는 정신의학 분야의 개척자. 집단 무의식의 개념으로 심리학의 새로운 장을 열었다.
자아가 무의식의 여러 측면을 발견하고 통합해나가는 개성화 과정을 설명했다. 특이한 점은 인간 존재 내면
에 영적 존재를 상정했다는 것인데, 그는 심리학자이면서도 영 능력이 우수했다. 그의 가족 중에도 심령능
력의 소유자가 많았는데, 여동생과 그녀의 큰딸이 영 능력이 있었고 그의 사촌 여동생도 영매였다. 그는 살
아생전 인터뷰에서 "당신은 신을 믿습니까?"라는 진행자의 질문에 "저는 신을 믿을 필요가 없습니다. 저는
신입니다."라고 대답했다.

    그러나 대부분의 현대인들은 외부에서 정해준 모범적인 삶
에 순응하느라, 이성에만 충실한 인간이 되어버렸다. 창조성의
근원인 다이몬의 입이 무의식 속에 깊이 방치되고 말았다. 교
육은 획일성을 강조하고 있으며, 사회는 개인의 내면을 억누르
고, 보편적 권위에 복종하는 것을 미덕으로 가르치고 있다. 우
리는 우리가 진정으로 원하는 것이 무엇인지, 자신의 참된 자
아가 무엇인지, 어떤 것이 적성에 맞는지에 대해 답을 얻지 못
하고 있다.

    다이몬은 의식이 아닌 무의식 속에 존재한다. 다시 말해 우

리의 '참된 자아self'는 의식의 세계가 아닌 무의식의 세계에 존재한다. 그렇기에 본인 자신도 스스로의 정체성을 그토록 파악하기가 어려운 것이다. 하지만 우리는 우리 자신의 정체성을 내면이 아닌 외부의 현상계에서 찾으려 한다. 그것은 '진정한 자아self'가 아니라 다른 이들의 눈으로부터 수집된 하나의 이미지다. 이것은 다른 이들에게 빌려온 거짓 자아, 즉 '에고ego'일 뿐이다.

우리는 치열한 내적 탐구를 통해 다이몬이 우리의 무의식 안에서 깨어나도록 할 수 있다. 즉, 평범한 사람이라 할지라도 좀 더 창조적인 사람이 될 수 있다. 다이몬은 무의식적인 열정과 동기를 이끌어내는 원형의 존재이다. 이것이 당신의 본질, 순수 욕망, 정체성이며 이것의 음성에 귀를 기울여야 독창성이 발현된다.

끝으로, 신령에 자아ego를 양도함으로써 자신을 망각한 접신接神의 경지는 쇼펜하우어의 '천재론'과도 통하는 부분이 있다. 쇼펜하우어는 천재가 자기 자신을 잃어버리는 능력을 가지고 있다고 보았다. 자기 자신을 잃어버린다는 것은 곧, 세상의 질서에서 벗어나게 됨을 의미한다. 이는 일종의 광기다. 하지만 천재는 세상의 질서에서 벗어났기 때문에 진리를 엿볼 수 있다. 이것이 바로 미적 관조다. 작은 자아를 버림으로써 우리는 대아大我의 경지로 나아갈 수 있고, 천지자연과 무한히 소통할 수 있다.

세계 질서에 사로잡혀 있는 일반인은 진리에 도달할 수 없지만, 자아를 상실한 천재 예술가는 미적 관조를 통해 진리를 엿보고 예술작품에 담아 일반인들에게 전달할 수 있게 된다. 이점에서 천재는 일반인과 진리 사이에서 매개 역할을 하는 일종의 영매Exorcist, 인간과 신을 연결하는 존재라고 볼 수 있다. 일반인은 천재 예술가를 통해 진리에 접근할 기회를 얻게 된다.

간혹 소명이 연기될 수도 있다.

혹은 당신이 소명을 회피하려고 하거나 놓쳐버릴 수도

있으며, 반대로 당신을 완전히 사로잡을 수도 있다.

어느 쪽이건 소명은 결국 밖으로 드러난다.

자기 권리를 주장하고 나설 것이기 때문이다.

다이몬은 결코 우리를 떠나지 않는다.

수세기 동안 우리는 이 '운명의 부름'에 적절한

용어를 찾아왔다. 그것을 가리켜 로마인은 게니우스,

그리스인은 다이몬, 기독교인은 수호천사라고 명명하였다.

-제임스 힐먼, <나는 무엇을 원하는가>

2

천재는
정신적 귀족이다

육체노동을 할 만큼 깨어 있는 사람은 수없이 많다. 하지만 지적인 작업을 효율적으로 할 만큼 깨어 있는 사람은 백만 명 중 한 명뿐이고, 시적인 신성한 삶을 살아갈 정도로 깨어 있는 사람은 일억 명 가운데 한 명밖에 안 된다.

- 헨리 데이비드 소로

천재는 도대체 어떤 존재들일까? IQ가 대단히 높은 사람을 천재라고 할까? 아니면, 학업 성적이 매우 우수하여 최고 명문대학교를 진학한 이들을 천재라고 하는 것일까? 타고난 재능이 비범한 사람들 또는 우수한 성과를 보이는 사람들을 그 자체로 뭉뚱그려 천재라 칭하는 것일까? 천재는 단순히 암기력이 우수하거나, 공부를 잘하는 사람이 아니다. 천재 현상은 그저 많은 지식을 학습해 박학다식해지는 것 그 이상의 설명이 필요하다. 창조성은 뒤떨어지지만, 암기와 계산이 빠르며 시험 성적만큼은 우수한 사람들은 우리 주변에서 얼마든지 찾아볼 수 있기 때문이다. 천재의 힘은 초자연적인 힘이며, 자유분방하고 예측할 수 없는 것이다. 다시 말해 규칙을 그대로 따르는 것만으로 탁월한 재능을 보유할 수 있을지언정, 초월적 의미로서의 숭고함을 소환해낼 수 없는 것이다.

세상에 두각을 드러내는 데는 두 가지 길이 있다. 하나는 순응하는 길이고 다른 하나는 독창성을 발휘하는 길이다. 전자는 이미 수많은 사람들이 왕래하여 평평해진 길 위에서 남보다 앞서나가는 것을 의미한다. 반면, 후자는 새로운 구도를 짜는 일이며 인적이 드문 미지의 세계에 발을 들여놓는 일이다. 세상을 진정으로 변화시키는 것은 독창성이며, 이것이 천재와 관련이 있다. 기존 질서에서 앞서나가는 지성과 세상에 새로운 질서를 부여하는 지성은 하늘과 땅 차이다. 이것이 바로 수재와 천재의 차이다.

천재의 소명은 세상의 정답을 따르는 것이 아닌 새로운 세상을 여는 것에 있다. 천재란 내면의 고유함으로 보편성에 도전하는 동시에 역설적으로 보편성의 영역을 확장해가는 자이다. 위대한 예술은 개성적인 가운데도 보편성이 나타난다. 천재의 독창성은 미래에 우리의 상식이 된다.

천재는 자신의 독창성을 세상에 통용될 수 있는 보편성의 언어로 체계화 및 단순화하여 대중 앞에 내놓는다. 대중은 그 결과물에 감동을 할 수도 있고 그 감동을 다른 사람과 함께 공유할 수도 있다. 하지만 사람들은 술지게미를 맛보고는 자신이 진정한 술을 맛보았다는 착각에 빠진다. 책에 적혀 있는 사유의 결과물을 학습함으로써 그들과 동일한 정신적 높이에 도달해 있다고 생각하는 것이다. 일례로, 뉴턴은 이 세계를 자신의 호기심이 포착한 방식대로 집요하게 연구하고 설명하고자 하였다. 그 결과물 중 하나가 바로 만유인력 법칙이다.

이 법칙은 뉴턴 자신이 세계를 바라보았던 방식을 보편적인 방식으로 정리해낸 것이다. 우리는 뉴턴의 만유인력의 법칙을 학습함으로써 만유인력의 법칙을 이해하고 그것을 다른 사람들에게 설명할 수 있는 능력을 갖추게 된다. 그만큼 박학다식해지게 된다. 그러나 뉴턴처럼 위대해지지는 못한다. 왜냐하면 뉴턴의 위대성은 그의 사유의 결과물만유인력의 법칙이 아닌 만유인력의 법칙을 이끌어낼 수 있었던 그의 정신적 높이에 있기 때문이다. 세상에 이미 알려진 것이라 할지라도 그것을 수동적으로 입력하여 터득한 것과 스스로 알아낸 것은 천지 차이다. 전자는 이미 앞서간 사람들이 두고 간 밧줄을 부여잡고 산을 오르는 일이고, 후자는 스스로 길을 찾아 올라서는 일이다. 전자는 그저 밧줄만 잡고 산에 올라가면 되기에 생각할 필요가 없다.

마찬가지로 우리는 피카소의 입체주의 작품을 모방하면서 스스로 피카소와 동일한 경지에 이른 것 같은 느낌을 받지만, 우리는 입체주의의 초기작 〈아비뇽의 처녀들〉을 비웃었던 당시 수많은 사람 중 한 명일 가능성이 높다. 피카소의 지인들은 이 그림을 경멸하고 무시했다. 어떤 지인은 "피카소는 머리가 돌아서 그 그림 뒤에서 결국 자살하고 말 것이다."라는 말까지 남겼다.

　　우리가 뉴턴의 만유인력의 법칙을 공부하는 이유가 단지 그것을 암기해서 시험지에 서술해내는 것에 있는 것은 아니다. 뉴턴이 취했던 그 탁월한 사유의 과정을 들여다보고 자신도 뉴턴처럼 독립적으로 사유하는 능력을 기를 수 있도록 하는 데 있다. 그래야만 다음의 과정인 창조의 과정으로 넘어갈 수 있다. 거인의 어깨 위에 올라서면 당신은 기존보다 더 넓은 시야를 확보하게 되고 그곳에서 당신만의 것을 융합해 독창성을 발현시킬 수 있다. 그러면 또 다른 누군가가 당신의 어깨 위에 올라서서 세상을 바라보고 창조의 실마리를 찾을 것이다. 당신의 어깨 위에 올라서서 세상을 바라보는 사람들이 많아질 때 당신은 진정한 정신적 거인이 된다.

1) 좋은 것보다 위대한 것을 추구하는 자

모든 진리는 그것이 인식되기 전에 3단계를 거친다. 처음엔 조롱을 받고 다음엔 반대에 부딪치다가 결국은 자명한 것으로 받아들여진다. - 아서 쇼펜하우어

세상에 진정한 천재가 나타났음은 바보들이 모조리 결탁하여 그에게 맞서는 걸 보면 알 수 있다. - 존 케네디 툴의 《바보들의 결탁》 중

비합리적인 것에는 두 가지 종류가 있다. 하나는 말 그대로 비합리적인 것이고, 다른 하나는 보통 사람들이 보기에 비합리적인 것이다. 보통 사람의 관점에서 '좋은 것'이란 곧 최상의 가치이며 궁극의 목적이다. 좋은 것은 곧 정상적인 것, 익숙한 것, 사리에 맞는 것, 상식에 부합하는 것, 공감대가 형성되는 것, 합리적인 것 등을 의미한다. 평범한 대다수의 사람들은 '좋은 것'을 좋아한다. 심지어 좋은 것을 곧 위대한 것으로 착각하며 동일시하기까지 한다. 하지만 천재적 관점에서 좋은 것은 곧 언젠가는 극복되어야 할 대상이다. 좋은 것은 위대한 것에 이르기 위해 잠시 머물러 있는 중간역에 불과하기 때문에, 위대한 것을 추구하는 천재는 어느 순간부터 좋은 것을 추구하는 보통 사람들의 무리에서 제외된다.

"위대한 정신을 가진 사람은 항상 평범한 사람의 극심한 저항에 부딪힌다. 평범한 사람은 이해하지 못한다. 비판 없이는 오래된 편견을 받아들이지 않고, 정직하고 용감하게 지성을 사용해 생각의 결실을 명료하게 표현할 의무를 다하는 것을…." - 알버트 아인슈타인

좋은 것이야말로 위대한 것의 가장 큰 적이다. 좋은 것은 언제나 익숙하고 친숙하다. 좋은 것은 이미 이 세상에 통용되는 기준에 의해 정해져 있다. 좋은 것은 누구에게나 쉽게 보이기 때문에 당연시되고 추구된다. 하지만 위대한 것은 눈에 보이지 않는다. 뿐만 아니라 위대한 것이 좋아 보이는 것과 일치하는 경우는 드물다. 오히려, 위험하고, 미치고, 나쁘게 보이는 것들 속에 머물러 있다가 세상 밖으로 표출되는 경우가 많다.

세계는 계속 변화한다. 하지만 이 세상 대부분의 사람들은 변화가 지나가고 간 그 자리에 남겨진 이념이나 관념 속에 갇혀 있다. 기존 영역에 갇혀 있는 사람들, 외부의 보편적 기준을 습관적으로 차용하는 사람들은 자기 세계의 한계를 곧 세계의 한계라고 생각하므로, 기존의 영역에서 벗어나 새로운 영역으로 몸을 내던지는 사람들을 이상한 시선으로 바라본다. 집단으로부터 이탈해서 공감받기보다는 몰이해의 대상이 될 때, 다른 사람들로부터 고립될 때, 이때 인간은 깊은 고독의 수렁에 빠지게 된다. 하지만 어떤 용기 있는 지성은 기꺼이 고독과 불안

피카소(1881~1973)의 <아비뇽의 처녀들>(1907)
입체파의 선구적 그림이지만 당시에는 냉소와 조롱을 받았다.

을 감당하며 앞으로 계속 나아간다.

지적 활동을 하는 사람들, 영감이 발달한 사람들은 항상 새로운 것들에 대해 개방적이다. 점차 새로운 영역으로 나아갈 때 찾아드는 대립을 회피하지 않고 감당해내는 사람. 일부러 그 길을 가는 사람. 우리는 그 사람을 장차 영웅英雄이 될 사람이라고 한다. 평범한 사람에게 있어 대립과 고독은 그저 회피의 대상이고 해소할 대상이지만 누군가에게는 적극적으로 품고 견뎌야 할 대상이다. 그리고 이들의 고독은 태풍의 눈으로서 대개 인류 발전의 중심부에 서 있는 고독이다. 이들 내부에 존재하던 창조적 광기가 폭발하여 작품이나 이론, 사상의 형태로 외부세계에 객관적인 영향력을 행사하게 될 때, 세상은 비로소 이 광기를 창의성이라 부르고, 위대한 상상력이라 부르며, 독창성이라고 부르게 되는 것이다.

세인들은 일상의 가시적인 주변 세계에서만 덕德을 실현하지만, 천재들은 가늠할 수 없이 높은 위치에서 덕을 실현한다. 보통 사람의 입장에서 이들은 마치 자폐증에 걸린 것 같고, 고립된 것처럼 보였지만 이들의 정신은 이미 광활한 우주를 품고 있었다. 이들은 세상의 몰이해 속에서 고독과 불안을 경험했지만 자기 내면에서 세계에 있는 모든 것들의 성질과 동일한 무엇인가를 발견하고 그것과 연결되면서 스스로를 뛰어넘는 더 큰 존재가 될 수 있었다. 이들이 세속의 몰이해와 고독을 두려워하지 않았던 이유가 바로 여기에 있는 것이다.

천재들의 비합리적인 공상은 내일 우리의 상식이 된다. 언제나 그렇듯 세상은 천재의 독창적 결과물을 토대로 다시 학습과 모방을 시도한다. 그리고 또 다른 새로운 천재가 나타나 그 구도를 깨부수고 새로운 질서를 정립한다. 이러한 과정이 반복적으로 축적되어 나간다.

2) 높은 곳에 우뚝 서 있는 고독한 정신

성인이 된다는 것은 곧 혼자가 된다는 뜻이다. - 장 로스탕

혼자라는 것은 남들과 다르다는 뜻이고, 남들과 다르다는 것은 혼자라는 뜻이다. - 수잔느 고든

천재는 흔히들 고독한 존재라고 하는데, 여기서 말하는 고독은 반드시 사회성 부족이나 사교성의 결여, 또는 공감 능력의 부재, 양적 소수를 일컫는 것이 아니다. 누구나 이해할 수 있는 영역에서 시작하지만, 어느 순간부터 보통 사람이 이해할 수 없는 영역으로 높이 뛰어올라 버렸다는 의미에서의 고독이다.

우리는 보편성에서 벗어난 행동을 하거나 조금 독특한 생각을 하는 사람들 일러 '4차원'이라고 표현한다. 이러한 사람들은 때로 성격 이상을 넘어 정신에 문제가 있는 것은 아닐까 싶을 정도로 기대에 어긋나는 모습을 보이기도 한다. 하지만 우리는 우리의 지성으로는 전혀 도달할 수 없는 세계에 발을 내디딘 사람들까지 광인으로 취급해버리곤 한다. 어떤 집단에 섞인다는 것은 다른 일원들과 유사한 존재일 때 가능하다. 비슷한 복장, 비슷한 취미, 비슷한 사고방식, 비슷한 직업 등 이질적인 요소가 최대한 적어야 사회의 일원으로서 사회성 좋다는 소

리를 듣는다. 하지만 이는 독특하거나 특별하지 않고 그저 배경과 환경에 동조하는 유형이기도 하다.

그것은 지성도 마찬가지다. 많은 천재들이 쉽게 배우지 못하는 교훈이 있는데 그것은 사고, 행동, 이해에 있어서 일반인들은 자신과 매우 다르다는 것이다. 평범한 사람은 오랫동안 하나의 대상에 시선을 고정하지 않는다. 게으른 자가 누울 곳을 찾듯이 그 대상에서 나타나는 몇 가지 개념들을 추출해내고는 더 이상 그 대상에 대한 흥미를 갖지 않는다. 그러므로 아름다운 자연경관이나 시, 소설 등의 문학작품, 미술 작품, 또는 삶에서 나타나는 어떠한 현상들에 대해 모든 것을 성급하게 처리해버리고 만다. 이는 뇌에 과부하가 걸리지 않도록 단순화시키는 것으로 무난한 일상을 영위하기 위한 매우 실용적이고 중요한 잠재적 억제력이다.

하지만 천재는 하나의 대상에 대하여 깊이 사고하고 그 본질을 강박적으로 추구하여 보통 사람들이 행하는 일상적 인식 방법과 그에 따른 행동 양상에서 벗어나 있으므로 그들 사이에서 조화를 이루지 못하는 경우가 많다.

릴케는 로댕의 고독에 대해 다음과 같이 말하고 있다.

"명성을 얻기 전에 로댕은 고독했다. 하지만 그가 성취해낸 명성으로 그는 더 큰 고독에 빠졌다. 따지고 보면 명성이란 것도 새로운 이름을

둘러싸고 있는 온갖 몰이해에 지나지 않는 것이다. 명성을 얻은 뒤에도 그가 더 큰 고독에 빠진 것은 바로 그 까닭이니 말이다." - 라이너 마리아 릴케(독일의 시인이자 로댕의 비서)

안승일(2014), 《열정의 천재들 광기의 천재들》, 연암서가

마찬가지로 대중은 아인슈타인의 상대성 이론에 열광했지만, 상대성이론이 무엇인지, 아인슈타인이 무엇을 말하려고 했는지조차 파악하지 못했다. 당시 수많은 과학자들도 아인슈타인의 이론을 쉽게 설명하고자 노력했지만 그의 이론을 풀어 정리한 서적들 역시 알쏭달쏭하고 감을 잡기가 어렵기는 마찬가지였다. 그의 이론은 이해할 수 있을 것 같으면서도 아리송하다. 대중들은 아인슈타인의 상대성이론에 열광하며 그를 위대한 천재로 추앙했지만, 정작 그들 중 그의 이론을 제대로 이해하는 이가 없었으며, 아인슈타인 본인도 이를 잘 알고 있었다. 그는 대중으로부터 환호받는 것을 싫어하진 않았지만, 대중이 자신의 사상이 아닌 단지 이미지에만 환호한다는 사실에 안타까움을 표하기도 했다.

"전 세계적으로 알려졌어도 아직도 이렇게 외롭다니 참 이상한 일이다."- 알버트 아인슈타인

정신적으로 높은 위치에 도달했던 사람들은 자신이 깨달은 것을 다른 사람들과 함께 공유하고자 언어라는 수단을 빌려 책으로 남기기도 했지만, 책이 그들의 사상을 온전하게 전달할 수는 없었다. 손무孫武는 《손자병법孫子兵法》이라는 병법서를 남겼으나, 후대의 병법가들이 그의 저서에 남겨진 글만 가지고는 손무의 경지에 도달할 수는 없었다. 책에 담겨 있는 레시피만 가지고 최고의 요리사가 되었다는 사람이나, 옛 성현이 남긴 경전만 가지고 깨달음의 경지에 도달했다는 사람은 본 적도 들은 적도 없다. 이것은 말이나 글로써는 전달될 수 없는 영역에 속해 있는 것이기 때문이다. 이것이 바로 직관의 영역이고 천재의 영역이다. 모든 위대한 사상가는 높은 곳에 서 있는 정신이며, 필연적으로 고독하다.

문자주의자들은 문자적 해석이나 논리에만 집착하므로 제법 체계적이고 박식할 수는 있지만 어느 순간부터는 진리에 다가갈 수 없게 된다. 참된 진리는 문자적 해석을 넘어서 있는 직관으로만 깨우칠 수 있기 때문이다. 언어는 특정 대상을 가리키는 하나의 명칭이지만, 그것이 가리키고자 하는 대상을 정확하게 반영할 수는 없으며 심지어 왜곡시킬 수도 있다.

언어는 그 어떤 명칭으로도 그 사물이나 대상을 완전 그대로 나타낼 수 없다. 언어라는 것은 진리에 가까운 어느 지점까지 우리를 안내해줄 수 있지만, 결코 정확한 목적지에 우리를 데려다 줄 수는 없다. 이것이 언어의 한계다.

"내가 보고 즐긴 것을 그대로 그림으로 옮겨놓는다 하더라도 그 때 내가 받은 느낌을 관람객들에게 그대로 전달될 수 없다는 사실을 나는 오래전에 깨달았다." - 조지아 오키프

천재는 자신이 통찰해낸 진리를 말이나 글 등의 언어적 수단이나 시각적 그림, 악기를 통한 음의 형태로 대중에게 전달하는 존재이다. 하지만 천재가 받은 느낌이 항상 대중에게 온전한 형태로서 전달되는 것은 아니다. 미적 관조, 즉 직관은 언어적 전달 수단을 초월해 있는 것이기 때문이다. 다만 쇼펜하우어는 예술 중에서도 음악을 특별한 위치에 올려놓았는데, 음악은 다른 예술처럼 진리에 대한 모사가 아니라 의지의 직접적인 객관화이기 때문이다. 음악은 모든 현상의 내면적 본질, 즉의지 그 자체를 표현하는 것이다. 그런 점에서 세계 그 자체와도 같다. 때문에 음악은 글이나 그림 등의 효과보다 훨씬 더 직접적이고 강렬하다. 따라서 음악은 다른 예술들과의 관계에서 특별한 위치를 차지하게 된다.

3

대중이 만드는
천재의 아우라

질투심과 각종 불편한 감정을 불러일으키더라도, 대중에게는 천재가
필요하다. 초월적 존재에 대한 대중의 바람은 인류의 오랜 유산 중 하
나이다.

-헤럴드 블룸(미국의 문학평론가)

우리의 허영심과 자기애가 천재 숭배를 조장한다.

-프리드리히 니체

천재는 그 자체로 신성한 힘이 아니다. 오히려 천재의 신성함은 고질
적으로 우상을 필요로 하는 대중이 만들어낸 산물이다.

-빌헬름 랑게

오늘날 '모든 인간은 평등하다'는 명제는 널리 통용되고 또 추
구되는 진리이지만, 이 진리는 보통의 범주에서 제외된 인간들
에 의해 계속적인 도전을 받고 있다. 신분제가 폐지된 오늘날

에도 자연으로부터 탁월한 지성과 창조적 능력을 부여받은 인간들은 과거 신분제 사회의 귀족을 대체하고 우리 사회에 막대한 영향력을 행사한다.

천재는 구속을 파괴하는 힘. 미래를 예측하는 힘. 창조하는 힘을 지닌 초월적 존재다. 빌헬름 랑게Wilhelm Lange의 말처럼, 우상을 만들고 의존해야만 하는 평범한 인간들에게 있어 초월적이고 이례적인 존재는 언제나 관심의 대상이자 고질적인 필요의 산물이다. 대중의 인식범위를 넘어선 천재는 몰이해의 대상이 되기도 하지만, 오히려 그 점이 천재를 심오한 예언자이자 신비한 마법사로 보이게 만들기도 한다.

대중은 언제나 이해할 수 없는 신비함에 매력을 느끼기 마련이다. 대중은 천재를 소비한다. 우상 숭배는 우상의 말과 행동을 보며 그것을 추구하고 닮아가는 과정이다. 천재라는 존재는 세상의 대부분을 차지하는 평범한 사람에게 있어 -자신이 닮고 싶어 하는- 탁월성을 부여하는 상징이며, 그것과 자신을 동일시함으로써 만족감을 얻기도 한다. 천재는 지루하게 반복되는 일상에서 새로운 희망을 주는 존재이다.

우리는 스타의 옷차림과 헤어스타일, 말투 등을 모방하고 추구하면서 자신이 실제로 그와 유사한 존재가 된 것 같은 만족감을 얻는다. 그렇기에 우상idol은 막대한 상업적 가치를 지닌다. 특히, 자본주의 사회에서 이들은 문화와 소비를 주도한다.

독창성은 다소 부족하지만, 대중의 눈높이에서 이들을 철저히 만족시키는 사업가와 예술가는 막대한 명성을 얻게 되고, 그 명성으로 인한 사회적 영향력은 한 개인을 천재적 인물로 인식 되게끔 만든다.독창성을 기준으로 유명인사와 천재라는 개념을 구분하기도 하지만 언제나 그 경계가 뚜렷한 것은 아니다. 역사적으로 천재는 대중이 감별해왔다. 천 재라는 존재는 그 자체로 독창적이고 예외적인 존재이지만, 인 류로부터 찬사를 받는 사람이 세속의 명부에서 곧 천재의 명단 에 들어갈 자격을 얻게 되는 것이다. 어느 한 개인이 독보적인 결과물을 창조했다고 해도 세상에 발각되지 못하거나 대중의 관심으로부터 유리된다면 천재의 칭호를 받기가 어렵다.

이러한 점에서 세속적 기준에서의 천재는 결국 평범한 사 람들의 무리, 즉 대중이 창조한다는 주장이 어느 정도 납득되 기도 한다. 천재는 위대한 창조를 이룬 존재이지만, 천재를 창 조하는 자는 평범한 사람들, 즉 대중이었다. 시대가 변하면 천 재의 기준도, 천재가 선출되는 방식도 조금씩 바뀌기 마련이다.

과거의 천재는 고독했다. 저급한 세상은 천재의 위대한 사 상을 알아보지 못했다. 역사적으로 많은 천재가 개인적으로 고 통스러운 삶을 살았다. 하지만 오늘날의 천재는 일종의 셀러브 리티Celebrity, 유명인사로서 부와 명성을 누린다. 과학자. 예술가, 철 학자뿐만 아니라 성공한 사업가, 가수, 운동선수도 천재로 불 린다. 대중의 힘이 강해진 오늘날, 천재가 되고자 한다면 마케

팅은 더 이상 선택이 아닌 필수다. 자신의 고상한 사상을 세상이 언젠가는 알아봐 줄 것이라는 안일한 생각으로는 아무런 영향력을 행사할 수가 없다. 고독을 강조했고 살아생전에 대중의 사랑을 제대로 만끽하지 못한 니체와 쇼펜하우어도 오늘날 다시 태어난다면, 자신을 대중 앞에서 아름답게 포장하고 인기를 끄는 방법을 배워야 할 것이다. 물론 이 두 사상가는 후대 사람들이 자신들의 진가를 알아봐 줄 것이라는 강한 확신을 가지고 있었다.

어떻게 하면 자신의 사상이 이 세상에 알려지게 할 수 있는지, 어떻게 하면 평범한 보통 사람도 자신들의 사상에 공감하고 매력을 느낄 수 있을지 항상 연구하고 시도해야 한다. 본체뿐만 아니라 포장지에도 신경을 써야 한다는 말이다. 유튜브와 SNS에 대해서도 공부하고 언론을 이용할 줄도 알아야 한다.

"잘 팔리지 않는다면 창조적이지 않은 것이다." -데이비드 오길비

"좋은 사업은 최고의 예술이다." - 앤디 워홀

또한 마케팅의 대상이 될 사상이나 작품은 독창성과 대중성이 적절히 조화를 이루는 것이 좋다. 독창성은 우수하지만, 대중성이 부족한 작품이 있고, 대중성으로 인해 상업적 가치는

우수하지만, 독창성은 다소 떨어지는 작품이 있다. 전자는 다른 예술이나 학문적 분야에 영향을 미칠 수 있으며, 시대가 변하면서 재평가를 받게 될 여지가 있지만, 시대를 너무 앞서가 있거나 그 내용이 너무 심오하고 난해하면 대중의 관심에서 벗어나게 된다. 반면, 후자는 곧 지나가 버릴 시대정신에 편승해서 단기간 흥행에 성공한 베스트셀러를 예로 들 수 있다. 하지만 세상의 모든 작가들이 단기적 명성만을 노린다면 불후의 고전은 세상에 등장하지 못할 것이다. 유행 사조에 편승하여 상품적 가치만 노린 작품은 저널리즘의 선전에 의해 일시적으로 독자들의 주목을 받을 수 있더라도 그 화려한 가면은 얼마 안가 벗겨지기 마련이다. 독창성과 대중성 중 어느 하나가 다른 하나를 필연적으로 동반하는 것은 아니지만 서로 모순되는 관계는 아니다. 독창성과 대중성은 공존할 수 있으며 적절히 조화를 이뤄야 한다.

우리는 예술가들에 대한 막연한 환상을 가지고 있다. 이들은 낭만적이며, 외부와 결코 타협하지 않고 자기만의 별만을 좇아가는 이상적인 존재로 보인다. 어쩔 수 없이 자기중심적인 존재다. 하지만 예술가와 사업가는 모순되는 말이 아니다. 예술가로서 성공을 거두기 위해서는 자신만의 색깔을 지니되 시대의 문화와 시장을 분석할 줄 아는 사업가적 기질도 필요하다. 자기 내면에 고유한 사상을 정립하는 것에 그치지 않고 그것을 평범한 개성을 지닌 대중들의 수요로 연결시켜야 한다. 아무리 위대한 예술가라도 자신의 독창적 아이디어를 초기형태 그대로 세상에 내놓는 경우는 없다. 독창성의 초기 형태는 불완전하다. 어쨌든 이 세상은 대부분 평범한 사람들로 구성되어있기에, 세상에 통용될 수 있는 현실적 요구사항들개념화 및 단순화을 반영하고 정교성을 충족하는 과정이 필요하다.

모든 사회는 독창성을 수용하는 데 있어 그 탄력성에 한계가 있다. 작품의 문화적 수용성이 지나치게 부족하게 되면 불명예스럽게 사장되기 쉽다. 지나치게 새로운 것은 대중에게, 낡은 것들에 엄청난 중압감을 준다. 중압감은 곧 엄청난 저항을 초래할 수 있다. 시대를 너무 앞서가는 사상이나 작품은 창작자를 그 시대의 십자가에 못 박히게 만들 수도 있다. 새로운 것이 살아남기 위해서는 일방적으로, 기계적으로 전파되기보다는 대중과 호응할 수 있는 방식으로, 일련의 가능성을 촉발할 수 있는 방식으로 제시되는 것이 중요하다. 예술가는 자신이 직관적으로 깨달은 사물의 본질을 대중이 어느 정도 이해할 수 있는 방법으로, 납득할 수 있는 방법으로 추상화 및 개념화하여 전달해야 한다. 이것이 독창성과 대중성을 조화시키는 방법이다.

창조적 활동이란 작품을 만드는 사람뿐만 아니라 그것을 받아들이는 사람이 함께 참여하는 과정이다. 창조적인 사람이

란 처음엔 이상하고 특이하지만, 결국엔 많은 사람들이 수용할
수 있는 방식으로 어떤 문제를 해결하거나 특별한 결과물을 만
들어내는 사람이다. 이 점에서 천재는 자기 자신만의 세계에
빠져 사는 존재인 것 같으면서도, 공감 능력이 매우 우수하다.

1) 세상에는 기억되어야 할 천재가 더 많다

**뛰어난 것을 발견하는 일이란 원래부터 드문 일이지만, 뛰어난 것이
인식되어지고 그에 상당한 평가를 받는 것은 그 이상으로 드문 일이
다.** -요한 볼프강 폰 괴테

**가장 멀리 떨어진 별의 빛이 가장 늦게 인간에게 도착한다. 그 별빛
이 도착하기 전에는 인간은 그곳에 별이 있다는 사실을 부정한다. 하
나의 정신이 이해되려면 몇 세기가 필요할까?** -프리드리히 니체

어쨌든 보편적인 관점에서 볼 때 어느 한 존재가 천재로 거
듭나기 위한 마지막 과정은 대중으로부터 인정을 받는 것이다.
지루한 삶을 아등바등 살아가는 대중들을 고무시켰다는 것은
결과적으로 새로운 세상을 열었다는 것을 의미한다. 우리는 어
떤 음식이 어떠한 과정을 통해 만들어졌는지 전혀 알지는 못해

도, 그것이 맛있는지 여부는 충분히 판단할 수 있다. 대중은 천재가 남긴 이론과 기술에 대해 완벽히 이해하지 못하지만, 어쨌든 그것들로 인해 육체적으로든 정신적으로든 큰 영향을 받는다. 오늘날 우리가 일상에서 너무도 익숙하게 사용하는 자동차와 휴대폰에 있는 내비게이션 하나에도 상대성이론이 적용되고 있다.

대중은 천재들의 작품에 감동을 받으며, 그들의 작품이 존재하는 연주회장에, 갤러리에, 서점에 몰려간다. 천재의 작품은 대중들을 다양한 형태로 고무하고 그들의 삶에 직간접적인 영향을 미친다. 천재의 위대성은 명성과 비례한다고 말한 19세기의 저명한 과학자 프랜시스 골턴Francis Galton 역시 대중이 천재의 감별사라는 것에 동의할 것이다. 이 세상에서 천재의 칭호를 얻고자 한다면, 독창적인 결과물에 대하여 대중의 인정을 받아야 한다.

하지만 어느 한 개인이 천재에 해당하는지 여부를 공공의 평결에 따르게 한다는 것은 뭔가 모순처럼 보이기도 한다. 심지어, 천재에 대한 모독으로 보이기까지 한다. 천재라는 존재는 그 자체로 대중의 상식과 인식체계를 넘어서는 존재가 아닌가. 살아생전엔 천재는커녕, 괴짜나 이단아로 취급되었지만, 사후 시대가 변하고 천재 명단에 든 사람들은 언제부터 천재로 급부상한 것일까. 본래 천재가 아닌데 시대가 변해서 갑자기 천재가 된 것일까. 아니면 본래 천재였는데 그 당시 사람들이 천재를 알아보지 못한 것일까.

천재적인 일을 수행한 것과 세상으로부터 그것을 인정받는 것발각되는 것은 다른 차원의 문제다. 재능과 노력만으로는 부족하다. 시기적절한 운과 천재의 독창성을 수용할 수 있는 한 사회의 탄력성이라는 것도 매우 강력한 요소로 작용한다.

매우 운 좋은 천재들은 살아생전에 독창성을 인정받고 천재라는 칭호를 누리게 되지만, 대다수의 천재들은 머리가 희끗희끗하여 임종에 이르거나 무덤에 들어간 후에야 후대 사람들에 의해 그 억울하고 고독한 넋이 달래진다. 모차르트는 어린 시절 신동으로 불리기도 했지만, 점차 성장하면서 구식으로 전락해 완전 찬밥신세가 되었다. 만약 그가 오늘날 다시 살아난다면 후대 사람들이 자신을 가장 위대한 작곡가 중 한 명으로 인정하고 있다는 사실에 매우 놀랄 것이다. 아니, 모차르트처럼 사후에라도 독창성을 인정받는 것은 차라리 다행이라고 해야겠다. 위대한 창조적 행위를 했지만, 인류의 기억에서 완전히 지워진 불운의 천재들이 훨씬 더 많기 때문이다. 아인슈타인과 피카소는 천재였지만 동시에 행운아이기도 했다. 아인슈타인은 살아생전에 천재로서 대단한 명성을 누렸고 지금은 천재의 아이콘이 되었다. 수많은 천재 예술가들이 궁핍한 생계를 이어나갔지만, 피카소는 살아생전에 막대한 부와 명성을 누렸다.

존 케네디 툴의 풍자 희비극 〈바보들의 결탁〉을 아는가? 존 케네디 툴은 1969년에 〈바보들의 결탁〉의 원고를 완성했으나, 그 당시 유명 출판사였던 사이먼 앤 슈스터로부터 출판을 거절 당했다. 다른 출판사에도 원고를 제출해보았지만 연이은 퇴짜 맞기를 반복할 뿐이었다. 그리고 그는 어머니와의 불화까지 겹치면서 심한 우울증에 시달리다가 결국, 1969년 32살의 젊은 나이에 스스로 목숨을 끊고 말았다.

하지만 11년 후인 1980년 자신의 아들을 안타깝게 생각한 그의 어머니가 출판사를 끈질기게 설득해 원고를 출간시키는 데 이르렀고, 《바보들의 결탁》은 1981년 퓰리처상미국에서 가장 권위 있는 보도·문학·음악상을 받게 된다.

이처럼 세계적인 수준의 문학작품을 창작해도 출판사로부

명작을 무시당하고 자살한, 존 케네디 툴(1937~1969)과 1981년 퓰리처상을 수상한 그의 소설 〈바보들의 결탁〉

걸작 코미디, 지성과 세련된 기교의 고급 코미디, 가장 웃기는 책들 중 하나 등의 평가를 받은 작품이다. 이렇게 독창적인 작품임에도 그 당시 요점이 없다는 이유로 출판을 거절당했다.

터 거절을 당할 수 있다. 아무리 뛰어난 창작물도 시대적 배경이나 사회적 환경이 우호적이지 못할 경우, 창작물을 심사하는 평가자들의 안목이 부족할 경우, 세상에 드러나지 못하고 사장될 수 있다. 어떤 존재가 천재의 명단에 등록되는 데는 한 개인의 재능이나 노력도 중요하지만, 시대적 배경과 운이라는 것도 매우 중요하다. 제아무리 천재적 인물이라 해도 그 사회가 독창성을 받아들일 준비가 되어있지 않다면, 운이 한 스푼 부족하다면, 천재는 천재의 명부에 오르지 못하고 그대로 사장될 수 있다. 충분히 있을 수 있는 일이다.

독일의 시인이자 철학자인 프리드리히 니체는 자신의 원고 〈차라투스트라는 이렇게 말했다〉를 두고 인류에 안겨줄 역사상 가장 위대한 선물이라 자부했지만, 이 원고의 위대성을 알아차리지 못한 출판사들은 출간을 거절하였다. 니체는 하는 수 없이 자비로 책을 출간해야 했다. 그리고 몇 권 팔리지도 않았다.

역사상 위대한 작품을 남긴 천재들이 많이 있지만, 그들이 실제로 우리 곁에 살아 숨 쉬고 있다면 우리는 그들과 그들의 작품을 무시하고 경멸하는 수많은 사람 중 하나일 것이다. 이들이 자신의 사상을 세상에 알리는 방법이 다소 촌스럽다고 해서, 결과적으로 세상에 이름을 남기지 못했다고 해서 그 천재성 자체를 부인할 수 있을까?

안타깝게도 대중은 세상의 모든 천재를 알아보지 못한다.

대중이 천재로 인정한 인물이 세속에서 곧 천재의 명단에 오른 다고는 하지만, 그 명단에 존재하지 않는다고 해서 천재가 아 니라고 할 수는 없는 것이다. 세상에는 이름이 드러나지 않은 채 소리 소문 없이 사라지는 천재들이 많다. 천재란 말 그대로 하늘로부터 부여받은 재능이다. 이들은 하늘로부터 사명을 받 아 이 세상에 내려왔고 마치 광활한 우주 공간에서 인간 세상 을 굽어보는 듯한 비범한 지성으로 창조적인 일을 수행했다. 하지만 이 세상은 천상계와 달랐다. 이 세상은 여러 인간 군상 이 모여있는 집단에 불과했다. 세인들이 천재적인 일을 수행한 한 개인을 천재로 인정할지, 대충 넘겨짚고 무시할 것인지는 어디까지나 세속의 인간적인 요소일 뿐이다.

또한 독창성의 발각이 항상 좋은 결과를 가져오는 것도 아 니었다. 독특한 정신을 지닌 천재는 오히려 비웃음과 무시의 대상이 되기도 한다. 천재라는 존재는 동시대인들의 시각이 미 치는 보편적 범위를 멀리 벗어나 있는 존재이기 때문이다. 이 들의 혁신적 사고와 독창성은 대체로 동시대인들로부터 공감 을 받아내기 어렵다. 아무리 대중의 눈높이에서 자신들의 사상 을 전달하고자 노력해도 말이다. 전통 파괴적 사고는 반드시 전통과 권위를 수호하려는 자들에 의해 견제되고 공격을 받게 된다. 또한 지성을 특성으로 하는 인간은 자신보다 위대한 지 성을 결코 인정하지 않으려는 질투심과 지적 허영심까지 갖추고 있다. 능력이 비범할수록 존경보다는 시기 받기가 쉬운 것은 당연한 것이며, 자신을 볼품없어 보이게 만드는 천재보다는 다소 둔할지라도 자신을 잘 챙겨주고 돋보이게 만들어 주는 인간미 넘치는 사람을 더 좋아한다는 뜻이다.

천재가 되는 것은 어려운 일이다. 하지만, 더더욱 어려운 것은 세상으로부터 천재로 인정받는 것이다. 언제나 이 세상에는 기억되는 천재보다 기억되어야 할 천재가 더 많다.

니체도 천재에 대하여 다음과 같은 말을 남겼다.

탁월한 두각을 드러내는 자, 걸출한 재능을 가진 자, 시대를 앞서 가는 자가 있다. 이러한 자들은 대중으로부터 자신의 생각이나 의견, 행위, 행동을 전혀 이해받을 수 없다. 왜냐하면 사람은 자신의 능력을 훨씬 뛰어넘는 일에 대해서는 이해는커녕 상상조차 할 수 없으므로, 그 때문에 고도의 능력을 가진 자는 때때로 괴짜 혹은 별난 사람으로 보인다. 심지어 대중의 눈에 아예 띄지 않기도 한다.

프리드리히 니체 지음, 박미정 옮김(2020), <니체의 말 2>, 삼호미디어

4

극단의 지성과 극단의 광기는
동전의 양면

광기 없는 위대한 천재는 없다.

- 아리스토텔레스

천재들이 반드시 광기를 보이는 것은 아니지만, 많은 정신병질들을
함유하고 있다. 이것이 도리어 천재의 뛰어난 생산 활동을 촉진하기
도 한다.

-에른스트 크레치머

천재들이 반드시 광기를 보이는 것은 아니지만, 많은 정신병질
들을 함유하고 있다. 이것이 도리어 천재의 뛰어난 생산 활동
을 촉진하기도 한다.

천재성과 광기는 서로 맞닿아 있어 경계를 넘나드는 한 면
을 가지고 있다는 지적은 오래전부터 있어왔다. 플라톤 역시
다이몬의 힘에 사로잡힌 사람들은 신성한 영감을 얻게 될 것이

빈센트 반 고흐(1853~1890)의 <귀가 잘린 자화상>(1889)
고흐가 정신병에 걸려 자신의 귀를 잘랐다는 설도 있고, 고흐와 고갱이 말다툼을 하다가 고갱이 화가 나서
고흐의 귀를 칼로 잘라버린 뒤 고흐가 자해를 했다고 거짓 소문을 냈다는 설도 있다. 어느 쪽이든 정상적인
경우와 거리가 멀다. 당시 사람들 눈에 고흐는 괴물, 이상한 정신병자로 보였지만 오늘날엔 가장 위대하고
순수한 예술가 중 한 명으로 평가된다.

지만 광기에 사로잡혀 정신이 이상해지는 위험에 처할 수 있다
고 하였다. 신들림의 증상, 즉 신병神病은 정신병리학적 증상과
매우 유사하다.

　우리는 명백한 정신 병리적 증상을 보이는 사람들뿐만 아
니라 사회적 규범과 상식에서 다소 벗어난 행동을 하는 사람
들, 보통 사람과 사고방식이 다른 사람들에게도 '광기가 있다'
라는 표현을 쓴다. 한 마디로 정상의 범주에서 벗어나 있다는
뜻이다. 그리고 천재의 독창성은 기존의 규범과 질서를 어기는
일과 관련이 있으므로 '광기'라는 단어가 천재들의 삶에 밀접

하게 붙어 따라다니는 것은 매우 자연스러운 일이다.

자기 내면에 대한 치열한 탐구로 견고하게 형성된 천재들의 정신세계는 다분히 나르시시즘적인 백일몽 상태에 가까웠다. 자고로 내면에 지닌 창조적 능력과 지적 개성이 뚜렷한 존재일수록 외부의 기준을 있는 그대로 수용하는 안락한 삶을 살기가 어려운 것이다. 이들은 사회적 질서나 규범에 얽매이기보다는 자신 내면의 목소리에 이끌려 산 부류들이기에, 세상으로부터 훌륭한 성품을 지녔다는 평을 받기가 어려웠다. 이처럼 외부의 기준에 적응하기보다는 자신만의 세계를 만들고 집착한다는 점에서 예술적 창조성은 정신 장애와 서로 흡사하다.

하지만 창조적 광기는 병리적 광기와는 달리 스스로 세운 세상을 지켜내고 확장하는 방향으로 나아간다. 정신병질이나 성격 이상은 보통 한 개인의 재능을 말살시키지만, 높은 지능에 결부된 광기는 창조성을 구현하는 몇 가지 요소와 관련이 있으며, 적정선 안에서의 병리적 증상은 창조 활동 수행에 긍정적으로 관여하기도 한다. 정신장애 분야의 세계적인 석학이자 괴팅겐 대학교 의대 교수인 보르빈 반델로Borwin Bandelow 역시 심리적 질환과 성격 장애가 탁월한 예술가로서 독창성을 발휘할 수 있는 바탕이 된다는 분석을 내놓은 바 있다.

"고뇌는 위대한 자각과 깊은 심정을 가진 사람에겐 항상 필연적인 것

이다."-도스토옙스키

천재들의 음침함과 우울함 역시 비범한 정신적 능력의 대가라는 것이 나의 추측이다. 천재들은 보통의 존재들에게 부여되는 것보다 인간과 사물에 대한 더 깊고 명확한 통찰력을 가지고 있다. 그래서 사물의 긍정적이고 밝은 측면과 아울러 낙담, 실패, 역경 등 어두운 요소들도 그들에게는 더욱 예리하게 지각된다. 때문에 이들은 보통 사람보다 사물과 현상에 대해 더욱 민감하게 반응하게 되고 쉽게 조증과 울증에 빠질 수 있는 것이다. 천재 중에서도 특히 작가, 작곡가, 화가 등 예술계의 천재들이 더욱 과민한 것으로 알려져 있다. 그들의 창작활동을 돋보이게 만드는 것은 바로 이러한 과민함에 있다. 사물을 더 깊이 생각하고 집착하게 되면 다른 사람들이 놓치고 있는 것을 포착할 가능성이 높아지고, 그 모든 감정적 복잡성에서 광범위한 삶의 스펙트럼을 전달할 수 있게 된다.

아이오와 대학교의 신경 과학자 낸시 안드레아센Nancy C. Andreasen이 아이오와 대학교 작가협회에 소속된 작가 30명을 대상으로 진행한 연구도 같은 방향을 가리키고 있다. 작가들에게 심리 테스트를 진행하고 그들의 삶과 가치관에 대한 면담을 실시했는데, 이들 중 80%가 한 가지 이상의 정서장애를 가지고 있음을 발견했다. 40%에게는 양극성 장애조울증가 있는 것으로 나타났다. 심지어 연구 진행 도중 자살한 작가가 두 명이나 나왔다.

천재성과 광기는 서로 맞닿아 있다. 마귀가 들렸다든가 신들렸다든가 하는 이들은 모두 이러한 증상을 보이고 있으며, 일상에서 나타나는 그 횟수나 강도에 따라 우리가 임의로 정상과 비정상을 구분해 놓았을 뿐이다. 분명, 위대한 정신적 업적과 미친 짓으로 간주되는 행동 간에는 공통적인 특성이 있다. 그것들은 창의성과 함께 긍정적인 방향으로 해석될 여지가 있지만 반대로, 일상에서는 그저 단순한 성격 이상이나 병리적 광기의 한 형태로서 간주되기 쉬운 것들이다. 우리는 누군가가 성공했다고 해서 반드시 완전히 제정신이라거나 심지어 합리적이라는 것을 의미하지는 않는다는 것을 깨달아야 한다.

때때로 사람은 미쳤기 때문에 정상에 오르기도 한다. 높은 지능, 기억력, 열정 등은 천재와 논할 때 자주 거론되는 특성이지만, 창조성이 비범한 천재들에게서는 유별난 특성이 하나 발견된다. 바로 신경전달물질계 이상이다. 뇌에서 벌어지는 일들을 관찰하고 설명할 수 있는 기술이 확보되면서부터 신경과학자들은 신경전달물질체계와 창의성 간의 관계에 주목했다. 도파민과 확산적 사고 간의 상관관계를 입증하는 자료들이 쌓이고 있는 것이다. 인간은 현재 활동과 무관해보이는 자극을 차단하는데, 도파민은 이 잠재 억제 기능을 둔화시키는 것으로 보인다. 이와 관련해 심리학자들은 창의력이 비범한 사람들이 잠재 억제 정도가 낮아 보통 사람이라면 무시했을 자극에도 예민하게 반응하는 경향이 높다는 사실을 발견했다.

존 내시(1928~2015)
조현병(정신분열증)으로 평생을 고통 속에서 보낸 천재 수학자다. 내시 균형 이론으로 1994년 노벨경제학상을 받았다.

도파민 수치가 높은 사람은 보통 사람이라면 무시할 만한 인지적 자극에도 과민하게 반응한다. 도파민 수치가 일반적인 수준을 훨씬 상회할 경우 각종 감각 정보에 민감해져 남다른 연상이 가능하기 때문에 창의적 결과물을 쉽게 얻을 수 있는 것이다. 파킨슨병 치료제로 쓰이는 레보도파 같은 약물들은 체

내의 도파민 수치를 증가시키기 때문에 창의적 성향을 깨우고 촉진한다는 사실도 밝혀졌다.

높은 도파민 수치와 조증은 기분을 고양시키고, 비정상적인 흥분과 활력을 가져다준다. 현실적 한계 속에서도 스스로에 대한 긍정이 강해져 확산적 사고가 발달하고 한 가지 과제에 미친 듯이 몰두할 수 있는 상태가 되는 것이다. 하지만 도파민 수치가 적당히 높은 경조증 상태에서 예술적 창조성이 극대화될 수 있다. 도파민 수치가 지나치게 높으면 창조성을 상실하는 조현병정신분열증에 더 가까운 상태에 이르게 된다.

높은 수준의 도파민은 창조성을 향상시키지만, 지나치게 높을 경우 병리적 상태인 조현병에 이를 수 있다는 연구 결과는 천재성과 정신질환이 밀접한 관련이 있음을 시사한다. 천재들이 모두 광기를 보였던 것도 아니고, 천재가 되기 위해 꼭 정신이 이상해져야 할 필요는 없지만, 의학이 발달하기 이전부터 인류가 천재성과 광기를 연관지어 생각했다는 사실은 제법 흥미롭다.

1) 세련된 광기 : 광기에도 황금 비율이 있다

나는 나의 병이 치유되기를 원치 않는다. 나의 예술에는 그것이 필요

하기 때문이다. - 에드바르트 뭉크

천재들의 광기를 논하기 위해서는 항상 병리적 광기, 그 이상의 설명이 필요하다. 이 세상에는 새로운 세계를 창조하는 광기와 단순한 병리적 성질의 광기가 있다. 천재는 비범한 지성을 지녔고 미치광이는 왜곡된 지성을 가졌다. 비범하다는 것은 특이하고 예외적인 것이며, 왜곡되었다는 것은 비정상임을 말한다. 예외적인 것이나 비정상적인 것 모두 정상적인 상태와 거리가 있다는 것을 의미하지만, 미래지향적이고 건설적인 광기와 현실감을 상실하고 외부세계와 완전히 단절된 광기는 엄연히 다른 것이다. 창조성 넘치는 천재들의 광기는 정신병원에 격리 수용되는 광기소극적정신착란상태와 다르다.

창조성의 근원은 무의식의 세계에 있다. 의식의 세계에서 작동하는 이성은 효율성을 추구한다. 목적을 달성하는 데 도움이 되지 않는 정보와 자극은 배제한다. 세계를 정확하지만 좁게 파악한다. 바깥에 더 넓은 세상이 존재한다는 것을 인지하지 못한다.

하지만 우리가 몽상적인 상태에 있을 때, 예를 들어 꿈을 꾸거나 잠들기 직전의 몽롱한 상태, 약간의 정신이상이 발동할 때, 무의식의 세계를 억압하고 감시하던 이성이라는 문지기가 휴가를 떠나게 된다. 이때 우리의 창의성은 극대화된다. 무의식 속에 깊이 방치되어 있던 온갖 이미지와 연상들이 의식의 세계로 넘어온다. 머릿속의 필터는 투과성이 높아져 확산적 사고가 발달하게 된다.

그렇다고 이성을 너무 잃어서도 안 된다. 머릿속 필터의 구멍이 넓어질수록 확산적 사고가 발달하여 창의적이게 되지만, 너무 넓어지게 되면 완전한 정신이상과 혼란의 세계로 퇴보하게 된다. 가장 창조적인 상태는 이성을 잃지 않는 범위 내에서 무의식이 발동하는 상태다. 천재는 혼란을 지배한다. 천재는 자신에게 쏟아지는 모든 자극과 혼란을 창조 활동에 활용할 수 있다. 천재는 창조 활동의 도구로써 혼란을 능숙하게 다룬다.

정신분석가 에른스트 크리스Ernst Kris는《예술의 정신분석적 탐구Psychoanalytic exploration in art》1999라는 책에서 이러한 능력을 "자아ego의 통제 하에 퇴행하는 능력regression in the service of ego"이라고 했다. 천재들은 자아의 통제 하에 일반인이 근접조차 하지 못하는 미지의 영역으로 들어가 창조적 활동에 몰입하다가, 작업이 끝나면 다시 현실 세계의 자아 기능을 회복할 수 있다.

자아를 망각한 천재는 미적 관조를 통해 진리를 예술작품에 담아 일반인들에게 전달할 수 있게 된다. 하지만 회복 불가능할 정도의 자아 기능의 상실은 혼란의 세계로의 퇴보를 초래하며 창조성 역시 상실하게 된다.

천재들의 환상은 현실 세계로 돌아올 수 있고 외부세계에 동참하여 이 세상을 더 적극적으로 변화시킬 수 있다. 무의식의 욕구와 충동에 다가가서 그 내용물을 접한 뒤 그것을 뛰어난 작품으로 만들어낼 수 있는 능력이 탁월한 것이다. 위대한 상상력은 현실과 비현실 사이에서 매개 작용을 한다. 그것은 비현실을 현실로 변화시켜줄 수 있다.

천재와 미치광이는 모두 자기만의 환상세계에 빠져 있지만, 전자의 광기는 주변 세계와 긴밀히 연결되어 있고 후자의 광기는 무기력함과 자기 파괴의 모습으로 나아간다. 아인슈타인의 말대로 천재는 혼란을 지배한다. 천재는 자신들에게 주어지는 자극과 정보에 압도당하지 않고 그것을 유익하게 사용할 줄 안다. 천재와 미치광이는 모두 내면의 환청을 듣지만, 전자는 내면의 음성을 들음으로써 영감이 풍부해졌고, 후자는 망상과 사고장애에 시달렸다. 천재성과 광기는 서로 맞닿아 있는 관계로 천재가 한 걸음 더 나아감으로써 미치광이가 되기도 하지만, 후자가 전자로 넘어오는 경우는 드물다.

2) 비동시성 발달 : 발달 불균형

천재는 신의 부름을 받은 특별한 존재인 탓에, 그만큼 극단의 불안정성과 위험의 가능성을 내포한 존재였다. 인간을 뛰어넘는 인간, 즉 초인이 될 수도 있지만, 보통의 인간보다도 못한 존재가 될 수 있는 것이다. 신은 인간을 창조하면서 기뻐했지만, 인간의 두뇌가 자신의 전지전능한 권위에 도전할 것을 두려워했다. 그래서 신은 세상을 진보시킬 대리인으로서 천재를 지상 세계에 내려 보냈지만 그 차고 넘치는 재능을 활용하는 방법을 일러주지 않았으며, 그에게 모든 재능을 허락하지도 않았다.

신이라는 표현이 마음에 들지 않는다면, 그것을 대자연이라고 표현해도 좋다. 대자연은 급격한 진보를 이루는 수단으로써 영역 간 능력의 편차를 도입했다. 거인이 높은 신장의 대가로 근육이 부족하고 지적으로 결여된 모습을 보이는 것과 마찬가지로 사상계의 거인들은 고차원적인 사고능력의 대가로 상식적인 면에서 결함을 드러내는 경우가 많았다. 대자연은 균형을 유지하는 것에 있어서는 언제나 대가大家이다. 천재는 사물의 본질을 인식하는 데 익숙하지만, 개체를 인식하는 데는 서툴다. 따라서 거시적이고 추상적인 차원에서 대중을 감동시키는 위대한 문학가도 일상에서 마주하는 사람들을 이해하고 적절히 대처하는 능력은 부족할 수 있다. 지적 능력이 탁월함에도 사기꾼에게 농락을 당하기도 한다.

IQ가 70인 사람이나 145인 사람이나 정규분포곡선 양끝에 존재하는 극단적 상태인 것은 마찬가지인데, 우리는 전자를 도움과 배려가 필요한 사람으로 취급하고, 후자는 모든 것에 능통한 천재라고 떠받들며 부러워한다. 지능이 우수하면 그것에 비례하여 일상의 모든 영역에서 우수함을 보일 것이라는 기대가 반영된 것이다. 그리고 바로 여기서 문제가 발생한다.

오히려, 지능이 정규분포곡선 상 평균의 범위에서 크게 벗어날 경우, 독특한 성격적·정서적 기질로 인해 사회에 적응하지 못하는 경우가 많다. IQ 145 이상부터는 오히려 학교 성적이 부진하거나 사회생활에 부적응하는 경향이 나타나는데, 이를 발산 현상이라고 한다. 이 문제를 처음 지적한 사람은 홀링워스Leta Hollingworth다.

사람들은 지능이 우수하면 학업성적이 우수한 것은 물론, 다양한 과제나 업무, 인간관계에서도 당연히 뛰어날 것으로 기대한다. 그야말로 모든 면에서 일반인보다 우수해야만 하는 존재에 해당한다. 하지만 IQ가 매우 높아지게 되면 특정한 취약성이 동반되기 마련이다. IQ가 상승함에 따라 어느 특정 영역의 과잉 발달 현상이 나타나므로 영역 간 능력의 편차가 보통 사람들보다 극단적이게 되는 것이다. 이를 비동시성 발달이라고 한다.

요컨대, 극도로 지능이 높은 사람들은 특정 영역에서 매우 비범할 수 있지만 다른 다양한 부분에서는 보통 사람들보다 오히려 덜 만능적이게 된다. 능력 간 불균형은 일상생활에서의 내적 불일치와 부적응을 초래하고, 이것이 지속해서 축적되면 '균형'을 이상적인 것으로 생각하는 학교나 조직의 평가 기준에 대해서 강한 거부감과 부적응을 유발할 수 있다.

발달의 관점에서 본다면, 높은 IQ는 일종의 비정상일 수도 있다. 6살 아동이 12세 수준의 지능을 가지고 있다면 비율 지능 측정방식으로 IQ가 200에 해당하는 것이다. 하지만 아이의 정서와 사회성 발달의 수준은 6살이라면, 균형 있는 발달을 해나가지 못하고 소위 말하는 '비동시성 발달'을 보일 수 있다. 오히려 높은 지능이 학교의 교과 과정을 지루하게 만들고, 지적 욕구가 충족되지 않아서, 혹은 대화가 통하는 친구가 없기에 사람들 사이에서 부적응하게 된다. 교사 입장에서는 자신의 권위에 도전한다고 느낄 만한 행동들도 저지른다.

탁월한 지성이 상대방의 논리적 허점을 잡아내고 분석하게 만들지만, 이것을 외부에 너무 직설적으로 표현하게 되면 상대방의 감정을 상하게 할 수 있다는 점을 잘 모르는 것이다. 이들이 천성적으로 나쁜 성품을 가지고 태어난 것은 아니다. 단지, 사회성이 좋다거나 성품이 훌륭하다는 평가를 받기 위해서는 세상의 대다수를 차지하는 보통 사람들과의 이질성이 최대한 적을수록 유리할 뿐이다.

물론, 필자가 고지능자(높은 IQ)를 영재 또는 천재의 개념과 동일시하는 것은 아니다. 뒤에서 더 자세히 다루겠지만, 높은 IQ는 교집합적으로 영재나 천재를 구성하는 중요한 요소일 수는 있으나, 절대적인 요소는 아니다. IQ 검사는 '창의적 능력'과

'과제에 대한 지속적 몰입'과 같은 좀 더 까다로운 요소들을 측정하지 못하기 때문인데, 이 점은 뒤에서 더 자세히 다루도록 한다.

하워드 가드너Howard Gardner는 조금 다른 관점에서 장애를 바라본다. 그의 다중지능이론에 따르면 인간의 지능은 언어지능, 논리수학지능, 신체운동지능, 음악지능, 공간지능, 자연탐구지능, 인간친화지능, 자기성찰지능의 총 8가지로 구성된다. IQ라는 전통적 지능 측정방식은 주로 언어지능, 논리수학지능 정도만 측정해줄 수 있다.

평범한 사람들은 여러 가지 지능이 균형 있게 발달한 상태에서 자신에게 상대적으로 가장 유리한 지능과 가장 부족한 지능을 발견해내고 그것을 기르고 보완하는 데 초점을 맞춘다. 하지만 소위 영재나 천재라고 하는 사람들은 특정 지능이 매우 극단적으로 발달해 있는 경우가 많고, 우세한 몇몇 지능이 다른 지능의 원활한 작동을 방해하기도 한다.

피카소의 경우 공간지능이 매우 발달해 있다고 볼 수 있다. 피카소에게 있어 숫자 '2'는 '수數'라는 개념보다는 사람의 코 모양 등 숫자 '2'와 닮아 있는 여러 가지 사물로 인식될 가능성이 높다. 보통 사람들과 달리 세상을 바라보고 인식하는 방법이 현저하게 치우쳐 있다. 그러기에 언어지능이나 논리수학지능이 원활하게 작동하지 못할 수 있다. 천재적인 예술적 재능과 달리 그의 학업 성적이 낙제점 수준이었던 것은 충분히 이해가 된다. 하지만 피카소는 언어를 잃어버리고 예술가가 되었다. 이미지 사고에 능숙한 아인슈타인도 어린 시절 글을 배우는 데 어려움을 겪었다.

파블로 피카소(1881~1973)
입체파를 대표하는 천재 화가로 20세기 예술 전반에 혁명을 일으키며 미술사의 흐름을 바꾸어 놓았다.

장애가 있거나 심한 발달 불균형으로 인해 정상에 벗어나 있지만, 영재성을 숨기고 있는 사람들을 '2E 영재'라고 부른다. 2E란 '2배나 예외적인exceptional'이라는 뜻으로 정상에서 벗어나 있는 것도 예외적이지만 동시에 영재인 것은 더욱 예외적이라는 의미다. 한쪽으로 치우친 잠재력은 한 개인을 천재로 만들어주기도 하고 바보로 만들어 주기도 한다.

피카소가 예술계의 거장이 될 수 있었던 것은 그가 그림에 영재성을 지녔던 이유도 있겠지만, 무엇보다도 그의 장애와 발달 불균형에서 영재성을 볼 줄 알았던 부모의 관심과 안목에 있다 할 것이다. 화가였던 피카소의 아버지 파블로 루이즈 피카소는 아들의 영재성을 알아봤다. 그의 형편없는 성적표를 질책하는 대신 아들의 재능을 살리는 방향으로 힘을 쏟았다. 아들 피카소가 남들보다 일찍 미술 전문교육을 받을 수 있도록 이끌어 주었던 것이다. 천재적 인물들은 재능이나 관심사가 특정한 영역에 쏠려 있는 경우가 매우 많다. 이로 인해 나타나는 일탈과 부적응 양상을 그저 장애로만 치부한다면 장애라고 볼 수도 있을 것이다.

하지만 앞으로 위대한 창조적 업적을 낳을 사람들의 일반적 특성이라고 한다면, 장애가 아닐 것이다. 이처럼 천재 현상은 극단의 영역에서 발견되는 경우가 많다. 영재나 천재라고 하는 인물들은 모든 것에 능통한 팔방미인이라기보다 극단적으로 발달한 1~2가지 요소를 바탕으로 다른 영역들과 조화를 이뤄가며 다양한 분야에 창조력을 발현해내는 존재에 가깝다.

5

IQ와 천재의
상관관계

19세기 말에서 20세기 초 사이에 천재를 과학적으로 측정하고 가려내려는 시도가 활발하게 이루어졌다. 대표적인 측정 도구로 학자들은 '지능'이라는 것에 집중했고, 지능을 객관적으로 측정하기 위한 여러 가지 검사 도구를 개발하기에 이른다.

지능 검사는 1904년 비네Binet와 시몽Simon이 최초로 고안했으며, 이는 본래 천재를 가려내기 위한 도구가 아니라, 교육에 적합하지 않은 아이들부진아을 가려내기 위한 목적으로 고안된 검사였다. 하지만, 비네의 우려대로 충분히 반대의 목적으로 사용될 소지가 높은 것도 사실이었다. 이후 지능 검사 방법은 지속적으로 개선, 보완되어 정신연령을 실제 연령으로 나눈 뒤 100을 곱해 지능 지수를 산정하는 방식이 활용되었고 이때, IQ 라는 개념이 본격적으로 등장하게 된다.

터먼Lewis Madison Terman은 비네의 지능검사를 개정하여 스탠퍼드-비네 지능검사를 만들었는데, 이 검사법은 오늘날에도 IQ를 측정하는 대표적인 검사 도구 중 하나로 활용되고 있다. 터먼은 스탠퍼드-비네 지능검사를 활용해 IQ가 140 이상인 아이들을 가려내어 하나의 집단을 만들었고, 1,500여 명의 아이들로 구성된 이 집단은 터마이츠termites로 불리게 되었다. 터먼은 한 개인에게 IQ만큼 중요한 것이 없다며, 이 아이들 중에 위대한 천재가 탄생할 것이라 확신했다.

터먼은 IQ로 천재를 예측할 수 있다는 것을 증명해보이고 싶어 했다. IQ라는 도구를 통해 미래에 천재가 될 존재들을 선별하고 이들에게 적절한 조기 교육을 제공할 수 있다면 국가의 발전에 지대한 기여를 할 수 있을 것이라 기대한 것이다.

하지만 20년이 넘게 이 아이들을 관찰한 실험의 결과는 결코 성공적이지 못했다. 그가 증명해낸 사실은 IQ가 천재를 판별하는 수단으로써 한계가 많다는 점뿐이었다. 터먼이 선발한 아이들 가운데 훗날 노벨상이나 퓰리처상을 받은 천재는 없었고, 국제적으로 명성을 떨친 존재는 소수에 불과했다. 반면, 터먼의 지능검사에서 IQ 140에 미치지 못한 아이들 중에 노벨 물리학상 수상자가 2명이나 나오게 된다. 결국, 노벨 물리학상을 수상한 루이스 엘버레즈Luis Alvarez, 윌리엄 쇼클리William Shockley의 천재성을 측정하는 데 실패한 것이다.

터먼은 IQ가 언어, 수학, 논리적 능력뿐만 아니라 창의성을 비롯한 다양한 지적 능력을 대변해 줄 수 있다고 생각했지만, IQ 검사는 천재의 상상력을 비롯한 창조적 요소, 열정, 노력의 지속성, 과감성 등 좀 더 까다로운 요소까지 측정할 수는 없었던 것이다. 또한 개인의 성공에는 개인의 지적 역량이나 노력뿐만 아니라 가정 및 교육의 환경도 큰 영향을 미친다.

IQ가 높으면 학습이나 성공에 유리하지만, 그것이 삶의 근본적인 문제를 해결해 주지는 못한다. 지능보다 중요한 것은 자신의 인생에 대해 심오한 질문을 던질 줄 알고, 존재론적 의미, 삶의 근원적 가치에 대해 뚜렷하게 인지하고 추구하는 것이다. 좀 더 가치 있고 적절한 목표를 향해 나아가며, 세상의 보편적 기준에 어긋나더라도 자신이 세운 삶의 가치에 따라 사는 것이 창조성과 관련이 있다. 이러한 능력은 단순히 암기력이 뛰어나다고 해서, 숫자의 배열에서 규칙성을 빨리 찾아낸다고 해서 발휘할 수 있는 것이 아니다. 제아무리 10자리 수 곱셈을 막힘없이 해내는 사람일지라도 세상이 정해준 각본을 자신의 정체성으로 알고 살아가는 사람에게서는 위대한 결과를 기대하기 어렵다.

결과적으로, 터먼이 측정한 것은 천재가 아니라 지능이었을 뿐이다. 천재 현상은 단지 높은 지능만으로 설명할 수 없는 복잡한 현상이다. 지능이라는 요소는 천재를 구성하는 중요 요소이기는 하지만 여러 요소들 중 하나에 불과하다. 천재는 대부분 높은 지능을 가졌다는 점에서 IQ를 기준으로 천재를 측정하려고 했던 터먼의 연구는 나름 합리적인 것이었다. 하지만 지능이 높다고 해서 천재인 것은 아니며, 오히려 천재들 중에는 다소 평범한 IQ를 지니는 경우도 있었다. 결국 터먼은 천재와 고지능자높은 IQ가 동일하지 않다는 사실을 받아들여야만 했다. 이후 터먼은 IQ를 논함에 있어 '천재'라는 단어를 사용하지 않았다.

우리가 살펴볼 다른 측면은 다중지능이론이다. 인간의 지능을 논할 때 보통 IQ라는 것이 자주 언급되지만, IQ만으로는 인간의 모든 지능을 측정해낼 수 없었고, 이 문제를 지적하면서 등장한 것이 바로 다중지능이론이다. 하워드 가드너는 어떤 분야에서 성공하기 위해서는 언어 지능이나 논리 수학 지능만이 영향을 주는 게 아닌데도 불구하고, IQ 검사가 두 지능만을 지나치게 강조하고 있다는 사실을 비판하였다. IQ라는 전통적 지능 측정방식은 주로 언어지능, 논리수학지능 정도만 측정해줄 수 있다. IQ가 피카소나 베토벤의 예술적 재능을 측정해줄 수 있겠는가?

그는 지능을 8가지 음악적 지능, 신체 운동 지능, 논리 수학적 지능, 언어적 지능, 공간적 지능, 대인관계 지능, 자기 이해 지능, 자연탐구 지능로 구분하고, 각 영역은 서로 독립적이어서 영향을 끼치지 않는다고 주장하였다. 독립적이라는 의미는 어느 한 분야의 지능이 우수하다고 해서 다른 분야의 지능까지 우수함을 보장하진 않는다는 것이다. 이를 다중지능이론이라고 한다.

1) 창의성 검사의 등장

1950년대 냉전의 상황에서 소련의 과학적 창조력에 위기감을 느꼈던 미국은 창의성에 대한 연구에 본격적으로 박차를 가하기 시작했다. 그 후 창의성 검사 도구들이 우후죽순 등장하였고, 이 검사들은 확산적 사고 능력을 측정하는 목적을 가지고 있다는 점에서, 기존의 IQ 검사와 성격이 완전 다른 것이었다. IQ 검사는 정해진 정답을 빠르고 정확하게 찾아내는 수렴적 사고능력을 측정하는 것을 주요 목적으로 한다. 창의성 검사는 정답이 하나만 존재하는 IQ 검사와 달리 답이 복수로 존재할 수 있으며, 독특한 발상을 할수록 높은 점수를 부여하지만, 문제의 의도에서 지나치게 벗어나면 점수가 부여되지 않는 방식으로 진행된다.

하지만 인간의 창의성을 검사하려는 시도와 그 검사법은 기존의 IQ 검사보다도 더 큰 비난을 받아야 했다. 왜냐하면 창의성이라는 것은 기본적으로 시간제한과 심리적 압박이 없는 자연스러운 상태에서 발현되는 것이기 때문이다. 창의적인 아이디어는 '오늘 오후 3시까지', '다음 주 수요일까지'처럼 시간을 딱 정해놓고 떠올려질 수 있는 것이 아닌 것이다. 창의성의 실마리는 무의식의 세계에서 불현듯이 넘어온다. 예고를 하는 법이 없다.

더욱이, 인간은 자신이 주로 흥미를 느끼는 분야, 몰입할 수 있는 분야에 대해서 주로 우수한 창의성을 발휘하는 경향이 있기 때문에, 개인의 특성과 구체적인 환경적 변수를 배제한 채 획일적인 검사지만으로 개인의 창의적 능력을 평가하여 서열화한다는 것은 충분히 문제가 있는 발상이었다.

창의성을 평가한다는 검사지도 결국은 평가를 목적으로 하기 때문에 인위적으로 통제되어 유형화, 획일화되어 있을 수밖에 없으며, 창의성이 발현되어야 할 우리의 현실은 이에 비해 매우 복잡한 것이 사실이다. 그뿐만 아니라, 떠올린 독특한 아이디어를 현실에 드러내고 반대 의견에 맞설 수 있는 과단성과 용기도 필요하다. 창의적이고 혁신적인 아이디어는 조금만 실패가능성이 엿보여도 엄청난 반대에 부딪히게 된다. 때문에 검사지에서 높은 창의력 지수가 나왔다고 해도 이를 우리가 생각하는 천재의 창조성과 동일시하는 것은 큰 무리가 있다.

다만, 창의성 검사와 관련해서 그나마 신빙성 있게 나타난 부분들이 있었는데, 크게 두 가지로 정리해볼 수 있다.

하나는 어느 한 사람에 대해 서로 다른 창의성 검사지를 활용할 경우, 그 측정된 결괏값이 서로 유사했다는 점이다. 즉, 측정된 결괏값에 있어 서로 다른 종류의 창의성 검사 간 높은 상관관계가 나타난다는 것은 측정의 신뢰도 면에서 창의성 검사가 한 개인의 진정한 창의성을 온전하게 측정하는지는 별개로 높은 점수를 줄 만한 것이다.

다른 하나는 IQ와 창의성의 관계인데, IQ 120까지는 IQ가 높을수록 대체로 창의성이 비례해서 높게 나타났지만, 그 이상부터는 창의성과 별다른 상관을 보이지 않은 것이다. 이를 통해 단편적으로 높은 지능 지수가 꼭 높은 창의성을 보장해주는 것은 아니지만 너무 낮은 지능은 창의성 발현에 장애가 될 수 있음을 알 수 있다. 예를 들어 IQ가 150인 사람이 IQ 120인 사람보다 더 창의적이라고 확신할 근거가 없지만, 그렇다고 IQ가 너무 낮으면 그만큼 낮은 창의적 잠재력을 갖게 되는 것이다. 아무리 다양한 아이디어를 떠올릴 수 있는 확산적 사고가 발달했다고 해도 각 정보를 분석하고 아이디어를 취사선택하여 본질을 통합할 수 있는 능력, 즉 수렴적 사고 능력이 부족하다면 우수한 결과물은 기대하기 어렵다. 그리고 IQ 검사는 주어진 단서를 통해 가장 적합한 해결책이나 답을 모색할 수 있는 수렴적 사고능력을 평가한다. 리처드 파인만의 IQ는 120 ~ 130이었으며, 노벨상 수상자 중 태반이 IQ 120 ~ 130 사이인 것으로 알려져 있다.

2) 천재라고 해서 모두 IQ가 극단적으로 높은 것은 아니다

1965년 양자전기역학의 재규격화 이론을 완성한 공로로 노벨 물리 화학상을 공동 수상한 이론물리학자 리처드 파인만의 사례를 들 수 있다. 그는 IQ가 120을 조금 넘는 수준임을 자신의 입으로 직접 밝혔다. IQ 120도 물론 분명 높은 수치이긴 하지만 우리가 생각하는 천재의 기준에는 다소 미치지 못한다. 우리는 적어도 IQ가 140 이상은 되어야 영재나 천재의 영역에 근접해 있다고 생각한다. 그럼에도 불구하고 우리가 리처드 파인만을 천재라고 부르는 이유는 그가 독창적인 물리학적 업적을 세상에 내놓았기 때문일 것이다. 아인슈타인이 거시적 세계를 다루는 물리학을 대표한다면, 파인만은 미시적 세계를 다루는 물리학을 대표한다. 파인만은 아인슈타인과 함께 20세기 최고의 물리학자로 추앙받는다. 그는 두뇌가 명석했으며 계산도 매우 빨랐다. 마야의 고문서를 해독하는 일에도 일가견이 있었으며, 양자컴퓨터의 고안자이기도 하다. 과학자로서의 명성뿐만 아니라 교육자로서의 명성도 대단했다. 물리학은 딱딱하고 재미없는 학문으로 악명이 높았지만, 파인만은 누구에게도 쉽지 않은 어려운 물리학을 이해하기 쉽고 재미있는 이야기로 가르쳐 주는 것을 좋아했다. 파인만은 본래 공식 암기 위주의 주입식 교육을 싫어했으며, 근본적 원리를 스스로 터득하는 것을 중시했다. 때문에 물리학을 자신만의 방식으로 흥미롭고 유머

러스하게 학생들을 가르친 것이다. 굳이 그의 IQ를 언급하지 않더라도 그가 얼마나 탁월한 지적 능력을 지녔는지를 우리는 알 수 있다.

그림 8 리처드 파인만 (1918 ~ 1988)
미국의 이론물리학자. IQ 120의 천재였던 파인만은 양자전기역학의 재규격화 이론을 완성한 연구 업적으로 1965년 노벨물리학상을 공동 수상하였다.

　IQ는 필요한 만큼만 높으면 된다. 필자는 IQ 검사가 인간의 지능을 측정하거나 천재를 논하기에 별로 신뢰할 수 없는 도구인 것처럼 설명했지만, IQ 검사가 지능 자체를 측정하는 수단으로써 전혀 무의미한 것은 아니다. IQ가 높다는 것은 그 자체로 해당 영역을 관장하는 두뇌의 일정 영역이 우수하다는 것을 의미하며, 최소한 이 부분에 있어서는 뛰어난 인지적 능력을 보유했음을 나타내는 지표가 될 수 있기 때문이다.
　수많은 심리학자가 추상적 대상에 해당하는 지능이라는 것을 과학적으로, 효과적으로 측정하고자 오랜 시간 동안 연구하여 고안된 것이 바로 지능검사이며 이는 수질검사와 유사하다. 수질검사를 할 때는 모든 지하수를 검사하지 않고 일부의 지하수만 채취해서 검사한다. 그 때문에 때로는 검사 결과가 정확하지 않을 수도 있겠지만 상당히 높은 확률로 정확한 결과가 도출된다.IQ를 맹신하는 것도 문제가 있지만, 이를 너무 불신하는 것도 문제가 있다는 말이다. 더욱이 전문적으로 만들어진 종합 검사들은 서로 간 유사한 측정 결과를 보여줄 정도로 신뢰성이 있다.

천재를 논함에 있어, IQ는 천재를 구성하는 수많은 요소 중 하나에 불과하다. 하지만 일단 지능이 높으면, 천재가 되기에 유리한 것은 사실이다. 앞서 필자는 IQ가 높다고 해서 창의성이 계속 비례해서 높아지는 것은 아니지만, 너무 낮으면 창의성 발현에 장애가 된다고 하였다. 리처드 파인만의 IQ는 120~130 사이이지만 이는 결코 낮은 수치가 아니다. SD표준편차 15기준 IQ 125는 상위 5%에 속한다. 우리가 생각했던 천재의 기준에 견주어 볼 때 부족하다는 것이지, 그의 IQ가 꽤 높은 축에 속하는 것은 부정할 수 없는 사실이다.

그리고 다시 강조하지만 IQ 검사는 인간의 수렴적 사고 능력을 측정하는 것과 관련이 있다. 인간이 아무리 상상력이 풍부하여 다양하고 참신한 아이디어를 떠올린다고 해도, 적절한 아이디어를 취사선택하고 일정한 논리를 구성할 수 있는 수렴적 사고능력이 부족하다면 머릿속의 아이디어가 현실세계에서 실용성을 갖춘 형태로 발전하지 못할 것이다. IQ라는 단일 요인이 천재를 판별하는 수단으로써 역부족일 수는 있으나, IQ가 높으면 일단 천재가 되기 위한 여러 조건들 중 하나를 취득한 것으로 볼 수 있다. 특히 그 분야가 아카데믹한 분야라면 말이다.

천재를 논할 때 IQ는 농구 선수의 신장에 비유할 수 있다. 일단 농구 선수가 되려면 키가 커야 한다. 신장이 160cm인 사람이 농구 선수가 될 가능성이 얼마나 되겠는가? 솔직히 희박하다. 기본적으로 신장이 180cm 이상은 되어야 하고, 190cm면 좋고, 같은 조건이라면 200cm인 것이 더 좋다. 하지만 신장이 200cm인 사람이라고 해서 신장이 190cm인 사람보다 농구를 더 잘할 수 있다고 단정할 수는 없다. 즉 키가 너무 작으면 불리하고, 클수록 유리해지지만 특정한 지점을 넘기면 신장은 더 이상 결정적 요인이 되지 않는다. 마이클 조던은 195cm였다. 신장은 프로 농구 선수가 되기에 충분할 만큼만 크면 된다. 농구선수의 신장 190cm는 천재의 IQ 120에 대응한다.

정리하면,

- IQ가 높다고 해서 천재는 아니지만, 천재가 되기에 유리한 것은 사실이다.

- 천재라고 해서 모두 극단적으로 높은 IQ를 가진 것은 아니지만 대부분 120 이상에 해당한다. 그리고 IQ 120은 SD표준편차 15 기준으로 대략 상위 10% 정도에 해당한다.
- 인간의 모든 지능을 IQ 검사가 정확히 측정해줄 수 있는 것은 아니지만 대체적으로 짐작해볼 수 있는 근거 자료가 될 수는 있다. 여기에 결부된 다양한 요소들이 천재적인 결과를 이끌어낸다.

물론 천재 수준의 극단적 창조성을 논하는 것이 아니라 단지 평범한 사람들이 일상에서 발휘할 창조성을 논하는 것이라면, IQ 100 수준으로도 창조성을 발휘하는 데는 전혀 문제가 없다.

6

잠재적 천재로서의
영재

영재란 다른 방식으로 작동하는 지능이다.

- 잔 시오파생(프랑스 영재 전문 임상심리학자)

천재天才란 인간이 발휘하는 창조성을 극단의 경지까지 발휘하여 세계의 사유관과 물리관을 변화시켜 인류의 발전에 기념비적인 사건을 일으킨 인물들을 가리키는 말이다. 반면, 영재英才란 잠재적 천재 상태를 말한다. 영재란 지능IQ, 과제 집착력, 창의성 면에서 천재의 특성을 보유한 존재로, 아직 뚜렷한 창조적 업적을 낳은 것은 아니지만 장차 천재로 성장할 잠재력이 큰 아이나 성인을 지칭한다. 영재가 반드시 천재로 성장하는 것은 아니지만 천재들의 어린 시절은 대부분 영재였다. 영재의 범주는 천재보다 넓어서 탁월한 재능을 타고났지만, 그것을 발견하지 못했거나, 제대로 발휘하지 못하는 아이나 성인까지 포함하기도 한다. 이를 미성취 영재라고 한다. 영재가 '잠재력'에 초점을 둔 개념이라면, 천재는'결과물'에 더욱 초점을 둔 개념인 것이다.

1) 렌줄리의 영재론

한편, 미국에서 영재 교육의 대가로 통하는 렌줄리Joseph S. Renzulli 는 영재를 판별하는 기준에 지능 외에도 창의성과 과제 집착력을 포함시켰다. 극단적으로 높을 필요가 없는 보통 이상의 지능, 우수한 창의성, 우수한 과제 집착력 이 세 가지를 고루 갖춘 아이나 성인을 영재라고 보는 것이다. 창의성과 과제 집착력이 우수한 경우 IQ 110 ~ 120에 속한 사람들을 영재로 분류하기도 한다. 제아무리 IQ가 160이라고 해도 보통 사람과 별반 다를 것 없는 비전을 가지고 있거나, 과제에 끈질기게 몰입할 수 있는 집착력이 부족하다면 잠재력이 비범하다고 평하기는 어려울 것이다.

우리는 이미 앞서 높은 IQ와 천재는 다르다는 것을 살펴보았다. 천재는 대부분 IQ가 우수한 편이지만 반드시 극단적으로 높은 IQ를 지닌 것은 아니었고, 반대로 IQ가 높은 사람이 꼭 천재인 것도 아니었다. 이 점에서 잠재적 천재라고 할 수 있는 영재의 판별 요소로서 IQ 외에 다른 요소들을 고려할 필요가 있는 것이다. 양적으로 높은 IQ일반적으로 상위 2%를 보유한 사람들은 천재나 영재라고 부르기보다는 '고지능자'라고 표현해야 한다.

렌쥴리 모형
렌쥴리는 역사상 큰 창조적 업적을 남긴 위인들은 (극단적으로 높을 필요가 없는)보통 이상의 IQ, 높은 창의성, 높은 과제 집착력을 갖추고 있었다고 주장한다. 이 정의는 과제 집착력과 같은 비지적 요인을 영재 판별의 한 요소로 인정했다는 점에서 큰 의의가 있다.

물론 렌쥴리 모형만으로 영재들의 모든 특성을 설명할 수는 없다. 영재들은 놀라운 창조적 잠재력과 직관력을 가진 독특한 정신의 소유자들로서 장차 천재로 성장할 수 있는 기질을 타고났다고 볼 수 있다. 지적 측면에서 볼 때, 보통 사람과 구별되는 영재들의 특성은 이들의 독특한 지능 형태에 있다. 남보다 양적으로 더 똑똑하다는 의미라기보다는, 다른 사고방식, 다른 추론 구조로 작동하는 지능을 의미한다. 그리하여 이들은 특정 분야에 강렬한 호기심을 가지며 지속적으로 몰입하고 이해력, 통찰력 등이 탁월하여, 일반인들보다 더욱 심오하게 사고할 줄 안다. 이러한 영재들 중에서도 유달리 별난 영재들은 다음과 같은 특성을 보일 수 있다.

우수하지만 비정형적인 지능

양적으로 우수한 지능을 바탕으로 성실하게 노력하는 사람들은 자신의 지능을 사회가 요구하는 다양한 기준에 맞게 활용할 줄 안다. 조직이 요구하는 질서에 부응하는 능력이 뛰어나며, 적정 수준의 자의식을 바탕으로 동료들과의 조화를 이루기 때문에 사회적 의미에서의 '성공'이라는 지표에 근접하기 유리하다. 하지만 비정형적인 지능을 지닌 영재들은 자신의 높은 지적 능력을 외부의 요구에 맞춰 발휘하기보다는 자신들이 순수하게 흥미와 열정을 느낄 수 있는 곳에만 집중적으로 사용하려는 경향이 강하다. 또한 현실과 타협하기 어려운 자신의 높은 이상을 강박적으로 추구하는 경향이 있다. 때문에 집단 내의 주류 세력과 이질감을 형성하고 전통적 권위와 충돌할 가능성이 높다.

우수한 지능과 더불어 육체적·정신적 세계에 대한 강렬한 호기심은 영재들의 정신적 연료다. 사물의 작용방식에 관심이 있든지, 새로운 것을 과감하게 시도하든지, 종교나 과학을 통해 자신과 타인을 이해하려고 하든지 간에, 영재들은 자신이

보고자 하는 모든 것과 탐험하고 싶은 모든 것을 이해하고자
하는 욕구가 있다.

극단적 몰입

극단적 몰입은 자아를 상실함으로써 몰입의 대상과 완전한
일체가 되는 것이다. 다만, 자신이 흥미를 느끼는 작업에만 몰
입하기 때문에 상대적으로 사소한 작업들을 소홀히 여기는 경
향이 있다. 심지어 일상생활 속에서도 이들의 머릿속은 당면한
과제에 대한 생각으로만 가득 차 있다. 창의적인 아이디어를
떠올리고 발전시키는 데는 고도의 집중력과 충분한 시간이 필
요하기 때문에, 지각이 굉장히 일면적인 상태로 유지되며 종종
다른 중요한 생활양식들을 무시하거나, 심할 경우 주의력 결핍
또는 건망증적 행동으로 나아갈 수 있다.

천재는 밤새 잠을 잘 자지 못하는 경향이 있다는 속설도 나
름대로 근거가 있다. 정신적으로 과잉 운동을 하는 영재들은
생각을 멈추는 데 있어 큰 어려움을 겪는다.

권위에 반항적

이들은 호기심이 많고 분석적이기에 부모와 선생님들에게
서 발견되는 모순적 행동을 훤히 꿰뚫어 보고 이에 대해 따지
고들 수 있다. 진실에 대한 과도한 열망은 이들은 불쾌한 골칫

덩어리로 여겨지게 만들 수 있다. 영재들은 어려서부터 사회의 환상과 반 진리, 거짓을 꿰뚫어 볼 수 있다는 점에서 불문율과 권위에 의문을 제기하는 성향을 지녔다고 볼 수 있다.

다른 사람들에게 속거나 통제당하는 것을 참지 못한다. 특히 그 권위가 부패하거나 비논리적이거나 구식일 때는 복종하는 것이 어렵게 된다. 합리적이지만 동시에 강인한 비합리주의자로서 천재는 자신의 진실을 찾고 자신의 길을 개척하는 것을 선호한다. 이들의 우수한 두뇌는 이미 어린 시절부터 많은 것들을 학습하고 판단하도록 요구하므로, 그만큼 평범한 사람들보다 자신만의 이상적 기준이 빠르고 확고하게 형성된다.

발달한 직관력

영재들은 종종 비밀스럽거나 숨겨진 다른 것들에 대해 알고 있을 뿐만 아니라 최고의 행동 방침을 직관할 수 있다. 사고의 절차가 남들과 다르기에 몰이해의 대상이 될 수 있다. 하지만 영성 지능이 우수한 영재들은 마음 깊은 곳에서부터 사회에 긍정적인 변화를 일으키고자 하는 원동력을 느낄 수 있다. 사회가 정한 모범적 기준에 갇혀 있지 않으며, 다른 사람들이 이에 거부감을 표하거나 비판하더라도, 이들은 자신의 목표나 꿈을 이루기 위해 무슨 일이든 할 열정적인 사람이다.

실존적 고민

이들의 비범한 통찰력과 상상력은 외부 세계뿐만 아니라 자기 자신의 내면에 대해서도 필요 이상으로 분석하게 만든다. 그만큼 자신의 한계와 유한성을 예리하게 지각하는 것이다. 내면에 품은 높은 이상과 대비되는 자신의 초라한 처지는 실존에 대한 고민으로 이어진다. 실존적 고민이 긍정적인 방향으로 나아갈 경우 치열한 내적 탐구의 과정에서 자신의 소명을 깨닫게 될 공산이 크지만, 부정적인 방향으로 나아갈 경우 자신의 한계가 드러날 여지가 있는 과제에 강력한 거부반응을 보이는 등 완벽주의 성향에 빠질 수 있다.

프랑스에서는 영재를 얼룩말이라고 부른다. 얼룩말에 존재하는 무늬가 어떠한 기능을 하는지에 대해 학자들 사이에서 의견이 분분하지만 명확한 답은 없다. 오히려 얼룩무늬 때문에 포식자의 눈에 더 잘 띄는 문제가 있다. 또한 얼룩말은 다른 보통의 말들과 달리 인간에게 길들여지지 않는다.

이 점에서 영재들은 사회에서 얼룩말 같은 존재다. 얼룩무늬 때문에 보통 사람들 사이에서 튀는 존재가 되지만, 오히려 주변과 조화를 이루는 데 방해가 되기도 한다. 그래서 꼭 좋은 의미에서의 시선을 받는 것 같지는 않다. 또한 길들여지지 않는 얼룩말처럼 영재들도 어떠한 문화나 권위에 쉽게 동화되지 않는 모습을 보인다. 뭔가 남다른 독특한 것을 지니고 태어났으나 그것이 바로 성공으로 이어지지는 않으며, 주변 환경과 부조화를 초래한다. 그래서 프랑스에서는 영재를 얼룩말이라고 부른다. 남다른 방식으로 삶을 보고 경험하는 이들은 스스로가 이 세상과 어울리지 않는 존재인 것처럼 느껴질 수 있다.

2) 영재는 천재로 성장하지 못할 수 있다

아이들은 이 세상을 자유롭게 해석하고 사고할 수 있는 인지적 특성을 보이는데, 이것은 창의성과 밀접한 관련이 있다. 하지만 획일적 정답을 강요하는 교육과 사회적 환경은 아이들이 규정된 틀에 들어맞도록 강요하며, 이 과정에서 아이들의 사고는 수용적으로 변해간다. 시험지에 등장하는 문제에 정답을 찾아내는 능력은 탁월하지만 자기 주체적으로 사고하는 능력은 줄어드는 똑똑한 범재가 되어간다. 이러한 교육에 익숙해지게 되면 성적이 우수한 학생들은 당장 넘쳐날 수 있지만, 이들이 성장하면 대부분 어디론가 사라지고 그 자취를 감춘다. 어린 시절 나름 영재라 칭해졌던 부류들도 자신들의 비범한 재능을 사회에서 요구하는 평범한 방식으로만 사용하는 데 익숙해지면 창조성을 잃을 수 있다. 이들은 장차 불합리한 사회적 제도와 법을 개혁하려는 법조인이 되지 않는다.

시대에 뒤떨어지는 법에 편승하여 고객들을 변호하게 된

다. 또한 시대를 초월하는 불후의 저서를 남기려고 하지 않는다. 시대의 유행에 편승해서 당장 판매에 유리한 작품만 쓰려고 한다. 교과서의 내용을 비범한 속도로 학습하고 높은 학업 성취도를 보일지언정 기존에 없던 독창적인 개념을 생각해내지 못할 수 있다. 유명 작곡가들의 곡을 빼어나게 연주할 수 있지만, 자신만의 독창적인 곡을 연주하지 못할 수 있다.

영재성은 분명 어느 분야에서 두각을 드러내는 데 도움이 되지만 천재가 되는 충분조건은 아니다. 영재에 대한 학교와 사회의 몰이해가 영재들의 창조적 기질을 억누르고, 사회의 질서에 순응하는 모범적인 인물로 성장하게 만들거나 부적응자로 만들기도 한다. 교사들은 자신의 권위에 순응하는 아이들을 모범으로 삼고 가르치며, 독특한 기질을 지닌 아이들을 차별하고 말썽꾸러기, 문제라는 딱지를 붙여놓을 가능성이 높다.

심지어 영재성 자체가 창조성의 발현을 막는 경우도 있다. 앞서 설명한 실존적 고민이 바로 그것이다. 영재들은 비범한 지능으로 어린 나이에서부터 실존적 고민을 한다. 이들의 비범한 통찰력과 상상력은 외부 세계뿐만 아니라 자기 자신의 내면에 대해서도 필요 이상으로 분석하게 만든다. 그만큼 정서적으로 여린 나이에 자신의 한계와 유한성을 너무나 예리하게 지각하고 감당해야 하는 것이다. 내면에 품은 높은 이상과 대비되는 자신의 초라한 처지는 실존에 대한 고민으로 이어지는데,

이것은 곧 완벽주의로 이어진다.

자신의 이상에 강박적으로 집착하는 완벽주의 성향의 영재들이 나아가는 방향은 크게 두 가지다. 하나는 과잉 활동성으로 나아가 이상과 현실의 괴리를 극복하는 것이고, 다른 하나는 새로운 영역으로 나아가지 않고 기존의 영역에 머물러 있음으로써 자신이 완벽하지 못할 수 있다는 불안으로부터 스스로를 보호하는 것이다. 자신이 무엇인가를 시도하지 않아서 기존의 영역에 머물러 있는 것일 뿐 언젠가는 특별한 결과를 낼 수 있다는 막연한 환상으로 자신을 치유하는 것이다. 결국 자신의 재능에 부합하지 못하는 미성취 영재로 남게 된다.

차고 넘치는 재능이란 그것의 소유자들로 하여금 온갖 곤경에 처하게 만드는 최상의 능력이라고 묘사할 수 있을 것이다. 자신에게서 위대한 재능을 발견하는 것은 큰 기쁨을 가져다주는 것이지만 동시에, 위험성과 사상적 고독에 대한 두려움을 야기한다. 위대한 창조가 가능하려면 반드시 극복되어야 할 것들이다. 이런 것들을 논하지 않고서는 천재 현상을 설명할 수는 없다.

7

천재는 타고 나는가
만들어지는가?

학자들은 나름대로 천재를 예측하는 도구로써 IQ 검사와 창의성 검사를 개발하고, 가계도를 연구했지만, 천재를 정확히 측정하거나 예측해낼 수는 없었다. 높은 IQ와 높은 창의성, 높은 과제 집착력을 지닌 초고도 영재라고 해도 반드시 천재로 성장하지는 않았다. 오히려 사회 속에서 별다른 주목을 받지 못했던 시시한 사람들 중에 천재가 등장하는 경우도 있었다. 오직, 천재들을 인간 세상에 직접 내려보낸 창조주만이 그들의 지성과 미래를 정확히 알고 있었다.

천재의 근원은 신 또는 대자연의 매개체로서 교류할 수 있는 인간의 영적 능력에 있다는 신비주의적 주장이나, 천재는 정령 다이몬이 인간의 정신에 간섭한 결과로 나타나는 현상이라고 믿었던 소크라테스나 플라톤의 설명이 더 설명하기 쉽고 매력적으로 다가올 때가 있다. 천재 현상을 과학적으로 유형화하여 측정하고 설명해내려는 여러 시도들은 역설적으로 천재를 더욱더 불가해하고 신비롭고 마법적인 존재로 만들어 놓았다.

사실 어느 한 개인이 천재로 거듭나는 데에는 지능, 창의성, 끈기, 직관, 영성 지능, 기회를 포착할 줄 아는 안목 등 개인의 역량뿐만 아니라 사회적 배경과 운이라는 요소도 강력하게 개입된다. 영재성은 그 자체로 우수한 종자에 비유할 수 있다. 우수한 종자는 보통의 종자보다 빼어난 열매를 맺을 가능성이 높지만, 역시 수분과 햇빛, 온도 등 적절한 환경적 요건이 갖추어져야만 한다. 아무리 우수한 종자라고 해도 환경적 여건이 발아와 생장에 유리하지 못하다면 결국 열매를 맺지 못하는 것과 같은 이치다. 영재성은 분명 어느 분야에서 두각을 드러내는 데 도움이 되지만 천재가 되는 충분조건은 아니다.

만약 아인슈타인과 리처드 파인만이 극심한 종교분쟁 지역이나 빈민국가에 태어났다면, 인류는 그들의 존재조차도 알지 못할 것이다. 또한 진화론의 창시자인 찰스 다윈이 비글호를 탑승할 기회를 만나지 못했더라면, 전혀 다른 결과를 맞이했을 수도 있다. 천재들의 일대기를 살펴보면, 삶의 중간 중간마다 핵심적인 사건들이 개입되어 있음을 알 수 있다. 물론, 사회적 배경이나 운은 한 개인이 좌지우지할 수 없는 부분이므로, 상대적으로 측정 가능하고 인간의 의지가 개입될 여지가 큰 '재능'과 '노력'만 따로 떼어 놓고 그 비중을 논해볼 수는 있겠다.

노력도 중요하지만, 선천적으로 재능을 어느 정도 타고나지 않으면 천재가 되기 어렵다는 것이 필자의 생각이다. 앞서 IQ와 창의성이 마냥 비례하는 것은 아니지만, IQ가 너무 낮으면 낮은 창의적 잠재력을 갖는다고 강조했다. 물론, 1만 시간의 법칙이라고 해서, 한 분야에 대해 최소 10년 이상 기량을 갈고 닦으면, 그 분야의 최고 경지에 도달할 수 있다는 주장이 있다. 하지만 1만 시간의 법칙은 어떤 사람은 아무리 연습해도 성과가 부진한 반면, 유사한 환경적 조건에서 유사한 방법으로 노력한 다른 사람은 왜 더 압도적인 성취를 내는지에 대해 속시원하게 설명해주지 못한다.

만약 노력만으로 모두가 탁월한 성취를 달성할 수 있다고 단정한다면, 노력했지만 원하는 결과를 얻지 못한 모든 사람의 마음에 비수를 꽂는 일이 될 것이다. 누구나 노력을 한다고 해서 노벨상을 받을 수는 없다. 이 점에서 1만 시간의 법칙은 성공의 충분조건이기보다는 필요조건이라고 봐야 한다. 압도적 성취를 이룬 사람은 노력도 한 사람들이었지, 결코 노력만 한 사람들이 아니었다. 그럼에도 우리 사회가 노력을 부각시키는 이유는 그래야만 행동에 대한 동기나 열정이 생기고, 그것이 사회 전체적으로 유익하기 때문일 것이다.

인간은 정도에 따라 차이가 있지만, 저마다 상대적으로 우수하게 타고난 재능이 있다. 수학적 재능이 우수한 사람도 있고 언어적 재능이 우수한 사람도 있고, 인간 친화 지능이 탁월한 사람도 있다. 성공이라는 관점에서 본다면, 상대적으로 우수하게 타고난 재능에 지속적인 노력이 겸해지고 독창성을 허락하는 적절한 시대적 배경과 운이 작용했을 때 한 분야에서 두각을 드러낼 가능성은 그만큼 높아지게 된다. 특히, 영성 지능에 탁월한 재능이 결부되면, 삶에서 다소 어렵고 불리한 상황을 마주한다고 해도 스스로의 과업을 찾아내고 그 과업에 대해 위대한 가치를 부여 할 수 있다. 이 때문에 모든 어려움을 극복해내면서도 남들보다 항상 탁월한 성과를 낼 가능성이 높아지게 된다.

1) 학교는 한 개인에게 천재가 되라고 하지 않는다

있는 그대로의 사실을 배우기 위해서라면 굳이 대학에 갈 필요가 없다. 그건 책으로도 충분하다. 대학의 진정한 가치는 단순한 사실의 습득이 아니라 책에서 배우기 힘든 무엇인가를 상상할 수 있도록 훈련하는 데 있다. - 아인슈타인

학교의 주목적은 천재를 만드는 것에 있지 아니하다. 학교

는 무난한 성격적 기질과 평균적인 지적능력을 갖춘 대다수의 학생들을 기준으로 장차, 어른의 삶에 필요하다고 판단되는 몇 몇 지식과 기술들을 가르치고 지도하는 곳에 가깝다. 학교는 한 개인에게 천재가 되라고 하지 않는다. 사회에 무난하게 편입될 수 있는 모범 시민이 되라고 한다.

파블로 피카소는 고등학교에서 퇴학당했다. 알버트 아인슈타인은 가정교사로부터 세상에서 가장 멍청한 아이라는 말을 들었으며 학교에서는 손꼽히는 문제아로 낙인찍혔다. 그는 권위주의적이며 획일적 사고를 강요하는 학교에 적응하지 못했다. 리하르트 바그너는 학교에서 유급당했으며 작곡가의 길을 가기 위해 16세에 학교를 등졌다. 앙리 마티스는 에콜 드 보자르 입학시험 낙방했다. 조지 오월은 이튼 학교 열등생으로 개인지도가 필요한 학생으로 분류되었다. 토머스 에디슨은 학교에서 공부하기엔 너무 멍청하다는 말을 들었다.

찰스 다윈은 교장 새뮤얼 버틀러에게 게으름뱅이라고 불리었으며, 주변 사람들은 그를 천재는커녕 제대로 된 사람 구실도 못 할 사람으로 보았다. 레프 톨스토이는 대학에서 낙제했다. 학교에 잘 적응했다고 평가받는 마리 퀴리 역시 학급 수석이었고 졸업식에서 금메달을 받을 만큼 공부를 잘했지만 학교를 좋아한 것은 아니었다. 다른 천재들처럼 학교를 싫어한 것은 마찬가지였다. 그녀는 학교에서 배운 과목들에 대해 늘 의구심을 가졌고, 윤리적 환경은 정말 참을 수 없는 것이어서 모든 삶의 기쁨을 잃어버렸었다고 밝힌 바 있다. 이러한 역사적 사실들은 천재성이라는 것이 얼마나 복잡하고 미묘한 것인지를 보여준다. 문제아였던 이들이 세상을 변화시킬 천재로 성장할 줄 누가 알았겠는가?

학교가 요구하는 획일적인 기준은 천재적 기질을 보유한 아이들의 자유분방하고 독특한 정신적 기질과 상충할 가능성이 높다. 이들의 지적 호기심과 과제 집착력은 내면 깊숙한 곳에서부터 일어나며, 이들의 비정형적 우수함은 사회가 당연시하고 바람직하다고 여기는 평가 방식만으로는 포착해내기가 어렵다. 사회나 집단에서 별다른 주목을 받지 못하던 시시한 사람이 갑자기 천재로 급부상하는 경우는 대부분 이런 경우다.

이들은 마치 특정한 일을 하도록 운명 지어진 존재처럼 보였고, 외부의 평가 기준보다는 철저한 내재적 동기에 따라 학습했다. 특정 과목에서는 엄청 우수한 성적을 나타내기도 했지만 관심이 없는 과목에서는 형편없는 성적이 나오기도 한다. 평범한 사람이라면 절대 관심을 가지지 않을 다소 엉뚱하고 지엽적인 것들에 대해 깊은 탐구를 하기도 했다. 하지만 이들은 자신이 원하는 분야에서 만큼은 독학개인 공부이나 주체적 학습으로 엄청난 학습량을 감당했다. 사회가 정한 모범적 평가 기준에서 벗어나 있었기 때문에, 부적응이라는 딱지가 붙은 것일 뿐, 이들은 학교가 요구하는 것보다 더욱 혹독한 학습 기준을 자신들에게 적용했다.

오늘날, 특정 분야에 만족할 줄 모르는 호기심을 갖는 아이들이 단지 성실하고 모범적인 사람이 되어야 한다는 명분에 따라 교과서와 칠판을 마주하고 있다. 교과서나 강의를 통해 전달되는 것은 수많은 사람들이 이미 알고 있거나, 학습을 통해 충분히 도달할 수 있는 것들이다. 교육은 어느 한 개인의 창조성 발현에 필요한 기초적 상식이나 지식들, 창의적 기술들을 가르쳐주는 것으로 그 역할을 다한다. 그 재료들을 활용하여 창조성을 꽃피우는 것은 어디까지나 개인의 의지와 자율성에 달려 있다.

2) 천재는 만드는 것이 아니라 허락하는 것이다

한 젊은이를 망가뜨리는 확실한 방법은 다르게 생각하는 이보다 똑같이 생각하는 이를 높게 평가하고 지도하는 것이다. -프리드리히 니체

하늘이 내린 재능에 대한 최고 배려는 그것의 발현을 방해하지 않는 것이다. 교육은 아이들이 타고난 고유한 기질이 더욱 선명하고 탁월하게 발현될 수 있도록 환경을 조성하고 허락하는 쪽으로 바뀌어야 한다. 대학교를 명문대와 비명문대로 나

뉘서 학생들을 줄 세우고 영재교육의 성패를 논하는 멍청한 교육자들이 남아 있는 한 한국에서 진정한 천재는 등장하지 않는다. 한국에서 천재로 평가받는 사람들은 학교에서 가르친 것과 정반대로 행동했다.

잘못된 영재교육은 영재를 수재 아니면 부적응자로 만든다. 음악 영재인 베토벤과 모차르트가 명문대에 진학하기 위해 수학을 공부해야 하고, 과학 영재인 아인슈타인이 명문대에 진학하기 위해 제2외국어를 공부해야 한다. 우리는 영재를 수재로 만들어 놓고는 그것을 천재라고 부른다. 학교는 단순히 개인들의 창의성을 얼마나 길러줄 수 있느냐에 초점을 맞추기보다는 타고난 특성을 허락하고 다른 다양한 의견을 포용하는 환경과 분위기를 조성하는 데 힘쓰는 것이 더 중요하다. 그래야 아이들은 자신의 고유성에 대해 자신감을 갖는다. 자신이 남과 다르다는 것에 대해 부끄러움을 느끼지 않게 된다. 자신의 견해에 대해 확신을 갖고 밀어붙인다. 이러한 아이들은 장차 자신만의 사상을 창조해낸다. 그리고 세상을 변화시킨다.

천재를 허락하는 유대인 교육에 주목하자. 유대인은 세계 인구에서 0.25%를 차지하지만, 노벨상 수상자의 30%가량을 차지하며, 정치계, 법조계, 언론계, 경제계, 금융계, 예술계, 교육계 등 거의 모든 분야에서 두각을 나타낸다. 그 원동력은 무엇인가? 우리는 학교에서 모든 문제에 한 가지 정답만 있다고 배워왔다. 100명의 학생이 있어도 인정되는 정답은 한 가지어야 한다. 복수의 정답이 인정되는 순간 학생들에게 등수를 부여하기가 곤란해진다.

하지만 유대인들은 다르다. 이들은 공부하면 할수록 더 다양한 답을 내놓는다. 흔한 말로 유대인 100명이 모이면 100가지의 답이 나온다. 모든 질문에는 정해진 답이 있다고 믿으며 엉뚱한 대답을 내놓지 않을까 서로 눈치만 보는 한국의 아이들과는 정반대다. 그만큼 유대인들은 자유롭게 사고하고 자기 생각을 거리낌 없이 표현하는 데 익숙하다는 뜻이다.

유대인 어머니는 아이들에게 다른 사람의 의견을 맹종하는 것을 매우 부끄러운 일이라고 가르친다. 책에 적혀 있는 지식과 정보를 그대로 수용하거나 남의 주장을 그대로 따라 하지 말라고 한다. 무엇이든 의심하고 질문하라고 한다. 교사들도 질문을 많이 하는 학생을 칭찬한다. 말없이 수업내용을 그대로 받아 적는 아이들보다 당연히 높은 평가를 받는다.

유대인들에게는 후츠파 정신이라는 것이 있는데, 후츠파 Chutzpah란 '당돌한', '뻔뻔한'이라는 의미를 가진 히브리어다. 즉, 자신보다 나이가 많은 어른이나 상사와도 자신의 의견을 거리낌 없이 표출하고 토론을 이어갈 줄 아는 정신이다. 이들은 서로 수평적 위치에서 상대를 존중하는 대화를 이어나간다.

부모와 자녀는 서로 훌륭한 논객이 되어 대등한 위치에서 논쟁을 지속한다. 서로의 의견에 반박하다 보면 자신의 주장을 보완하면서 상대방의 논리적 허점을 찾아내야 하기 때문에 더 날카롭고 종합적인 사고가 필요해지게 된다. 이 과정에서 아이의 논리력, 분석력, 추리력이 향상된다. 심지어, 서로 같은 주장을 하더라도 이를 뒷받침하는 근거가 다를 수 있기 때문에 아이들이 자신만의 생각을 말하게 한다. 아무리 엉뚱하고 독특한 질문이라도 존중받기 때문에 창의력 또한 우수해질 가능성이 높다.

반면, 한국은 고유의 유교 사상과 집단주의 문화가 발달해 있어 대세를 거스르기보다는 다수의견에 동조하고 남을 닮아가는 것이 좋은 인성에 이르는 길이라고 가르친다. 한국의 아이들은 무엇을 해도 된다는 규칙보다 하지 말아야 한다는 규칙에 먼저 익숙해진다. 사회의 도덕적 위선과 과도한 정치적 올바름은 개인의 사상을 경직시킨다. 대화의 내용에서 본질적인 영역은 간과되고, 형식적 권위와 같은 전혀 본질적이지 않은 영역이 주장의 타당성과 효용성을 평가하는 강력한 잣대로 작용한다. 도무지 창의가 머물 공간이 존재하지 않는다. 어렸을 때 비범한 영재라도 성장하고 사회에 진출하면 말 잘 듣고 권위에 순종하는 보통 사람이 된다.

유대인들은 천재를 만들지 않는다. 단지, 한 개인에 내포된 고유한 기질이 더욱 선명하고 탁월하게 발현될 수 있도록 환경을 조성하고 허락할 뿐이다.

유대인은 자녀들에게 뛰어난 사람이 되기보다는 다른 사람이 되라고 가르친다. 1등 하는 인간보다는 대체할 수 없는 인간이 되도록 하는 것이 이들의 교육 목표다. 이들은 너 자신이 진정한 너 자신이 되라고 가르친다. 천재로서의 잠재력을 지닌 아이들영재이 사장되지 않고 그 기질을 온전하게 발휘하여 천재적 인물로 성장하는 비율이 높아진다.

Chapter 2

천재, 경계를 넘어서는 초인

WHO IS
THE
GENIUS

1

초인과
천재

나는 너희에게 초인을 가르치노라, 인간은 극복되어야 할 그 무엇이
다. 너희는 너희 자신을 극복하기 위해 무엇을 했는가? 지금까지 존재
하는 모든 것은 그들 자신을 뛰어넘어, 그들 이상의 것을 창조해왔다.
그런데도 너희는 이 거대한 밀물을 맞이하여 썰물이 되기를, 자신을
극복하기보다는 오히려 짐승으로 되돌아가려 하는가.

-프리드리히 니체, 《차라투스트라는 이렇게 말했다》 중

천재들은 외부 세계로부터의 몰이해와 고독의 상황 속에서도
세상의 정답에 굴복하지 않고 독창성을 발휘했다. 또한 내면의
고통과 슬픔을 위대한 창조성으로 승화시킨 존재였다. 이러한
천재들의 숭고한 정신은 니체가 말한 초인과 맞닿아 있다. 니
체가 말한 초인과 천재를 완전히 동일하게 보지는 않지만, 천
재들의 창조적 정신이 니체가 말한 초인과 상당부분 교집합을

이룬다고 볼 수 있다. 이 범위 내에서 천재를 초인이라 부를 수 있고, 니체 역시 초인일 수 있는 것이다. 이 책에서 니체의 초인 사상을 정식적으로 기술하진 않으며, 천재론을 효과적으로 전달하기 위해 니체의 사상을 활용한다.

스스로를 망치를 든 철학자라 칭한 프리드리히 니체는 기존의 가치 체계를 무너뜨리는 삶을 살았고 자신의 사상처럼 스스로 초인이 되고자 노력했다. 니체의 대표적 사상이라고 할 수 있는 초인 사상은 많은 이들을 매료시켰으며, 오늘날 '니체'라는 한 철학자의 이름은 기존의 낡은 가치 체계에 도전한다는 뜻을 가진 하나의 보통 명사가 되었다. 여기서 말하는 초인Übermensch은 우리가 흔히 생각하는 전지전능한 신적 존재나 다양한 초능력을 쓰는 슈퍼맨superman과 다르다.

니체의 초인은 비극적 상황에서도 자긍심을 잃지 않고 기존의 가치를 뛰어넘어 새로운 가치를 창조하는 극복인克復人이다. 초인이란 외부의 가치를 따르지 않고 자신의 가치를 만드는 사람, 인간의 불완전성이나 제한을 극복한 이상적 인간을 말한다. 항상 자기 자신을 극복하는 존재이며, 자신과 세계를 긍정할 수 있는 존재이자, 지상에 의미를 부여하고 그 의미를 완성하는 주인의 역할을 하는 존재다. 니체는《차라투스트라는 이렇게 말했다》에서 초인이란 '지성과 긍지로 가득 차 있고 생명력은 넘쳐나며, 그것으로써 자신의 한계에 끝없이 도전하여

프리드리히 빌헬름 니체(1844~1900)
독일의 철학자이자 시인이다. 쇼펜하우어의 영향을 받아 이성
철학에 결별을 선언하고 의지의 철학으로 나아갔다. 사람들이
신성시하고 믿어왔던 모든 규범과 가치에 반기를 들고 이를 망
치로 깨부수려 했던 철학사의 이단아다. 그의 철학과 사상은 오
늘날 많은 부분에 영향을 주고 있다.

자신을 높을 곳으로 끌어올리는 사람'이라고 서술하였다.

우리는 내면에 고통이 없는 상태를 곧 이상적인 상태라고
생각한다. 고통이 없는 상태가 바로 행복 그 자체인 것이다. 하
지만 항상 좋은 일만 일어나길 바라는 우리의 기대와는 달리
고통은 언제 어디서든 찾아와 현실 속의 우리를 괴롭힌다. 우
리는 원하든 원하지 아니하든 육체적으로나 정신적으로나 고
통을 겪을 수밖에 없는 처지에 놓여 있다. 하지만 니체는 고통
이 없는 상태를 행복이라고 하지 않는다. 고통 속에서도 힘이
증가하고 있다는 느낌, 저항을 초극했다는 느낌이 곧 생명력이
충만한 상태임을 말해주는 것이며 그것이 바로 행복이라고 말
한다.

물론, 충만한 생명감은 힘들다고 바로 드러눕는 상태에서
얻을 수 없다. 철저히 자신과 투쟁하면서 스스로를 넘어설 때
느낄 수 있는 것이다. 이 점에서 초인은 고난을 견디는 것에 그

치지 않고 고난을 사랑하는 사람이며, 오히려 고난이 찾아오기를 촉구하는 사람이다. 자신의 가혹한 운명을 사랑할 줄 아는 존재가 초인이다. 안락한 생존에만 연연하는 인간, 아주 작고 불편한 자극에도 불평을 쏟아내는 인간은 초인과 대조되는 존재로서 니체는 최후의 인간, 말인末人이라 했다. 초인과 대비되는 최후의 인간 말인은 쾌락과 만족에 빠진 나머지 모든 창조력을 잃어버린 사람들이다. 작은 쾌락이나 소일거리에서 행복을 찾는 대부분의 현대인들이 이러한 말인에 해당한다.

반면, 지성과 긍지로 가득 찬 초인은 넘치는 생명력으로 끊임없이 자신의 한계에 도전하며 더 높은 곳으로 자신을 끌어올리는 사람이다. 그는 위험을 무릅쓰고 투쟁하며 자신의 운명을 개척해 나간다. 그는 소심하지 않으며, 지속적으로 위대함을 갈망한다. 스스로 가치를 창조해내고 어린아이처럼 그것을 즐긴다.

1) 낙타, 사자 그리고 어린아이

이러한 초인의 정신은 단번에 도달할 수 있는 것이 아니다. 니체는 《차라투스트라는 이렇게 말했다》에서 어떤 존재가 초인에 도달하는 과정을 '낙타-사자-어린아이' 세 단계로 나누어 묘사한다.

낙타는 순종적인 존재로서 복종, 순응하는 자를 말하며, 대부분의 모범적 인간을 지칭한다. 등에 실린 짐은 자기의 것이 아니지만 왜 그 짐을 짊어져야 하는지 모른 채 그냥 살아간다. 단지 그것이 자신에게 주어진 의무이기 때문에 그것에 순응하는 삶이다. 자신만의 판단 기준과 신념이 뚜렷하지 않으며 외부의 규정된 종교, 도덕, 집단, 사회가 정해준 절대성에 순응하며 살아간다. 사회적인 시선에서 볼 때 이러한 삶은 공감하는 삶이고 동조에 능숙한 삶이다. 주변에 자신을 맞추는 것은 좋은 평판을 쌓기에 유리하며, 세상을 가장 안정적으로 살아가는 방법이다.

하지만 낙타의 상태에만 머물러서는 위대한 창조를 기대할 수 없다. 위대함은 한 세계에서 다른 세계로 넘어가는 경계에 도사리고 있다. 물론, 초인이 되기 위한 여정을 시작했다면, 먼저 기존의 것을 수용할 줄 아는 낙타가 되어야 한다. 신동 모차르트 역시 가혹한 모방의 세월을 지냈다. 모차르트는 어린 시절부터 아버지 레오폴트에게 가혹한 음악 교육을 받았으며, 레오폴트의 음악 교본은 당대 30년 간 가장 잘 팔렸을 만큼 훌륭한 것으로 정평이 나 있었다. 레오폴트는 자신의 아들 모차르트에게 모든 지원을 아끼지 않았다. 물리학계의 이단아 아인슈타인도 모방과 학습의 시절이 존재했다. 그의 상대성이론은 뉴턴의 고전 물리학을 무너뜨렸지만, 역설적으로 물리학자 뉴턴이라는 거인의 어깨 위에 올라선 결과로 발명된 것이다. 새로운 길을 모색하기 위해서는 기존의 것들에 대한 사색의 과정이 필요했다. 천재라고 해서 처음부터 독창적인 것은 아니었다. 기존의 것에 대한 치열한 모방과 학습의 과정이 존재했다. 어떠한 학문도, 예술도, 철학도 저 혼자 독보적인 경우는 없다.

망치를 들었던 니체도 결국 무엇인가에 기대어 올라서 있다. 니체가 비판한 낡은 전통이 없다면 니체의 망치도 존재할 필요가 없다. 무엇인가를 비판하고 그것을 넘어서려면 먼저 그것에 대한 이해가 선행되어야 한다. 철학이라는 것도 결국은 누군가의 철학이 끝난 지점에서 한 발자국 더 나아가면 되는 것이고, 그 나아간 한 걸음을 독창성이라고 하는 것이다. 당신이 만약 위대한 화가가 되려 한다면, 먼저 수없이 많은 선과 곡선을 그려야 하고, 당신보다 앞선 위대한 화가들의 작품을 모방해야 할 것이다.

반면 사자는 순종적이지 않다. 사납고 반항적이다. 낙타가 자신의 종속성을 깨닫고 거기서 벗어나려는 움직임을 보일 때, 내면에서 참된 나self를 발견하고 자신만의 영역을 만들고자 모험을 떠날 때, 비로소 사자의 정신에 도달하게 된다. 옳고 그름을 주체적으로 판단해 능동적인 삶을 살려고 하는 인간으로서 탁월한 지성을 지닌 소수의 인간이다.

명화를 아주 완벽한 수준으로 모방해낼 수 있는 경지에 오

피카소가 15세에 그린 유화 <첫 성찬식>(1896)과 입체파 기법으로 표현된 <울고 있는 여자>(1937)

독창성의 천재 피카소 역시 어린 시절 박물관에서 여러 명화를 모사를 하며 실력을 쌓아갔다. 이미 20세가 되기 전에 그의 회화 실력은 고전주의를 완벽하게 모방해내는 수준이었다. 그의 표현을 빌리자면 그는 어린 시절 이미 라파엘로만큼 그릴 수 있었다. 피카소가 15세에 그린 <첫 성찬식>을 보면 배경, 인물, 구도, 색감, 명암 모든 것이 놀라울 정도로 세밀하다는 것을 알 수 있다. 입체파 그림을 그리기 전부터 피카소의 실력 자체는 정점에 이른 수준이었다. 이 그림은 입체파 그림을 단순한 낙서 수준으로 깎아내리는 자들의 입을 잠재워 줄 것이다.

른 화가는 이제 기존의 방식에서 벗어나야 자신만의 고유한 작품세계와 화풍을 개발해내야 할 것이다. 그러나 기존에 없는 새로운 길을 연다는 것은 실로 매우 두렵고 불안한 일이다. 자신의 고유한 사상을 정립하고 그것을 세상에 드러내는 것은 매우 수고로운 일이며, 옷을 완전히 발가벗은 나체의 상태로 군중 앞에 나서는 것과 같다. 사자는 긴 세월을 이어 내려온 사회적 관습의 결정체인 용과 투쟁을 하지만 용의 비늘은 너무나 튼튼하고 사자의 투쟁은 버거워 보인다. 사자는 결국, 자기보다 강한 용이라는 존재 앞에서 꼬리를 내리고 만다. 자유를 구속하는 관습의 힘에 저항하지만, 구속의 힘은 너무 견고하고 자유를 감당하는 것은 언제나 높은 수준의 불안을 야기하기 때문이다. 결국, 종속성에 대한 거부감과 자유에 대한 불안 사이에서 삶의 새로운 의미나 가치를 발견하지 못한 채 방황한다. 이 점에서 사자의 정신은 아직 불완전한 단계이다.

하지만 최종 단계라 할 수 있는 '어린아이'는 다르다. 순진무구하여 자신의 내면에 온전히 집중할 수 있고 외부의 다른 어떤 것에도 얽매이지 않는다. 어린아이는 사자가 이기지 못하는 강자 앞에서도 태연자약한 태도를 유지한다. 어떠한 억압과 구속에도 불구하고 모든 것에서 자유로운 인간이다. 니체가 말하는 궁극적 인간의 모습인 초인에 해당한다. 기존의 관습이나 규칙들을 기억할 필요가 없이 자신의 힘으로 모든 가치를 창출해 낼 수 있는 자에 해당한다. 사자는 용에 대항하면서도 수직적 관계로서 용을 바라보고 두려워했지만, 어린아이에게 있어 용은 그저 수평적으로 인식되는 놀이의 대상에 불과하다. 어린아이는 용을 순수하게 받아들일 뿐이다.

이처럼 초인은 모든 것을 순수하게 받아들이고 대처할 수 있는 경지에 도달해 있다. 모든 것을 순수하게 받아들인다는 것은 외부의 강요된 가치나 기준의 영향을 받지 않고 자유롭게 사고할 수 있다는 것을 의미한다. 초인의 경지는 현실의 원칙과 원리를 무시하고, 내면의 무의식적 충동과 욕망 및 환상에 완전히 몰입한 경지로서 이는 유아적 환상의 세계와 흡사하다.

아이들은 외부의 현실적 한계보다는 순수한 내면의 욕망과 의도에 집중한다. 순수한 어린아이는 자아ego와 참된 자아self가 분리되어 있지 않다. 때문에, 자유롭게 사고하며 열린 마음으로 대상을 바라볼 수 있다. 때로는 특이하고 독창적인 추론들도 일어날 수 있다.

우리들은 처음 견습을 시작할 때 그것이 예술이건 특정 분야의 학문이건, 다른 사람의 작품과 이론을 그대로 모방하고 학습하라는 말을 듣는다. 우리는 구성 및 형식을 배운다. 명작의 모조품을 만들기 위해 열심히 노력한다. 그러나 견습을 마칠 때, 우리는 우리의 주인을 죽이는 방법을 배워야 한다. 익숙해질수록, 지식과 경험이 많아질수록 어느 순간 규칙을 잊어버려야 할 때가 찾아오는 것이다.

"난 어린 시절 이미 라파엘로처럼 정밀하게 **그림을 그릴 수 있었다. 때문에 나는 천재가 아니었다. 그래서 나는 평생 어린아이처럼 그림을 그리기 위해 노력했다."** - 파블로 피카소

처음에는 연습과 모방의 단계를 거치지만 결국엔 그것을 초월하는 자신만의 고유성을 스스로 담아내야만 한다. 많은 지식을 보유한 동시에 그 기량에 지배당하지 않는 순수한 어린아이와 같은 모습을 유지해야 한다. 자신이 쌓아 올린 지식과 기

량에 집착하면 독창성은 발현되지 못한다. 보들레르는 천재는 마음껏 되찾은 유치성에 불과한 것이라 하였다. 우리가 단지 일상에서 새로운 무엇인가를 창조하고 삶의 작은 부분들을 조금씩 바꿔나가는 것을 원한다면 조금 더 유치해지는 것으로 충분하다.

때묻지 않은 어린아이들은 사물을 봐야 하는 대로 보지 않고 보이는 대로 볼 줄 안다. 독창성originality의 어원을 보면 말 그대로 자기 자신의 근원origin까지 내려가야만 얻어낼 수 있는 것이다. 묵은 지식과 관념을 걷어내고 우리 내면의 무의식에 몸을 맡겨보자. 그리고 외부 세상을 자기만의 솔직한 방식대로 받아들여 보자. 항상 우리 가까이 존재해왔지만, 전혀 생각지도 못했던 놀랍고 참신한 아이디어들이 떠오르게 될 것이다.

2) 디오니소스와 아폴론의 통합

그리스 신화에는 정적인 균제미를 자랑하는 엄격한 태양의 신 아폴론과 포도주와 광기의 신 디오니소스가 등장한다. 간단히 설명해보자면 아폴론은 이성, 합리성, 형식, 규율, 규범을 나타내는 로고스logos와 관련이 있고, 디오니소스는 유동적이며 감성적이며, 충동적인 파토스pathos와 관련이 있다. 하지만 진정한 예술은 로고스나 파토스 둘 중 하나에만 의존해서는 결코 이루어질 수 없는데, 형식만 강조된 예술은 공허하고 충동이 지나친 예술은 맹목적이기 때문이다. 진정한 예술은 아폴론적 가치와 디오니소스적 가치가 적절히 조화를 이루어야 한다. 니체가 말하는 초인이란 몰아적이고 역동적인 디오니소스적 가치와 규칙과 이성을 중시하는 아폴론적 가치가 통합된 상태를 말한다.

그런데 여기서 말하는 통합은 아폴론 중심의 통합이 아닌, 디오니소스에 기반을 둔 통합이라는 점이다. 아폴론의 이성이 디오니소스의 파토스에 휘말려 들어가는 상태가 니체가 말하는 통합이다. 이 상태는 가장 창조적인 초인의 상태다. 니체는 인간의 생의 본질은 결코 논리적이거나 합리적일 수 없다고 보았고 그것은 오히려 충동과 도취라고 보았다. 퇴폐적이라는 이유로 천시 받아온 디오니소스적 가치를 생의 원초적 힘이라고 보아 더 강조한 것이다.

니체가 아폴론적 가치를 완전히 무시한 것이 아니다. 단지 절제의 고리를 끊고 무의식의 흐름에 몸을 맡기는 디오니소스적 가치에 더 큰 찬사를 보낼 뿐이다. 이성의 배제를 추구한 것이 아니라 이성의 독재를 거부한 것이다. 이는 이성과 논리를 담당하는 좌뇌에게 감정과 직관을 담당하는 우뇌라는 주인이 있다는 사실을 알려주는 것과 같다. 좌뇌와 우뇌의 의식이 균형점을 찾게 되면, 어떠한 대립도 없이 고요하고 공감력과 직관력이 풍부한 상태가 된다. 이러한 디오니소스와 아폴론의 통합 상태는 가장 창조력 넘치는 상태로 초인으로 넘어가는 한 과정이다.

충동적이고 자유분방한 상상력과 최적의 논리/분석력이 공존하는 상태에서 최고의 창조성이 발휘된다. 조각, 건축, 서사시처럼 형식이 중시되는 예술은 아폴론적 가치가, 음악, 무용, 서정시처럼 무아의 예술은 디오니소스적 가치가 중시된다. 하지만 이 두 가지 요소의 충돌과 융합이 그리스의 비극을 더욱 위대하게 만든다. 제아무리 이성 중심의 철학이나 과학일지라도 해당 분야에서 기념비적인 성과를 달성하기 위해서는 아폴론적 이성뿐만 아니라, 디오니소스적인 광기를 필요로 한다. 이성 중심의 철학자 칸트와 헤겔, 더 나아가 아인슈타인과 같은 물리학자들의 사고 과정에도 마찬가지다.

우리의 좌뇌에는 아폴론이, 우뇌에는 디오니소스가 깃들어 있다. 창조적 인물이 된다는 것은 확산적 사고세상의 법칙을 해체하며, 유연하고 개방적으로 사고하는 능력를 담당하는 우뇌와 수렴적 사고여러 가지 정보를 취사선택하여 일정한 논리체계를 만들거나 가장 적절한 선택지를 판별해내는 능력를 담당하는 좌뇌가 고도로 협력한다는 것을 의미한다.

창조적 천재나 영재들은 규칙과 체계성, 언어적 논리성을 담당하는 좌뇌보다는 시각적 사고, 직관적 사고를 담당하는 우뇌가 발달해 있다는 이야기가 널리 퍼져 있다. 실제로 창조적인 인물들은 이성보다도 격동과 충동에 따른 열정에 지배되는 경우가 많다. 하지만 이들의 두뇌가 우뇌형이라는 이야기는 반드시 좌뇌의 능력 부족, 다시 말해 논리적 사고의 결여를 말하는 것이 아니라, 우뇌의 직관적 사고가 우수한 그것을 더욱 초월함을 의미한다. 우뇌의 작동이 좌뇌의 인식 능력을 압도해 버리므로, 이들의 행동은 그 자체로 체계적·합리적이라기보다는 직관적이고, 충동적이고, 비이성적인 모습으로 나타나면서도 역설적으로 현실과 매우 밀접해 있고 창조적일 수 있는 것이다. 천재들의 환상은 현실 세계로 돌아올 수 있고 외부 세계에 동참하여 이 세상을 더 적극적으로 변화시킬 수 있다. 무의식의 욕구와 충동에 다가가서 그 내용물을 접한 뒤 그것을 뛰어난 작품으로 만들어낼 수 있는 능력이 탁월한 것이다. 위대한 상상력은 현실과 비현실 사이에서 매개 작용을 한다. 그것은 비현실을 현실로 변화시켜줄 수 있다.

2

혼돈과 고뇌를
창조성으로 승화시키다

> 춤추는 별을 잉태하려면 반드시 자신의 내면에 혼돈을 지녀야 한다. 어
> 느 정도 깊이 괴로워하느냐 하는 것이 거의 인간의 위치를 결정한다.
>
> **-프리드리히 니체**

> 누군가의 지능은, 그 자신이 견딜 수 있는 불확실성의 양으로 측정될
> 수도 있다.
>
> **-임마누엘 칸트**

> 우리가 다른 영장류보다 월등하게 모순된 존재인 것만은 분명하다.
> 이 지구상에 우리만큼 큰 내적 갈등을 겪는 동물은 없으니까.
>
> **-프란스 드 빌**

인간은 다른 동물들보다 걱정이 많은 존재들이다. 왜 그럴까?
그 이유는 모든 동물들 중에 지능이 가장 높기 때문이다. 야생
의 동물들은 현재 자신이 처한 환경에 대해서만, 자신의 생존
과 직접적으로 관련된 변수와 자극에 대해서만 민감하게 반응

을 할 뿐이다. 이 역학관계에 따르면 아둔한 사람일수록 열정이라는 것을 찾아볼 수 없고, 그저 편안하고 안락한 삶을 살길 원하며 그 정도 삶을 유지하는 데 필요한 수준의 감각을 가지고 있을 뿐이다. 하지만 사람이 정신적으로 발전하면 할수록 사물에 대해 더 예민하게 반응하게 된다. 천재들은 보통 사람들보다 더 많은 것을 느끼고 더 많은 것을 본다.

독일의 대문호 괴테는 "보통 사람들에게 있어 사춘기는 인생에 단 한 번 있고 지나가는 것이지만, 천재성을 타고난 사람들은 그 사춘기를 되풀이하여 경험한다."라고 하였는데, 사춘기를 여러 번 경험한다는 것은 자아 정체성의 위기, 순수하고 동화적인 이상주의, 정서적 불안과 같은 우여곡절을 되풀이하여 겪는다는 것을 의미한다. 이들의 고뇌는 높은 지능과 통찰력, 그리고 어린아이 같은 순수함이 빚어낸 결과다.

고유한 내면이 강렬하게 살아 있는 존재인 한 감당할 수밖에 없는 불안. 기존의 것으로부터 벗어나 새로운 것으로 나아갈 때 감당할 수밖에 없는 불안. 높은 지성을 지닌 인간일수록 그만큼 높은 수준의 불안을 감당해야 할 운명에 처해진다. 지성이 마비되지 않는 한 불안은 그들을 항상 따라다닐 수밖에 없다.

그리고 그 불안에 굴복당하지 않고 맞서가면서 삶의 높이를 한 단계씩 높여가는 것이 탁월한 지성을 부여받은 인간들의 숙명이다. 가장 높은 수준의 불안을 초극하는 인간이 정신적으로 가장 높은 단계의 인간, 즉 초인에 해당한다.

지금껏 인류가 남긴 위대한 창조적 결과물들은 불안과 고뇌로 점철된 극소수의 천재들의 삶을 대가로 한 것이다. 실로, 불후의 명작을 남긴 작가들 가운데는 그들의 작품에 등장하는 주인공 못지않게 굴곡진 인생을 살다 간 경우가 많았다. 이들이 단지 남들과 다르다는 이유로, 퇴행적 모습을 보였다는 이유로 이들의 작품을 폄훼하는 것은 정신적 고뇌와 그 심연에 대해 전혀 이해하지 못하는 배부른 범부凡夫들에게나 가능할 것이다.

주어진 삶의 조건과 안락함에 쉽게 만족하는 사람일수록 자기 내면을 치열하게 탐구할 동기를 느끼지 못하는 법이다. 이들의 특징은 어떠한 대상과 관념에 대해 두 번 이상 생각하지 않는 것이다. 배부른 자가 음식에 집착할 필요가 없듯이 정서적으로 배부른 자들은 스스로 사유할 필요를 느끼지 못하며, 더욱이 정신적 에너지가 많이 소요되는 창조행위에 빠져 허우적거릴 필요를 전혀 느끼지 못한다. 오직 정서적으로 굶주린 자들만이 창조의 세계에 자신의 몸을 치열하게 내던진다.

생존과 번식이 그 무엇보다 최우선 과제였던 원시시대의 인류가 한가하게 동굴 벽에 그림을 그린 이유는 무엇일까? 그림을 그리는 행위가 도대체 생존과 번식에 어떤 도움이 될 수 있다는 말인가? 이는 풍족과 안녕을 기원하는 기복 의식이다. 이들은 자신들의 현실에서 결여된 무엇인가를 환상의 세계에 마음껏 그려놓았다. 이들은 굶주림에 시달릴 때 벽에 수많은 동물들을 그려 넣고 풍족한 삶을 기원했다.

물론, 인류는 눈에 보이는 것만 그리지 않았다. 인류는 눈에 보이지 않는 존재도 그려냈다. 대자연의 횡포 속에서 생존의 위협과 불안을 겪은 인류는 마침내 자연을 관장하는 신을 창조하기에 이른 것이다. 보이지 않는 존재를 상상하고 믿는 능력이 인류를 세상의 지배자로 만들었다. 인간은 동물 역사상 최초로 보이지 않는 환상의 존재를 상상했다. 보이지 않는 것을 믿었던 인간은 이 세상을 지배하게 되었고, 보이는 것만 믿었던 동물들은 자연의 구도나 인간이 만든 철창 속에 갇히는 신세로 전락했다.

일찍이 지그문트 프로이트는 "행복한 인간은 결코 공상에 빠지지 않는다. 오직 만족을 느끼지 못하는 사람만이 공상에 빠진다."라고 하였다. 그는 예술적 창조성의 원천이 무의식적 소망을 충족시키려는 시도에서 나온다고 본 것이다. 지성을 특징으로 하는 인간의 두뇌는 다른 동물들이 직면한 생존의 문제에서 더 나아가 더욱 복잡하고 관념적인 문제를 탐지하고 해결할 수 있도록 만들어졌다. 그리고 이러한 인간의 두뇌 중에서도 천재들의 두뇌는 더욱 극단적인 정신적 예민함과 과흥분성

을 가지고 있다. 이들의 두뇌는 쉴 새 없이 문제를 탐색하게 만든다. 수많은 천재들이 정신적 고통에서 자유로울 수 없는 이유이기도 하다.

위대한 창조는 결코 안락하고 평화롭기만 한 마음에서 발생하는 법이 없다. 맑고 고요하기만 한 마음에서는 창조의 불씨가 일어나기 어렵다. 적절한 내적 혼란은 한 개인이 창작 활동을 지속하는 데 필요한 동기를 지속적으로 제공해준다. 내면의 모순과 심리적 불안정 상태는 창조적 긴장으로 이어지며, 창조적 긴장은 창조자가 어떠한 과제나 창조행위에 매달리게 만든다. 하지만 주의할 점은 불안이나 정서장애가 곧 창조성의 발현으로 이어지는 것은 아니라는 데 있다. 어떤 개인은 내면의 불안 요소를 그대로 끌어안고 부적응과 번뇌 속에서 끙끙대는 무기력함과 자기 파괴의 모습으로 나아가지만, 어떤 개인은 그것을 창조적 에너지로 활용할 줄 안다. 내적 혼돈이 사회의 발전에 기여하는 창조의 자극제가 될 수 있는지 여부는 전적으로 그것을 이롭게 활용할 줄 아는 개인의 능력과 태도에 달려 있다.

위대한 천재들은 자아 정체성의 위기와 내면의 모순적 기질을 창조력으로 승화시킬 줄 알았다. 훌륭한 창조자들은 적정 수준의 내적 긴장을 만들어내고 그것을 활용하는 데 천부적 재능을 갖추고 있다. 이들은 내면의 모순과 불안정함을 견뎌낼 수 있는 능력이 탁월했고 스스로를 그러한 처지에 몰아넣었다. 천재는 세상과 이질감을 형성하면서도 세상과 관련된 자신의 삶을 조직화하고, 자신의 이상과 창조적 에너지의 발현을 위해 적절한 방향으로 정신적 균형을 만드는 조숙성을 필요로 한다. 이러한 재능 역시 천재를 구성하는 중요한 요소임이 틀림없다. 이들이 자신의 한계와 불안을 대하는 모습은 초인 그 자체였다.

1) 억눌린 내면의 분출이 곧 힘이다

신경증은 예술가를 만들고, 예술은 신경증을 낫게 한다. -앙드레 모루아

창조해 가면서 나는 치유되고 건강해진다. -하인리히 하이네

작가라는 존재는 책상에 대단히 의존한다. 광기에 압도당하지 않기 위해선 절대로 책상을 떠나지 말아야 한다. 책상을 꼭 잡고 매달려야 한다. 예술가에게 있어 단절은 천재성이 발현되는 순간이지만 광인에게 있어 단절은 감옥이다. -프란츠 카프카

앙드레 모루아는 "신경증은 예술가를 만들고, 예술은 신경증을 낫게 한다."라는 말을 남겼는데, 이 문장은 예술과 광기의 관계를 단순명료하면서도 가장 예리하게 포착한 명문장이다. 천재들에게 있어 창조 활동은 내면의 모순과 심리적 불안을 해소하는 통로이기도 하다. 내면의 갈등을 해소하는 방법에는 여러 가지가 있다. 어떤 사람은 종교적 수행을 통해 욕망을 제거함으로써 인간사의 모든 갈등을 초월하고자 한다. 어떤 사람은 심리적 치료를 통해 내면에 존재하는 갈등을 해소하고자 한다.

하지만 예술가는 자기 내면에 존재하는 불안과 갈등을 먹고 자란다. 자아의 탄력성이 부족하고 현실과 타협하기 어려운 존재들은 보통 사람보다도 욕망을 억제하는 것에 어려움을 겪는다. 때문에 이들은 욕망 자체를 억누르기보다는 욕망과 현실 사이에서 오는 괴리감을 창조성의 발현으로 승화시키는 길을 선택한다.

이들의 환상은 결코 현실 세계에서 이뤄질 수 없는 것이기에 이들의 공상력은 음악, 그림, 사상, 문학 등을 통해 발현된

다. 이들은 종교적 절대자나 심리 전문가 등 타인의 도움을 받지 않고 창조행위를 통한 자가 치유의 길을 선택했다. 극심한 가난과 조현병에 시달린 이중섭은 황소를 통해 자신을 치유했다. 그의 작품에 묘사된 황소의 앙상한 모습은 자기 자신의 초췌한 모습이기도 했다.

그가 "소는 곧 나 자신이며, 나 자신 또한 소이다."라고 말한 것처럼 그는 작품을 통해 자신의 내면을 그려냈다. "소는 나와 같고, 나는 소와 같다." 이는 소로 변하는 몽상에 해당한다. 그가 훌륭한 황소 그림을 그릴 수 있었던 이유는 바로 소로 변하는 몽상 덕분이다. 이중섭은 현실의 한계와 이상 사이에서 초래되는 고통을 이렇게 건강하고 창조적인 몽상으로 승화시켰다.

또한 그의 작품에 등장하는 아이들은 서로 손을 맞잡고 있는 경우가 많은데, 이는 분단 이후 이북에 남겨진 어머니와 일본으로 떠난 아내와 아이들로 인해 고립감과 단절감에 몸부림쳤던 그의 심상이 작품에 반영된 결과다. 자신을 가족으로부터 고립시킨 보이지 않는 선에 대해 가졌던 적개심을 '서로 맞잡은 손'으로 승화시킨 것이다.

영국의 시인이자 극작가로서 1948년 노벨문학상을 받은 T.S. 엘리엇은 〈황무지〉라는 걸작을 남겼는데, 이 작품은 그 당시 제1차 세계대전 이후 황폐해진 세상의 현실, 소시민들의 환멸과 소외 등을 훌륭하게 그려냈다는 찬사를 받았다. 하지만 저자인 엘리엇은 자신의 작품 〈황무지〉가 사실은 자신의 내적 불만과 위기를 해소하기 위한 개인적 동기로 만들어졌음을 실토한다. 사회의 현실을 예리하게 묘사했다는 점에서 비평가들로부터 극찬을 받은 작품이건만, 사실은 부모와 형제를 잃고 사상과 희망을 위협받던 한 개인이 황폐해진 자신의 정신세계를 극복하고자 써 내려간 작품이었던 것이다. 비평가들로부터 가장 극찬을 받은 작품이 한 개인의 인생에서 가장 최악이었던 시점에 등장한 것이다.

살바도르 달리는 태어난 순간부터 죽은 형의 그림자와 어머니의 우울함에 엄습 당했다. 죽은 형은 무의식 속에서 그를 괴롭혔다. '살바도르 달리'라는 이름은 사실 일찍 생을 마감한 형의 이름이다. 그는 죽은 형의 이름으로 살아갔다. 아버지는 그에게 공포의 대상이었다. 하지만 그는 창조적 활동을 통해 내면의 어둠을 해소했다. 프로이트의 영향을 받은 달리는 자신의 작품 속에 자기 무의식 속의 불안, 성적 욕망, 공포 등 다양한 심상들을 반영하였다.

내면의 어둠은, 그것을 받아들일 준비가 되어 있지 않는 사람들에게 이해받지 못할 수도 있지만, 그는 그것들을 그림으로 표현해냈다. 내면의 어둠은 선과 색 등 적절한 미적 조형 원리에 의해 창조적으로 변형되었다. 그의 탁월한 미적 표현력은 이것을 보는 이들로 하여금 혐오라는 감정보다는 환상적이고 묘한 여운을 느끼게 한다. 그는 그림 속에 도덕적 선입견에서 벗어난 인간 본연의 욕구를 담아내어 자신의 내밀한 정신적 모순들과 신경증을 위대한 예술적 창조성으로 승화시켰다.

천재들은 자신의 억압된 내면을 철학, 예술, 과학 등을 통해 해소함으로써 스스로를 지켜냈다. 베토벤, 아인슈타인, 헤밍웨이, 피카소가 사회 부적응자가 아닌 천재로 기억될 수 있었던 이유는 이들이 음악가, 물리학자, 문학가, 미술가가 되었기 때문이다.

살바도르 달리(1904~1989)의 <기억의 지속>(1931)
프로이트의 영향을 받은 그의 작품 속에는 무의식의 세계 속에서나 나타날 관능적이고 상징적인 기호들이 자주 등장하는데, 특히 <기억의 지속>은 달리의 대표작으로, 인간 무의식에 대한 고찰이 엿보이는 작품으로 평가받는다.

2) 천재 예술가들의 창조적 에너지

사람이 운다는 것은 내면의 억압된 감정을 해소하는 행위와도 같은 것이다. 베토벤은 음악으로 울었다. 아인슈타인은 물리학을 통해 울었다. 헤밍웨이는 글쓰기를 통해 울었다. 피카소는 그리는 행위를 통해서 울었다. 그림으로 우는 것은 그림을 그리는 것보다 훨씬 높은 경지에 도달해 있는 것이다.

천재들은 자기 내면에 억눌린 것들을 표출하는 방식으로 살길을 찾는다. 과학보다는 주로 예술 분야의 천재들이 그러한 경향이 짙다. 철학, 문학, 과학, 예술 분야에 있어서의 창작은 그들에게 있어 즐거운 과업이었지만 치유의 과정이기도 했다. 만약, 그들이 그러한 창작활동을 하지 않았다면 좋지 않은 의미에서 부적응자 또는 미치광이가 되고 말았을 것이다.

정도의 차이는 있지만 지성을 지닌 인간은 모두 내면에 어두운 면이 존재한다. 이 어두운 면을 어떻게 활용하느냐가 창조적인 사람과 그렇지 않은 사람의 구분을 만들어낸다. 당신 내면의 어둠은 온갖 은밀한 욕망과 판타지, 공격성 및 충동성으로 가득 차 있다. 심리학자 칼 융은 이를 '그림자shadow'라고 불렀다.

인간은 사회적 동물로서 문화를 학습하고 자신이 속한 집단의 온갖 이상적인 것들을 학습하고 내면화했다. 일종의 사회적 가면을 쓰고 이상적인 역할을 연기하는 것이다. 그 과정에서 우리는 '올바름'이라는 미덕을 획득했지만, 본성의 많은 것들이 내면의 가장 깊은 밑바닥으로 가라앉고 말았다. 너무나 깊은 곳에 방치해 두었기 때문에 대부분의 사람들은 그 존재 자체를 인식하지 못한다. 그러나 이 그림자를 한쪽 구석에 내던져두고 계속 방치하면, 언젠가는 사회적 가면의 가장 빈약한 부분을 뚫고 달갑지 않은 형태로 불쑥 튀어나오게 된다. 그 '그림자'가 짙으면 짙을수록 더욱더 극단적이고 과격한 형태로 표출된다.

우리는 그림자를 어렴풋이 느끼지만, 그것을 애써 확인하려고 하지 않는다. 의식 세계 아래의 미지의 세계에 어떤 괴물이 있는지 확인하는 것은 매우 두려운 일이기 때문이다. 자신이 몰랐던 자기를 확인하는 것은 두렵다. 그래서 '그림자'의 존재를 어렴풋이 인지하고 있음에도 모르는 척 회피한다. 자신의 그림자를 적극적으로 부정한다. 프로이트식으로 표현하자면 적극적 부정은 긍정의 또 다른 표현이다.

우리는 학습당한 문화적 기준을 추구하고 그것을 다른 사람에게도 요구하지만, 금지된 것들에 대해서 항상 은밀하고 이상한 매력을 느낀다. 그럼에도 그림자를 애써 부정하는 이유는 기존의 규범과 질서에서 벗어나려는 괴물을 감당해야 하기 때문이다. 결국 이들이 선택하는 길은 알코올 중독이나 쇼핑 중독, 오락이다. 사회적으로 용인될 수 있는 범위에서 최대한 자신의 욕망을 대리충족하고 마는 것이다.

하지만 고유한 내면을 지닌 위대한 예술가들은 그 그림자가 보통 사람보다도 짙어서 도저히 감당해낼 수 없는 경우가 많다. 짙은 그림자를 계속 억압하는 것은 너무나 많은 에너지가 소모되는 일이고 참을 수 없는 우울감을 초래하기에 결국 방출하는 길을 선택하고 만다. 무의식 속에 강렬한 에너지를 품은 사람일수록 외적 인격과 내면의 괴리가 그만큼 커지게 되므로 우울증을 더 자주 경험할 수 있다. 우울해진 사람은 어쩔 수 없이 자기 시선을 내면으로 돌려 무의식의 영역에 집중한다. 일단 의식적인 점검을 거친 '그림자'는 정제된 형태로서 창조적인 에너지의 동력으로 활용될 수 있게 되는 것이다.

공격적인 충동을 가치 있는 일에 해소할 수 있게 된다. 니체는 무의식적 충동을 '맹수', '사나운 들개'에 비유했다. 자신 안에 있는 무의식적 충동이 맑고 깨끗한 생명을 얻을 때, 우리 내면 깊은 곳에 방치된 사나운 들개가 '노래 부르는 새'나 '노래하며 춤추는 여인'으로 거듭날 수 있다. 예술가들은 내적 통찰을 통해 자신의 그림자를 확인하고 그것을 과감하게 화폭에 그려낸다. 악기로 연주한다.쇼펜하우어의 영향을 받은 니체는 예술 중에서도 음악이 인간의 심연을 가장 잘 드러낸다고 보았다. 자신의 욕망과 충동, 공격성을 확인하고 인정하는 것은 곧 어린 시절의 유치함을 되찾는다는 것을 의미한다. 그 유치함에는 창의성과 직관이 들어 있다.

자신의 분야에서 큰 업적을 이루고 역사에 이름을 남기는 인물들을 보면 이들은 하나같이 사회적 코드에서 벗어나 있음을 알 수 있다. 자신이 남과 다르게 보이는 것에 대해 연연하지 않는다. 오히려 기존의 방식을 비난하고 무시함으로써 자신감을 얻는다. 하지만 사회는 이들에게 벌을 주기는커녕 위대하다고 보상을 준다.

천재들의 어두운 면은 그들의 위대한 창조성과 불가분의 관계로 이어져 있다. 칼 융은 우리가 내면의 그림자를 대면하고 껴안을 때 자기self실현 즉 개성화individuation의 단계로 나아갈 수 있다고 한다. 개성화가 일어나면 자아ego와 자기self의 관계가 밀착되어 모든 성격 구조에 대한 의식이 확장된다. 이때 우리는 무의식의 내용들을 의식의 영역으로 더 많이 가져올 수 있다. 인류 경험의 저장소인 집단 무의식에 대해 개방적이게 됨으로써, 나와 다른 사람의 구분이 사라지고 인류에 대하여 보다 많은 연민의 정을 느낄 수 있게 된다. 융은 이러한 자기실현이야말로 인간에게 있어 궁극적 삶의 목표라고 보았다. 하지만 융은 스스로가 초인이 되었다는 느낌이 너무나 과도해지면, 자신의 의식으로 무의식의 세계까지 지배하려 들기 때문에 극단적 자아 팽창으로 이어질 수 있음을 경고하기도 했다.

무의식의 영역으로 모험을 떠남으로써 사회적으로 무난하지 않은 인격을 형성하고 그것을 감당할 수 있는 능력은 천재를 논할 때 절대로 빠져서는 안 될 필수적 요소이다. 자아가 무의식의 심해 깊숙한 곳에 있는 자기를 찾아 떠나는 여정은 영웅의 여정이라 할 만하다. 우리가 천재의 창조성을 논하면서도 그 어두운 요소를 그저 불필요한 것으로 간주하고 억압하려 하거나 없애려고 한다면, 천재는 보통 사람인 우리와 전혀 다를 바가 없게 될 것이다.

3

세상이라는 들판에
자기만의 깃발을 세우다

안이하게 살고자 하는가? 그렇다면 항상 군중 속에 머물러 있으라. 그
저, 군중에 섞여 너 자신을 철저하게 잃어버려라.

-프리드리히 니체

다수가 성공하는 경우란 없다. 모든 사람이 똑같이 생각한다면 틀렸
을 가능성이 크다.

-험프리 닐

성장 과정에서 풍부한 사회적 경험과 사교적 기술을 축적한 천
재들은 원만한 사회생활에 지장이 없도록 자신의 언행을 조절
할 수 있겠지만, 확고한 정신세계를 바탕으로 진리를 추구하는
사고방식 자체는 모든 종류의 천재들을 관통한다. 외부의 기준
에 불복하고 자기 내면의 가장 깊은 본성으로 내려간다는 것은
돌이킬 수 없는 강을 건너는 것이며, 마치 판도라의 상자를 여는

것과 같다. 이들은 집단이 공유하고 있는 통념에 도전적인 태도를 보이거나 그것을 거부할 때 어떠한 가혹한 결과가 초래될 수 있는지를 알고 있음에도 이들 역시 두려움을 느끼지만 진리를 향한, 그리고 창조행위에 대한 비상식적 충동과 강박에 굴복하고 만다.

이처럼 천재성의 징조를 보이는 부류들은 확고한 자기 세계를 바탕으로 진리를 추구하기 때문에 사회와 집단의 입장에서 쉽게 통제를 할 수가 없다. 이는 집단 정체성에 심각한 위협이 되기에 이들은 역사적으로 줄곧, 견제와 추방의 대상이 되어왔다. 천재들을 견제한 집단에도 여러 가지가 있겠지만 그중에서도 특히, 천재가 아니면서 박학다식한 사람들이 모인 집단이 가장 위협적이었다. 이러한 부류들을 하나로 묶어 표현하자면 기성 학계라고 말할 수 있다. 먹물깨나 먹었다는 부류들은 천재들을 공격할 수 있는 지적 능력과 권위를 가지고 있을 뿐만 아니라 자신보다 우월한 지성을 절대 용서하지 않는 지적 허영심까지 장착하고 있기 때문이다.

전통과 단절하고 새로운 가치를 모색하는 천재라는 존재는 기성 학계 입장에서 굉장히 껄끄러울 수밖에 없으며, 이때 집단이 취할 수 있는 행동은 스스로의 생존을 위해 정체성에 위협이 되는 멤버들을 견제하고 도태시키는 것이다. 언제나 그렇듯 집단은 보상과 처벌을 통해 개인의 행동을 통제한다. 집단의 정체성과 그 규범에 합치되는 행동을 하는 개인에게는 성실성과 모범이라는 가치를 명분으로 보상을 주고, 그렇지 못한 개인에게는 부적응 또는 일탈이라는 명분으로 불이익을 주는 것이다. 모든 집단에는 규범이 존재하며, 규범은 집단에 소속된 각 개인이 어떻게 사고하고 행동해야 하는지에 대해 안내하고 강제하는 역할을 한다.

하지만 천재들은 외부의 압력에도 불구하고 내면의 별을 좇아간다. 생명 있는 모든 것에는 자기 자신을 강화시키고 확장시키고자 하는 충동적인 힘이 있다. 니체는 이것을 '권력힘에의 의지'라고 불렀다. 세상은 이처럼 욕망을 추구하는 개인들에 의해 위계질서가 세워진다.

1) 비시대적인 고집통, 쇼펜하우어

쇼펜하우어는 반시대적인 고집통이자 천민 사이에서 유행하는 지식에 신경 쓰지 않은, 정신의 귀족이었다. -프리드리히 니체

나는 쇼펜하우어가 인간들 중 가장 위대한 천재라고 생각한다. -레프 톨스토이

쇼펜하우어의 미학 사상은 19세기 관념론적 미학에서 현대

로 이어지는 니체 미학 사상으로 이행하는 과정에서 중요한 미학사적 의미를 갖는다. 쇼펜하우어의 미학은 전통적 이성 형이상학에 대한 기초를 거부하고 생의 충동으로써 비합리적인 의지의 형이상학에 기초한다. 니체 또한 쇼펜하우어와 마찬가지로 인간 본성을 이성이 아닌 의지라고 보았다. 니체는 그의 미학에 지대한 영향을 받았다. 하지만 그 두 철학자의 미학에는 '의지'를 바라보는 관점에 분명한 차이가 있다. 쇼펜하우어는 욕망, 즉 맹목적 의지로부터의 해방을 통해 삶을 구원받을 수 있다고 보았다. 쇼펜하우어에게 있어 예술은 고통을 초래하는 의지로부터 우리를 일시적으로 해방시켜주는 의지의 진정제다.

하지만 니체는 쇼펜하우어가 말하는 의지로부터의 해방을 어불성설이라고 보았다. 의지를 부정하는 쇼펜하우어식의 아름다움은 인간을 나약하게 만들 뿐이다. 니체는 삶을 긍정했고 의지에 수반되는 고통의 깊이까지도 끌어안고 창조성으로 승화시켰다. 두 철학자의 미학은 이론상 분명 양립할 수 없는 부분이 존재한다. 하지만 우리 현실의 예술가들은 어느 한쪽으로만 설명되기엔 부족하다. 분명 위대한 예술가들에게서는 개별성ego에서 벗어나 직관으로 이데아를 관조하는 모습이 발견되기도 하지만, 자신의 고통을 창조성으로 승화시키는 모습 역시 발견된다.

근대 인식론은 인간 의식의 원천을 이성과 경험으로 이해하고 두 원천 중 어느 것을 더 본질적인 것으로 보느냐에 따라 합리주의와 경험주의의 두 갈래로 나뉜다. 데카르트, 스피노자, 라이프니츠에 이르는 합리론은 대상에 대한 올바른 인식은 이성적 사유에 의해서만 가능하다고 보았다. 반면 로크, 버클리, 흄에 이르는 경험론은 감각기관을 통해서만 대상에 대한 올바른 인식을 할 수 있다고 보았다.

당시 이성을 신봉하던 합리론은 경험을 도외시하고 실체와 인식을 추구했기에 독단에 빠지기 쉬웠고, 신, 영혼, 불멸자 등 세계의 모든 문제를 해결하지 못했다는 한계에 봉착하고 있었다. 흄의 회의주의에 의해 모든 형이상학적 신념은 붕괴 위기에 있었다. 그 신념에는 과학적 지식도 포함되어 있었다. 경험론자 흄은 추측적인 형이상학의 책들을 모두 불태워버려야 한다고 주장했다.

여기서 합리론과 경험론의 두 입장을 통합하고 형이상학을 새롭게 부활시킨 천재가 등장하는데, 그 천재의 이름은 임마누

임마누엘 칸트(1724~1804)
칸트는 인간 이성의 능력에 한계를 긋고 사고사의 코페르니쿠스적 전환을 이루어냄으로써 서양 근대철학을 종합한 철학자이다.

엘 칸트다. "내용 없는 사고는 공허하고, 개념 없는 직관은 맹목적이다."라는 그의 짧은 문장이 합리론과 경험론의 통합을 압축해서 설명해준다. 칸트에게 있어 경험과 이성 어느 한쪽만을 사용해 답을 내는 것은 만족스러운 해결책이 아니었다. 칸트는 세계를 현상계와 물자체로 구분했으며, 인간의 이성이 인식할 수 있는 세계는 현상계에 불과하다고 보았다. 이성만으로는 사물 그 자체, 즉 물자체플라톤식으로 표현하자면 이데아를 결코 알 수 없다는 것이다. 우리 눈앞에 보이는 사과는 물자체가 아니라 현상일 뿐이다. 우리는 우리의 인식체계를 통해서 사과의 단면만을 인식할 뿐, 현상 배후에 있는 진정한 사과의 모습을 알 수 없다. 물자체는 대상이 인간 주체에게 나타나기 이전의 사물 자체를 말하며, 시간과 공간을 초월해 있다. 시간과 공간을 비롯한 선험적 인식체계는 단지 인간 내부에 존재할 뿐이다. 인간은 시간과 공간이라는 렌즈를 통해 사물을 바라보고 구성할 뿐이다.

칸트는 이렇듯 인간의 이성이 지닌 한계를 인정했지만, 그렇다고 칸트의 목적이 전통적 형이상학의 전면적 부정에 있지는 않았다. 칸트는 기존의 형이상학이 도저히 유지될 수 없다는 사실을 자각하고 그것을 극복할 수 있는 기초를 제공하고자 했다. 인간은 외부의 데이터를 받아들이는 존재이지만, 인간 주체 내의 선험적 인식 체계가 현상을 결정한다. 의식 내의 선험적 원리, 즉 선험적 형식이 있어야만 경험도 성립할 수 있는 것이다. 칸트의 인식론은 붕어빵을 만들어내는 과정에 자주 비유된다. 붕어빵을 만들어내기 위해서는 밀가루 반죽이 있어야 하고 틀이 있어야 한다. 틀선험적 인식의 틀, 즉 이성이 없이 밀가루 반죽감각자료만 있으면 맹목적이고, 밀가루 반죽이 없이 틀만 있으면 공허하다.

그래서 어떠한 대상에 대한 참된 인식을 위해서는 그 두 가지 모두 필요한 것이다. 칸트는 이성의 한계를 인정하는 한편, 우리의 인식이 보편적 필연성을 가지는 근거를 경험에 앞서있는, 즉 선험적인 인식 체계에서 찾았다. 인간은 물자체를 인식할 수는 없지만, 두개골 안에 깃든 선험적인 인식 체계에 의해 물자체에 대한 보편적인 판단을 할 수 있게 된다.

칸트는 주체가 대상으로 향하는 것이 아니라 대상의 감각자료가 주체로 향하고 주체가 그것을 구성해낸다는 사고사의 코페르니쿠스적 전환을 일으켰다. 이성의 능력에 한계를 긋고 코페르니쿠스적 전환을 하게 되면, 대상에 대한 우리의 인식은 항상 참이 된다. 우리가 인식할 수 있는 시간과 공간의 테두리 안에서 이성의 역할을 정하는 것. 인간이 대상으로 향하는 것이 아니라 인간에 내재된 선험적 인식체계가 대상으로부터 들어오는 재료를 구성한다는 것. 그렇기에 보편적 지식이 구원된다는 것. 이게 코페르니쿠스적 전환의 결과다. 칸트는 이성의 기능을 회복시켰고 보편적 지식을 구원해냈다.

게오르크 빌헬름 프리드리히 헤겔 (1770~1831)
헤겔은 인간의 사고가 절대정신 자체에 포괄된 사고라고 주장한다. 이 논리에 따르면, 관념론을 고수하는 동시에 '주관적인 것'을 극복할 수 있다. 사물들은 개별의 주관적인 정신이 아니라, 객관적인 절대정신으로 존재하는 것이 되기 때문이다.

이후 칸트의 영향을 받은 헤겔은 칸트의 이성 중심 철학이 현상계와 본체계를 분리했지만, 본체계를 주체의 손이 닿을 수 없는 미지의 영역으로 남겨놓았음을 지적하면서 이성을 넘어서는 개념인 '정신'을 제시했다. 그것으로 주관과 세계를 포괄하면 칸트를 넘어설 수 있다고 본 것이다. 칸트의 현상계와 본체계의 이원론을 극복하여 일원화하고 정신이 변증법적 과정을 통해 자기를 실현해 나가는 과정을 체계적으로 정리하였다.

칸트에게 있어 절대자라는 존재는 우리가 이성으로 인식할 수 없는, 우리의 세계와 완전히 단절해 있는 피안의 세계에 있지만, 헤겔에게 있어 유한자인 인간과 절대자는 독립되어 있지 않다. 절대자는 유한자인 인간을 품고 있으며, 이 유한자를 통해 절대자가 자기를 실현해가는 것이다. 이것이 바로 역사다. 역사라는 것은 절대자가 자신의 본질을 구현하는 과정이고, 역사 속에 필연적으로 내재되어 있는 절대정신 앞에서 인간은 결코 저항을 할 수가 없다. 과거의 역사적 위인들 역시 절대정신에 이용되었을 뿐이다. 영웅이나 천재 들은 자기 의지대로 뜻을 펼쳐나가는 것처럼 보이지만, 절대정신이 자신의 뜻을 펼치는 역사라는 장기판 위의 말에 불과하다. 이들은 그 목적을 다하면 무대의 저편으로 쓸쓸히 퇴장하고, 절대정신은 아무 일 없었다는 듯 새로운 인물들을 등장시키고 전진하기 시작한다.

헤겔은 변증법을 통해 인간의 역사가 나아가는 방향을 체계화하였다. 역사는 정립, 반정립, 그리고 종합을 통해 발전하며, 이 과정에 종말은 없다. 첫 단계에서는 정설이 발생하고, 두 번째 단계에서는 정설에 대한 비판이 일어나며, 마지막 단계에서는 정설과 그 정설에 대한 비판을 종합하여 실재에 대한 더 크고 바른 이해가 가능해지게 되는 것이다. 그에 따르면 역사는 이러한 정/반/합의 과정을 통해 계단식으로 발전하는 것이었다.

이렇듯 고대 그리스 철학이든 중세 철학이든 근대 철학이든 서양 철학의 공통점은 인간 존재자가 이성을 통해 세계의 본질을 규명하려 한다는 것에 있다. 고대의 철학자 소크라테스와 플라톤부터 근대의 칸트, 헤겔에 이르기까지 대부분의 철학자들은 이성을 신봉했고 이성으로서 세계를 분석하고 설명하고자 했다.

칸트는 합리론적 형이상학을 비판하고 인간 이성의 능력에 한계를 그었지만, 우리의 인식체계로 파악할 수 없는 물자체보다는 현상계를 주목함으로써 오히려 기존의 합리론적 형이상학을 새롭게 부활시켜 놓았다. 칸트는 이성의 기능을 회복시켰고 보편적 지식을 구원해냈다. 헤겔은 이성을 넘어서는 '정신'이라는 개념을 제시함으로써 칸트를 넘어서고자 했지만, 세상의 모든 것은 정반합으로 움직이고, 그 발전 속에 이성의 힘의 작용한다고 강조했다. 칸트는 도덕법칙을, 헤겔은 절대정신을 내세우는 등 각자의 사상에는 차이가 있었지만, 이성과 합리적 판단능력을 바탕으로 세계의 본질을 논하는 철학을 전개해나갔다는 점에서 유사하다.

서양 철학의 발생에서 이 윤곽을 최초로 설계한 철학자는 플라톤이다. 플라톤은 냉철한 이성을 통해 모든 존재와 인식의 근거가 되는 절대적 실재, 즉 이데아idea를 알 수 있다고 하였다. 플라톤 이후의 철학자들은 플라톤의 틀 안에서 철학을 전개해나갔다. 그래서 영국의 철학자이자 수학자인 화이트 헤드는 서양 철학은 플라톤 철학의 주석에 불과하다고 하였다. 이러한 이성 중심의 태도는 서양 철학의 뿌리 깊은 전통이라고 할 수 있는데, 어떤 고독한 철학자는 이러한 전통에서 유독 어긋나는 행보를 보였다.

이성을 통해 무지를 타파하고 사회 현실을 개혁하자는 계

아서 쇼펜하우어(1788~1860)
모든 것이 신 아니면 이성으로 설명되어야 했던 근대의 인식론에 맞
서 '의지'를 주창했던 고독한 철학자. 쇼펜하우어는 이성 중심의 철학
과 결별하고 의지의 철학을 전개해나감으로써 현대철학의 문을 열
었다. 그의 철학은 고전 이성주의에서 현대 비이성주의로 넘어가는
관문이다. 철학사에 있어 자신의 페이지를 충분히 할애 받지 못하고
있지만, 그가 없었다면 오늘날의 현대 철학은 어떠한 방향으로 나아
갔을지 아무도 짐작할 수 없다.

몽주의 사상이 지배하던 시대, 근대 합리론의 발전적 형태인
관념론의 거장 헤겔의 철학에 정면으로 도전했던 철학자가 있
었으니, 그 천재의 이름은 쇼펜하우어다. 그는 당시 유럽을 지
배적으로 휩쓸고 있던 이성주의와 계몽주의 사상을 신랄하게
비판했다. 그는 1816년부터 약 4년에 걸쳐 완성한《의지와 표
상으로서의 세계》에서 헤겔을 대표로 하는 이성 철학을 비판
하고 이성이 아닌 의지로서 세계의 본질을 파악하고자 했다.

쇼펜하우어는 세계를 현상계와 본체계로 구분한 칸트의 견
해를 받아들였지만, 칸트가 설명하지 못한 본체계의 본질을 설
명하고 싶어 했다. 칸트는 본체계물자체에 관해 아무것도 파악할
수 없는 데 반해 쇼펜하우어는 그것을 의지라고 주장했으며,
인간 의식 안의 근원에 들어가면 물자체의 본질을 깨달을 수
있다고 말하였다. 쇼펜하우어에게 있어 칸트의 물자체는 '의
지'였고 그것은 무의식적 충동과 연결되는 것이었다. 쇼펜하우
어가 말하는 의지라는 개념은 사실상 표상의 세계를 너머 배후

에서 우주 만물을 움직이는 충동적인 힘 또는 생명력과도 같은 것이다. 본체계란 곧 의지이며, 의지를 관조하여 예술에 담아내고 그것을 대중에게 전달하는 이가 바로 천재다.

세계는 의지가 객관화된 것이다. 우리의 육체도 의지가 객관화된 것이다. 인간의 입과 혀는 식욕이 객관화된 것이다. 생식기는 성욕이 객관화된 것이다. 이것은 동식물뿐만 아니라 자연 현상, 즉 물이 바다로 흐르는 것, 자석이 쇠를 끌어당기는 것조차 그 개체들의 의지에 의한 것이다. 세계의 의지란 곧 시공을 초월한 것이며 우리 개인의 의지 또한 마찬가지라는 것이다. 결국, 우주의 의지와 우리 내면의 의지는 동일한 것이 된다. 세계에 있는 모든 것들의 성질이 우리 안에 있는 성질과 동일하다. 의지는 시간과 공간이라는 개별화 원리에 따라 수많은 개별적 대상을 통해 나타날 따름이다. 우리는 개별성ego을 내려놓고 의식 안의 근원으로 들어가 자신과 우주가 별개가 아님을 깨닫게 됨으로써, 다른 모든 사물과 생물에 대해 깊은 통찰을 해낼 수 있고 동질감을 가질 수 있게 된다. 도덕적인 선이 보편적 동정심에서 발생하는 것이다. 이를 통해 우리는 개별의식이 초래하는 고통에서 벗어날 수 있다.

쇼펜하우어는 자신의 철학이 칸트의 영향을 받았음을 인정하면서도, 함께 칸트 철학의 영향을 받은 헤겔에 대해서는 강렬한 비판을 가했다. 인간은 자신의 이성을 사용하여 매우 합리적이고 체계적인 장밋빛 미래를 그린다. 하지만 세계란 결코 합리적이고 논리적인 구조로 되어 있지 않으며, 맹목적인 의지로 가득 차 있을 뿐이라는 것이다. 그에게 있어 의식 세계에서의 이성이라는 것은 무의식의 의지의 제약을 받고 의지에 봉사하는 도구에 불과했다.

여기서 맹목적 의지는 충동과 욕망을 의미하며, 완벽하게 채워질 수 없기 때문에 결과적으로 고통을 초래하게 된다. 인생은 '욕망'과 '권태' 사이를 오가는 시계추와도 같아서 사람은 욕망을 충족하지 못하면 고통을 느끼고, 욕망을 충족하면 곧 허무감이 찾아들게 된다. 사람의 욕망은 영원히 충족될 수 있는 것이 아니므로 인간이라는 존재는 고통에서 영원히 해방될 수 없는 것이다.

물론 세계가 고통으로 가득 차 있다는 그의 비관주의적 사상은 세계에 대한 진단에 있는 것이지, 그의 철학이 궁극적으로 목표하는 바는 아니다. 욕망을 일으키는 의지에서 벗어나야 고통에서 해방된다는 것이 그의 행복론이다. 이성은 표상으로서의 세계를 볼 수 있을 뿐 표상 너머 배후에 존재하는 충동을 다룰 수 없다. 인간이 이성에만 의존해서는 자기의 표상으로만 세계를 볼 수 있을 뿐, 자신을 배후에서 움직이는 '의지'의 작용을 알지 못한다.

우리는 이것을 제대로 알고 분석해야 맹목적 의지가 초래하는 고통을 극복할 수 있는 길이 열리게 된다. 그는 고통을 극복하는 방법의 하나로서 예술을 언급하기도 했다. 우리가 우주의 일부이고 본래 하나인데, 개별의식ego을 갖기 때문에 고통이 초래되는 것이다. '나'라는 가상에 대한 집착이 사라지면 외부 세상과의 경계가 허물어지고 시공간적·인과적 제약을 벗어난 참된 의식으로 자신과 우주가 하나임을 알게 된다. 천재는 자신을 내려놓은 무아의 상태에서 직관으로 개별적 사물에서 보편적 이념을 통찰해낼 수 있게 된다. 이때 천재는 자신이 작품을 창조한 방식을 개념적으로 설명할 수 없다. 왜냐하면 그것은 의식적인 '나'를 내려놓은 직관적 인식에서 비롯된 것이기 때문이다. 자기 자신을 상실한다는 것은 곧 대부분의 사람들이 머물러 있는 표상의 세계의 질서에서 벗어남을 의미한다.

이처럼 쇼펜하우어가 말하는 천재란 자기 자신을 상실한 순수한 인식 주관으로서 이데아를 직시할 수 있는 성찰의 힘을 지닌 존재다. 보통의 인간은 시공간과 인과성의 원리의 지배를 받으며 자기의 표상으로서 세계를 인식할 뿐이지만, 천재 예술가는 미적 관조를 통해 표상 너머의 세계를 온전하게 느끼고 그것을 예술작품에 담아 표현하고 전달할 수 있게 된다. 표상의 세계 질서에 사로잡혀 있는 우리는 이러한 천재들의 예술작품을 감상함으로써 일시적으로나마 개별의식을 내려놓고 고통으로부터 해방될 수 있는 것이다.

이처럼 그는 자신만의 독창적인 영역을 확보하고 싶어 했다. 쇼펜하우어는 칸트 철학에서 시작했지만, 칸트 철학을 넘어서려고 했으며, 칸트의 도덕법칙과는 차별화된 독창적인 윤리관을 정립했다. 하지만 그의 철학에 대한 세상의 태도는 무관심이었다.

쇼펜하우어의 철학은 1819년 출간된 《의지와 표상으로서의 세계》를 통해 본격적으로 세상에 드러났지만, 출판업자도 그 판본의 대부분을 폐지로 팔아 버릴 결심을 할 정도로 이 책은 너무도 팔리지 않았다. 다시 기운을 차린 쇼펜하우어는 고의로 헤겔과 동일한 시간대에 강의를 개설하고 학생들이 누구의 강의를 더 많이 선택하는 지로 헤겔에게 도전했지만 결과는 쇼펜하우어의 압도적인 패배였다. 헤겔의 강의실에는 학생들이 넘쳐났지만 쇼펜하우어의 강의실에는 고작 5명의 학생들이 참석한 것으로 전해진다. 이것은 너무나 뻔한 결과였다. 학생들 입장에서는 자칭 천재 쇼펜하우어보다는 이미 공인된 철학자인 헤겔 뒤에 줄을 서는 편이 출세에는 더 유리했을 것이다. 당시는 이성의 철학이 지배적인 시대였기에 맹목적 의지를 주창하는 쇼펜하우어의 철학은 대중의 눈에 들어올 리가 만무했다. 자존심도 세고 고집이 강했던 쇼펜하우어는 자신의 생각을 계속 밀어붙였지만 결과는 마찬가지였다.

대결에서 처참히 패한 쇼펜하우어는 결국 베를린 대학을

스스로 나간 후 프랑크푸르트로 가서 은둔 생활을 하며 공부와 집필에 매진하게 된다. 자신이 진정한 천재이기 때문에 사람들이 자신의 진가를 알아보지 못한다고 확신한 쇼펜하우어는 더욱 자기 세계로 빠져들게 된다. 아버지의 죽음, 어머니와의 불화, 자신의 저서 〈의지와 표상으로서의 세계〉에 대한 세상의 무관심, 교수로서의 실패, 점차 악화되는 귀머거리 증세, 이 모든 것이 쇼펜하우어가 세상을 바라보고 대하는 방식에 영향을 미쳤다고 볼 수 있다. 그의 헤겔 비판은 점점 거세지고 자신의 진가를 알아보지 못한 세상에 대한 그의 철학적 경향은 더욱 염세적으로 변해갔다.

그러나 1831년 베를린에 유행한 콜레라로 헤겔이 죽고 1848년 시민혁명이 실패로 돌아가면서 낙관론적 헤겔 철학이 서서히 빛을 잃기 시작했다. 그 어느 때보다 고통과 외로움에 잠긴 사람들이 인생을 고통과 허무 사이를 오가는 시계추로 표현한 그의 철학에 공감을 하기 시작한 것이다. 하지만 명성이 그의 현관문을 두드리기 시작했을 때, 그는 이미 죽음의 문턱에 가까워지고 있는 백발의 노인이었다. 여러 분야의 학자들과 예술가 그리고 대중이 쇼펜하우어와 그의 저서에 열광하기 시작했다.

쇼펜하우어는 욕망을 초래하는 의지를 억제하는 금욕적 생활을 통해 인간이 고통에서 해방될 수 있다고 보았다는 점에서 니체의 '초인사상'이나 '힘에의 의지'와 다소 차이가 있다. 하지만 필자는 역설적이게도 쇼펜하우어야말로 진정한 초인이라고 생각한다. 니체가 말한 초인은 스스로에게 가치를 부여할 줄 아는 독립적이고 주체적이며 창조적인 인간이다. 헤겔과 쇼펜하우어 모두 칸트의 영향을 받았지만, 헤겔은 당대 최고의 이성주의자로서, 쇼펜하우어는 반이성주의의 선구자로서 대립했다. 당시 주류였던 헤겔의 이성 철학을 거부하고 세계를 이성이 아닌 의지로 파악하려는 그만의 사상을 펼쳤기에 우리는 쇼펜하우어라는 이름을 기억하고 있는 것이다. 그의 초기 형태는 칸트의 철학과 불교의 영향을 받은 낙타의 정신이었지만 곧, 세상의 주류에 편승하지 않고 헤겔을 대표로 하는 거대한 용_관_습=이성 철학에 맞선 사자의 정신이 되었으며, 세상의 무관심과 고독 속에서도 결코 낙타의 정신으로 퇴보하지 않았다.

결국 그는 '욕망을 일으키는 맹목적 의지를 억제하라는 사상'을 통해 자신의 욕망을 실현시켰고, 니체, 프로이트, 비트겐슈타인, 아인슈타인 등 여러 천재들에게 직간접적인 영향을 준 초인이 되었다. 아직도 많은 사람들은 쇼펜하우어를 그저 세상을 향해 무례한 독설을 퍼부었던 염세주의 철학자 정도로 오해하고 있지만, 그의 철학은 인간 삶의 본질에 대한 깊고 탁월한 통찰력이 있으며 자신의 사상이 종교의 틈새를 메우고 사람들에게 위로와 평안을 주고 있다는 사실을 알고 매우 기뻐했다고 전해진다., 집단이 아닌 인간 개인의 개성에 주목하게 하였다.

훗날 실존주의 철학의 선구자가 될 20대 초반의 니체는 1865년 어느 날 우연히 서점에 들렀다가 한 권의 책을 펴들고는 그 속으로 빨려 들어가고 말았는데, 그 책이 바로 쇼펜하우어의 《의지와 표상으로서의 세계》이다. 니체는 이 책을 접한 후 본격적으로 철학자로서의 길을 가게 되었다. 니체가 볼 때 쇼펜하우어를 괴롭힌 삶의 맹목적 의지는 허무주의였다. 니체는 삶의 고통 때문에 의지의 정지를 의욕해야 한다는 쇼펜하우어의 주장에 반대했다. 니체가 볼 때 쇼펜하우어는 의지의 가치를 간과했다. 니체는 허무주의를 극복하려고 했고, 쇼펜하우어의 의지는 니체를 만나 '힘에의 의지'로 거듭났다. 자신의 욕망뿐만 아니라 그에 따른 고통의 깊이까지도 함께 끌어안고 사랑할 줄 아는 존재, 즉 초인이 탄생한 것이다. 니체의 허무주의는 능동적 허무주의다. 능동적 허무주의는 허무감을 남김없이 경험하고, 그 빈자리를 창조적 행위로 채운다. 니체에 따르면 쇼펜하우어의 금욕적 이상도 결국은 고통으로 벗어나고자 하는 또 하나의 의지에 불과한 것이다. 쇼펜하우어에게 있어 예술은 의지의 진정제이지만 니체에게 있어 예술은 삶을 위한 위대한 창조적 자극제다.

　　쇼펜하우어의 철학은 현대 심리학에도 큰 영향을 끼쳤다. 《의지와 표상으로서의 세계》에서 쇼펜하우어가 말하는 의지의 세계는 무의식의 세계와 밀접한 관련이 있다. 그에 따르면,

인간의 이성은 두뇌 현상일 뿐이고 이성은 의지의 제약을 받는다. 쇼펜하우어가 말하는 의지는 마음속의 의식 아닌 영역에 존재한다.

이러한 견해는 무의식을 대중화시킨 정신분석학 창시자 지그문트 프로이트와 칼 융에게 지대한 영향을 주었다. 독일 노벨문학상 수상자 토마스 만은 프로이트가 쇼펜하우어를 표절했다고 주장하기도 했다. 쇼펜하우어의 형이상학을 심리학적인 것으로 번역한 것이 바로 프로이트의 무의식과 자아에 관한 서술이라는 것이다.

비트겐슈타인에게 있어 쇼펜하우어는 철학적 스승과도 같은 존재였다. 그는 쇼펜하우어의 철학을 가장 완벽히 통달한 철학자 중 한 사람이었다. 쇼펜하우어의 영향을 받은 비트겐슈타인은 1921년 '말할 수 있는 것'과 '말할 수 없는 것'을 구분한 《논리철학논고》라는 책을 통해 전설이 되었다. 쇼펜하우어를 존경하고 방에 그의 초상을 걸어두었던 아인슈타인은 사상적으로 그의 철학의 영향을 많이 받았다고 한다. 그 외 표도르 도스토옙스키, 레프 톨스토이, 토마스 만, 리하르트 바그너, 프란츠 카프카, 헤르만 헤세 등 수많은 예술가들이 쇼펜하우어의 철학에 큰 영향을 받았다.

"인간 존재는 우주와 분리된 개체가 아니라 우주의 일부이다. 인간은

스스로를 우주에서 분리된 독립된 객체로 알고 살아가지만, 그것은 시각적 착각일 뿐이며, 이런 착각이 인간을 고통에 빠트린다. 비좁은 감옥에서 벗어나 모든 생명체를 연민의 감정으로 부둥켜안고 살아야 한다. 물론 그런 경지에 완전히 도달할 수 있는 사람은 거의 없겠지만, 비좁은 감옥에서 벗어나려는 노력 하나만으로도 고통에서 해방될 수 있다." - 알버트 아인슈타인

2) 권위에 도전하고 자신만의 이론을 정립한 아인슈타인

아이슈타인이 26살가 되던 1905년을 물리학계에선 '기적의 해'라고 부른다. 3월에는 광전효과, 4월에는 분자크기와 아드보가르드수 결정, 5월에는 브라운 운동, 6월에는 특수상대성이론 발표, 9월에는 에너지와 질량의 등가 공식 완성 $E=mc^2$. 1905년 당시 26살의 아인슈타인은 스위스 베른에 위치한 특허국에서 특허를 관리, 심사하는 서기로 일하면서 약 4개월에 걸쳐 논문 4편을 발표하였다. 그리고 이 논문들은 물리학계의 기존 질서를 뒤흔들게 된다. 시간과 공간을 해석한 그의 방식은 우주의 비밀을 풀어내는 데 획기적인 기여를 하였다.

어린 시절의 아인슈타인은 루트비히 뷔히너의 힘과 물질, 그리고 아론 베른슈타인의 대중 자연과학 시리즈를 읽으면서 본격적으로 과학의 길에 들어섰다. 이 책들이 아인슈타인에게

끼친 영향은 매우 컸는데, 종교적 권위에 대한 그의 맹목적 충성심을 마구 흔들어 놓았기 때문이다. 비록 이 저서들이 종교적 권위를 비판할 의도로 쓰인 것은 아니었지만, 종교에 대한 아인슈타인의 맹목적인 태도를 변화시키기엔 충분했다. 과학에 눈을 뜬 아인슈타인은 국가가 대중을 통제하는 수단으로 종교를 어떻게 활용하는지를 알게 되었다.

이 같은 깨달음으로 아인슈타인은 사회적 환경에 자리 잡고 있는 모든 권위에 대해 의심하는 기질을 형성하게 된다. 그는 종교적 권위에 대한 반발로부터 모든 종류의 권위에 대한 의심을 자연스럽게 이끌어냈으며, 그 의심의 대상에는 당연히 물리학적 권위도 포함되었다. 그는 과학자들이 구축해 놓은 고전 물리학적 법칙들에도 의문을 품기 시작했다. 이때가 12살쯤이었다.

당연히 이러한 태도는 그의 사회생활에 직접적인 영향을 미쳤다. 아인슈타인은 우수한 지성을 타고났지만, 권위를 경외하지 않는 그의 불손한 태도가 교사들의 심기를 불편하게 만들었다. 아인슈타인의 학창 시절과 관련해 가장 주목할 점은 그가 줄곧 독학을 했다는 사실이다. 개인 공부라는 말이 어린 시절의 편지와 성인이 되어 쓴, 교육을 논하는 글에서 자주 등장하고 있다. 당시 개인 공부를 한다는 것은 보통의 어린 학생들에게 있어 무규율 상태에 빠지는 것과 다름없었고, 응당 생각

알버트 아인슈타인(1879~1955)
독일 태생의 미국 이론물리학자로 1921년 노벨물리학상을 수상하였다. 그의 지성은 20세기 기존 물리학계의 질서를 뒤흔들어 놓았다.

도 하지 말아야 할 일탈 행위였다. 그러나 어린 아인슈타인에게는 제멋대로 공부하는 것이 주된 학습 방식이었다.

대학에 진학해서도 마찬가지였다. 취리히 공과대학에서 아인슈타인은 우수한 학생으로 인정받기는 했지만, 교수들은 그를 오만한 학생으로 평가했다. 아인슈타인은 마음에 들지 않는 수업을 자주 빼먹고 혼자서 공부하기를 좋아했다. 수업에 임하면 자신이 마치 모든 것을 다 알고 있는 것처럼 행동했으며, 교수들에게 예리하고 불편한 질문들만 쏟아냈다. 당연히 이러한 태도는 교수진의 반감을 샀고 우수한 성적을 받을 리 만무했다. 물리학 담당 교수인 하인리히 베버는 이렇게 지적했다. "자네는 우수한 학생이지만 한 가지 결함이 있다네, 그것은 바로 다른 사람의 말에 전혀 귀를 기울이지 않는다는 걸세."

결국, 1900년 아인슈타인은 대학 졸업 조건에 약간 못 미치는 학점으로 취리히 공과대학을 간신히 졸업하게 된다. 권위를 무시하는 아인슈타인의 태도는 교수들에게 미움을 샀고 훗날 그가 학계에 진출하는 데 장애물로 작용했다. 졸업 후 아인슈타인은 교수가 되려 했지만, 아인슈타인을 탐탁지 않게 생각했던 취리히 공과대학 교수들은 그를 조교수로 채용해줄 생각이 없었다. 가정을 책임져야 했던 그는 절박한 심정으로 유럽의 거의 모든 물리학 교수들에게 편지를 보내 일자리를 얻는 데 필요한 추천서를 부탁했지만 대부분 답장조차 해주지 않았다.

하지만 권위에 대한 반항적인 성향이 항상 나쁜 결과만 가져온 것은 아니었다. 오히려 그를 20세기 최고의 지성으로 거듭나게 해주었다. 권위에 얽매이지 않는 그의 자유로운 사고방식은 1902년 친구 마르셀 그로스만의 도움을 받아 스위스 특허청에서 심사원으로 근무하면서부터 빛을 보기 시작했다. 아인슈타인이 갖춘 지성에 비하면 낮은 수준의 일자리였지만 현실적인 생계 수단이 필요했던 그에게는 다른 선택의 여지가 없었다. 그리고 결과적으로는 그에게 무척 잘된 일이기도 했다. 훗날 아인슈타인은 자신이 만약 대학에 진출했었다면, 학계의 눈치나 보고 진부한 논문이나 발표했을 것이라며 조교수가 되지 않고 특허 심사원이 된 것을 다행스럽게 여겼다고 한다.

학계에서 널리 인정받는 신성한 이론에 의문을 제기한다는 것은 말할 나위 없이 위험한 일이다. 다시 말해, 해당 논문이 아무리 훌륭한 것일지라도 원로 교수나 동료들의 권위에 대한 배려가 없는 논문은 조용히 사장될 가능성이 높다는 뜻이다. 하지만 아인슈타인은 사실상 학계 외부에 존재하는 사람이었으므로 규범을 어기더라도 잃을 게 거의 없었다.

아인슈타인은 대학교수에 임용되지 못하고 특허청 말단 공무원으로 근무했지만, 일하고 남은 모든 시간을 연구 활동에 쏟아부었다. 결국 물리학 분야에서 놀라운 업적을 이루었다. 그가 26세에 4개월 동안 발표한 논문 4편은 매우 혁신적인 것으로 우주, 시간, 물질, 에너지에 관련한 기존 과학계의 통설을 뒤집었다.

그 당시 프랑스의 푸앵카레와 네덜란드의 로렌츠 역시 아인슈타인의 특수상대성이론과 비슷한 결론에 도달해 있었지만 아인슈타인에게는 이 둘과는 결정적인 차이가 있었다. 로렌츠와 푸앵카레는 기존 에테르에 대한 가정을 버리지 못했기 때문에 자신의 이론으로 설명되지 않는 문제들을 해결하기 위해 자꾸 새로운 가설들을 덕지덕지 붙여나갈 수밖에 없었다. 에테르를 신봉하던 당시 물리학자들은 모든 파동은 매질이 있어야 한다고 믿었다. 에테르란 광파를 전하는 매질이라고 생각되고 있던 가상 물질이다. 19세기 물리학자들은 전자기파와 중력파를 전하는 에테르라는 물질이 우주에 가득 차 있다고 믿었다. 운동하는 물체의 길이가 수축하기 때문에 에테르에 영향을 거의 받지 않는다는 수축가설과 좌표계의 시간이 변한다는 가설은 모두 이런 상황에서 등장한 것이다. 물결파는 물이라는 매질을 통해서, 소리는 공기라는 매질을 통해서 전달되듯, 빛 역시 에 테르라는 매질을 통해서 전파된다고 본 것이다.

이론 물리학자 프리먼 다이슨은 두 천재 푸앵카레와 아인슈타인 간의 차이를 다음과 같이 묘사했다.

"푸앵카레와 아인슈타인 간의 근본적 차이점을 말하자면 푸앵카레는 보수적인 데 비해 아인슈타인은 혁명적이었다는 점이다. 푸앵카레는 전자기학의 새로운 이론을 찾았을 때 기존 이론을 계속 고수하려 했지만, 아인슈타인은 옛 이론을 거추장스러운 것으로 여겼고, 그것을 제거하면서 기뻐했다. 그가 제시하는 이론은 단순명료하면서도 더 우아했다. 절대 공간이나 절대 시간도 없고, 에테르도 없었다. 에테르라는 매질에 탄성이 있으며 그 안에서 전기력과 자기력이 전달된다는 복잡한 설명과 아울러, 이를 교조적으로 추종했던 저명한 원로 교수들은 역사의 뒤안길에 함께 버려졌다."

멜리사 실링 지음, 이주만 옮김(2018), 《괴짜들의 비밀》, 새로운 현재

로렌츠와 푸앵카레도 아인슈타인이 얻은 통찰에 근접했지만, 뉴턴 역학의 전제에 갇혀 있었기 때문에 끝끝내 그 경계를 넘어서지 못했다. 아인슈타인이 통찰을 얻을 수 있었던 것은 그가 권위에 대해 의심하던 태도를 통해 독립적으로 사고하는

힘을 기를 수 있었기 때문이다. 1905년은 고작 26살에 불과한 무명의 특허청 직원이 고립의 상황 속에서 놀라운 업적을 이룩한 기적의 해였다. 물론, 놀라운 논문을 연달아 발표한 후에도 아인슈타인은 상당한 저항에 직면했다. 기존 이론에 도전하는 오만함에다 반유대주의가 만연하던 시기에 유대인이라는 사실까지 더해져 아인슈타인은 빈번하게 공격의 대상이 되었다. 이런 공격 때문에 아인슈타인의 삶은 고달팠지만 그렇다고 아인슈타인이 여기에 순응해 동료 학자들의 연구를 인정하는 일은 없었다. 권위를 떠받드는 행위를 일종의 정신적 타락으로 치부한 아인슈타인의 입장에서 원로 학자들의 환심을 사는 일 따위는 체질에 맞지 않았다. 그에게는 진리를 추구하는 일이 더 중요했다. 권위를 존중하지 않는 태도는 그를 학계에서 아웃사이더로 만들었지만, 동시에 그렇기 때문에 기존 학설을 뛰어넘는 독보적 혁신가가 될 수 있었다.

4

권력과
천재

예술에는 기존 권위에 대한 무례함이 있기 마련이다. 이는 기존의 권
위를 몰아내고 그 자리에 예술 자체의 권위와 깨달음을 세우려는 것
이다.

- 벤 샨

권력과 예술의 관계는 의미심장하다. 권력과 예술은 서로 대립
하기도 하지만, 서로 공생하기도 한다. 모든 역사를 통틀어 볼
때 '천재'라는 존재는 대부분 '권력'과 거리가 먼 존재들이었다.
천재들의 강박적인 모습과 광기 서린 모습은 주변 사람들로 하
여금 불편한 감정을 불러일으키기도 했지만, 자신의 예술과 학
문을 사랑했으며, 그들의 작품은 오늘날까지도 우리들에게 큰
감동을 준다.

그래서 그런지, 우리가 떠올리는 천재들은 대부분 괴테, 헤

밍웨이, 카프카, 바흐, 헨델, 모차르트, 베토벤, 피카소, 고갱, 고흐, 마티스, 뉴턴, 아인슈타인 같은 순수 예술가나 과학자 들이지, 정치인이나 통치자가 '천재'로 지칭되는 경우는 확실히 드물다. 영웅이나 위인이라는 표현을 쓸지언정. 천재 예술가와 과학자 들은 상식을 넘어서는 존재들이었으며 개인을 억압하는 권력에 대해 아랑곳하지 않고 자신의 고유한 사상을 표현해 낸 존재들이었다. 권력자들이 창조성을 두려워한 것은 그것이 기존의 질서를 교란시키는 힘 있는 도구이기 때문이다.

심리학자 하워드 가드너의 말처럼, 역사를 통틀어 대부분의 문화권에서 사회 지배층은 창의적인 인물들을 좋아하지 않았다. 가공할 만한 창조력의 근간에는 기존의 가치와 권력에 대한 저항이 깔려 있기 때문이다. 게다가 창조성은 전염성까지 있다. 이들의 창조성이 통치 질서 교란으로 이어지지 않도록 막는 가장 확실한 방법은 무리에서 도태시키거나 죽여서 그 전염을 즉시 예방하는 것이다.

하지만 권력과 창조성을 무조건 대립관계로만 봐서도 곤란하다. 천재의 창조성은 권력자의 권력과 주로 갈등을 빚기 마련이지만, 경우에 따라서는 운명을 같이할 수밖에 없는 공생관계가 되기도 하기 때문이다. 천재들의 위대한 예술적 창조성도 중요하지만, 그러한 위대한 예술가가 온전하게 창조력을 유지할 수 있도록 뒷받침한 패트런Patron, 예술가들이 창작 활동을 할 수 있도록 경제적으로 지원해 주는 사람들의 이야기도 매우 중요하다. 사회적 지위나 부를 지닌 권력자는 자신의 권위를 가장 고상하게 정당화하고 과시하는 수단으로써 예술을 이용한다. 반면 순수한 자신의 정신세계와 사회의 여러 가지 모순을 표현할 욕구를 느끼는 예술가는 권력가의 비호와 재정적 지원에 힘입어 더욱 과감하게 창작활동에 매진할 수 있게 된다. 실로, 권력과 예술의 관계는 의미심장한 것이다.

사람들은 르네상스 시대를 낭만적 예술로 가득 찬 평화로운 시대로 생각할지도 모르겠지만 사실은 전혀 그렇지 않았다. 국가 간, 도시 간 정치적 경제적 분쟁이 난무하던 시기였고 그러한 혼란이 경쟁적인 예술활동을 촉발하던 시기였다. 굴곡이 심한 시대에 도나텔로, 브루넬레스키, 마사초, 보티첼리, 미켈란젤로, 레오나르도 다 빈치를 비롯한 수많은 천재들이 메디치가의 지원을 받아 탄생하였다.

르네상스 시대에는 기독교적 윤리관이 전 유럽을 덮고 있었다. 교회의 허가 없이는 어떠한 좋은 명분을 지닌 사업도 정당화될 수 없었다. 교회 윤리를 굳게 믿고 따르던 당시 사람들에게 있어 지나친 수익을 남기는 것, 노동 없이 돈을 벌어들이는 돈장사는 절대로 구원받을 수 없는 절대 죄악 중 하나로 취급되었다. 당시 피렌체의 은행가들은 대부업으로 수익을 창출했다는 죄악을 씻기 위해 교회에 돈을 헌금하고 있었다. 그 헌금은 주로 교회를 장식할 그림이나 조각품 등에 사용되었다. 이러한 사회적 배경에서 대부업을 통해 부를 쌓아가고 있는 메디치 가문 역시 대중들로부터 따가운 시선을 피할 수 없었다. 그러나 코시모 데 메디치는 다른 은행가들과 달랐다. 르네상스 시대에 실질적 통치자로 군림했던 코시모는 은행가였지만 어린 시절부터 라틴어, 헬라어, 아랍어, 히브리어를 습득하고 고문서를 수집하는 등 뛰어난 인문학적 교양을 갖춘 지식인이었다.

예술적 안목이 뛰어났던 코시모는 자신에게 불리한 상황을 예술로 극복했다. 교회뿐만 아니라 공공시설에도 수많은 그림과 조각품을 설치했으며, 막대한 부로 수도원까지 재건했다. 재능이 있는 예술가들을 발굴하고 양성했다. 피렌체 시민들은 그가 멋진 예술품으로 신을 기쁘게 한다는 찬사를 보냈으며 교회 역시 자신들에게 재정적 지원을 아끼지 않던 코시모를 환영할 수밖에 없게 된다. 메디치 가문이 지은 공공장소를 마음껏

로렌초 데 메디치(1449~1492)의 초상화
이탈리아 르네상스 시대 피렌체의 정치 지배자로 뛰어난 외교적 수완과 문화적 교양을 지녔던 인물. 북부 이탈리아 국가들과 평화를 유지하며 메디치 가문의 독재체제를 굳혔다. 학교를 설립하고 예술가와 지식인들을 후원했으며 직접 시를 쓰기도 하였다.

드나들며 어디서든 멋진 예술작품을 감상할 수 있게 된 피렌체 시민들은 메디치 가문을 예전의 대부업자 보듯 업신여길 수 없었으며, 시기하거나 비난하기는커녕 오히려 존경했다.

특히 코시모 데 메디치의 손자 로렌초 데 미디치는 뛰어난 시인이었으며, 피렌체 문화와 예술 후원자로서 큰 영향력을 지닌 인물이었다. 로렌초는 자타가 공인하는 피렌체의 최고 실력자였다. 비록 금전적인 파워는 선조들보다 못했지만, 사회적 영향력만큼은 여전히 건재했기 때문에 미켈란젤로와 레오나르도 다 빈치를 비롯한 천재적 예술가들이 다른 조력자들에게 후원을 받을 수 있도록 지원해줄 수 있었다.

미켈란젤로는 로렌초가 설립한 예술학교에서 성장했으며, 로렌초는 그가 여러 걸출한 인문학자들과 자리를 함께할 수 있도록 기회를 마련해주었다. 로렌초의 적극적 지원에 감동을 받은 미켈렌젤로는 메디치 가문을 위해 줄리아노 데 메디치라는 작품을 만들기도 했다. 메디치 가문은 선구적 금융인이자 역사상 가장 유명한 예술 후원자였다. 자본과 예술을 결합시켜 피렌체에 가장 위대하고 아름다운 르네상스를 꽃피웠다. 이처럼 권력과 창조성이 결합하여 아름다운 꽃을 피우기도 한다.

물론, 권력과 창조성의 결합이 항상 좋은 결과만 가져오는 것은 아니다. 이 세상에는 권력에 기대어 빗나간 천재들도 많다. 과도한 이상과 권력이 만나면 괴물이 탄생하기도 한다. 사회적 지위나 부를 지닌 권력자는 자신의 권위를 가장 고상하게 정당화하고 과시하는 수단으로써 예술을 이용한다. 힘과 강제력만 동원하는 권력은 매력이 없기에 대중을 사로잡지 못한다. 때문에 오래가지 못한다. 예술성을 동반하는 권력이 훨씬 대중에게 설득력 있고 고상하며 강력하다. 스탈린과 히틀러 모두 권력자이지만 히틀러가 유독 천재로 인정받는 이유는 정치에 미학을 도입했기 때문일 것이다. 히틀러의 미학은 대중을 흥분시켰고 사로잡았다.

악마적 존재가 지닌 광기를 보인 히틀러는 어쨌든 사악한 천재로 인정된다. 젊은 시절, 붓을 든 예술가로서의 꿈을 좌절당한 히틀러는 전혀 다른 수단을 통해 미학을 추구했다. 그는 붓으로 그림을 그릴 수 없게 되자, 정치 선동가 괴벨스의 말처럼 민족을 도구 삼아 그림을 그리기 시작했다. 히틀러의 말마따나 정치는 예술이었다. 그리고 진정한 예술가는 천재였다. 그는 대중의 내면에 억압된 그림자를 꿰뚫어 보는 뛰어난 안목이 있었고 그것을 자신이 원하는 방향대로 통제하고 폭발시키는 능력선동력도 우수했다.

1905년 노벨 물리학상을 수상한 레나르트는 권력에 대한 야심으로 일찍이 반유대주의를 표방했으며, 나치에 적극적으로 협력하였다. 나치에 입당한 레나르트는 히틀러에게 충성을 맹세하고 독일 대학의 과학 교육 개혁을 역설했다. 레나르트를 중심으로 한 독일 물리학계는 아리아 물리학이라는 구호를 내세워 아인슈타인을 비롯한 유대인 물리학자들을 견제하고 적대시했다. 그들이 원하는 독일 물리학이란 전통과 실험에 기반을 두는 물리학이었으며, 이를 유대인의 물리학, 특히 상대성 이론과 양자역학으로부터 지켜내야 한다고 보았다.

그러나 아인슈타인의 이론은 점차 인정받았으며, 결국 레나르트는 제2차 세계대전이 끝난 1945년 연합군에 의해 퇴출당하였다. 1930년대 이후 독일에서 물리학이 쇠퇴하고 연합군과의 핵 경쟁에서 패한 것은 독일 극우 물리학자들의 악행 때문인 것으로 판단된다. 레나르트처럼 권력에 대한 야심이나 부귀영화를 위해 권력에 빌붙어 자신의 학문적 지위를 악용한 천재들은 드물지 않으며 그들을 이해하는 것도 별로 어렵지 않다.

'창조성'과 '권력' 모두 세상을 변화시키고 대중들을 이끈다는 점에서 유사한 측면이 있지만, 권력은 강제력을 기반으로 세상을 움직인다. 때문에 매우 강력하지만 오래가지 못한다. 권력은 한 시대를 풍미하지만, 천재의 작품은 시대를 초월하여 오래도록 기억된다. 아무리 절대적인 권력이라도 권력에는 유효기간이 있어서 그 통제력을 잃는 순간 힘에 의존해 뒤따라붙던 천재라는 칭호도 곧 사라지고 만다.

이오시프 스탈린도 강철 권력을 보유했을 때는 나라의 위대한 지도자이자 혁신가로 추앙받았지만, 권력의 자리에서 내려오고 나서는 초라한 존재로 전락했다. 스탈린이 천재성을 지닌 인물이라는 신화, 그에 대해 부풀려진 모든 업적과 선전 포스터들은 모조리 폐기되기 시작했다.

Chapter 3

천재의 창조성은 어디서 나오는가?

WHO IS

T—H—E

GENIUS

1

발달한
직관적 사고

천재성은 보이지 않는 것을 보는 능력이고, 실체가 없는 것을 다루는 능력이고, 형상 없는 것을 그려내는 능력이다.

-조셉 주베르(프랑스 윤리 철학자)

직관 없는 기하학자는 문법은 잘 알지만 아이디어가 없는 작가와 같다. 우리가 뭔가를 증명할 때는 논리를 가지고 한다. 그러나 뭔가를 발견할 때는 직관을 가지고 한다.

- 앙리 푸앵카레(수학자)

문제를 풀다가 답이라고 할 만한 어떤 것이 갑자기 떠오른다면, 그것은 언어로 설명하기 전에 이미 무의식 속에서 해답을 구한 경우다. 과학적 방법으로 일을 한다는 것은 직관적으로 알아낸 어떤 것을 과학의 틀 속으로 집어넣는 것이다.

- 바버라 매클린턱(생물학자, 1983년 노벨생리의학상 수상)

학생들을 가르치는 대부분의 교육 기관은 감정보다 이성을 중시한다. 학교의 국어 시간은 문학 작품을 다양한 각도에서 감상하고 그 느낌을 말하라고 하지 않는다. 대신, 선택지 1번에서 5번 사이에서 해당 문학작품을 가장 객관적으로 설명하거나 틀린 것으로 간주되는 답을 골라내는 훈련을 받았다. 증명할 수는 없지만 분명 존재하는 것들, 숫자와 언어로 표현할 수 없는 것들에 대해 거의 배우지 못한다.

이러한 영향 때문인지 우리는 늘 합리적 근거를 요구한다. 우리는 이미 세상 만물을 이성적 도구인 언어와 공식으로 표현 개념화하는 데 너무 익숙해져 있다. 천재들의 우수한 지성에 대해 논할 때도 탁월한 논리적 사고에만 집착하는 경향이 있다. 날카로운 논리적 사고와 냉철함으로 사람들의 주장에서 맹점을 잡아내거나 체계성을 바탕으로 합리적 연구 결과를 도출해내는 그런 것들 말이다.

사람들은 인류의 진보가 경험적이고 비판적인 이성의 경험에 바탕을 두고 있다고 생각하지만, 실로 인류를 진보시키는 것은 이성이 아니라 직관이다. 직관은 인간에게 삶의 목적을 말해준다. 직관이 발달한 사람들은 과거의 경험, 두뇌에 축적된 지식, 감정 등을 활용하여 의식의 세계와 무의식의 세계를 넘나들 수 있다. 천재들은 상상을 지배한다. 상상이란 현실의 정보를 기초로 미래의 일을 창조적으로 떠올리는 것이다. 역사는 먼저 상상하고 그 상상을 현실에 그려내는 자들에 의해 주도된다.

천재는 논리적 사고뿐만 아니라 직관적 사고가 매우 발달해 있다. 직관直觀, intuition이란 모든 논리적 과정을 건너뛰어 직접적으로 대상의 본질을 파악하는 능력이다. 뛰어난 조각가는 작업을 모두 마친 후에야 조각상을 마주하지만, 위대한 조각가는 눈앞의 돌덩이에서 이미 완성된 조각상을 대면한다. 역사상 가장 위대한 조각가 미켈란젤로는 자신의 조각은 돌 속에 이미 들어 있는 형상을 해방시키는 것이라고 생각했다. 마찬가지로 아인슈타인이 탁월한 수학적 재능으로 모든 공식에 통달했기 때문에 상대성이론이 탄생했다고 생각한다면 큰 오산이다. 그는 이미 직관으로 결론에 도달한 상태에서 그것을 세상에 증명하기 위한 수단으로 수학적 재능을 활용했을 뿐이다.

창의성의 원천은 무의식에 있다. 의식의 세계에서 작동하는 이성은 그 목적이 무엇인가를 탄생시키는 것에 있지 않다. 이성이 추구하는 것은 규칙이고 질서이다. 무의식의 세계에서 끊임없이 생성, 소멸되는 다양한 연상들을 검열하고 차단하는 일을 한다. 목적에 부합하지 않는 모든 것들은 차단의 대상이 된다. 하지만 기존에 통용되던 질서 안에 갇혀서는 새로운 것이 탄생될 수 없다. 지적 기억은 훌륭한 원칙과 여러 가지 합리적인 시나리오를 제시해주기도 하지만 특정한 사고의 틀에서 벗어나지 못하도록 방해하기도 한다.

우리는 이성과 반대되는 의미로서 직관과 본능을무의식성과 충동성이라는 측면을 토대로 동일하게 취급하여 직관을 폄하하는 경향이 있지만, 그 둘은 동일한 것이 아니다. 본능은 생존에 대한 욕구, 식욕, 성욕 등 생물학적 바탕에 기인한 것이기 때문에 모든 생물은 저마다의 본능을 지니고 있다. 반면, 직관은 우리의 학습과 경험, 의식 발달의 결과로서 우리가 무의식적으로 축적한 정보에서 기인한다. 때문에 '직관'이라는 단어에는 '도달한다'라는 서술이 어울리지만 '본능'이라는 단어에는 결코 어울리지 않는 것이다.

대부분의 평범한 사람들도 어떠한 대상이나 현상에 대해 전문적 지식이나 경험이 반복적으로 축적되었을 때 직관을 경험할 수 있다. 우리는 이미 익숙해진 일에 대해서 저장된 지적 기억을 매우 빠른 속도로 사용할 수 있다. 하지만 여기서 말하는 천재들의 직관은 인류의 궤적에 영향을 미칠 만한 수준의 직관이다. 천재들의 직관은 일직선상의 발전이라기보다는 도약에 가깝다. 보통 사람들이 발휘하는 직관은 후천적 학습을 통하여 의식적이고 기술적으로 발휘하는 직관에 가깝지만, 천재의 경우는 무의식 쪽에 더 의존한다. 창조적 천재들은 대부분 좌뇌와 우뇌가 모두 발달해 있지만, 우뇌는 그러한 좌뇌의 기능을 더욱 압도한다.

1) 보다 차원 높은 지성에 문제 해결을 위탁하다

물질세계에서 일어나는 모든 사건들은 인과관계를 맺는다. 원인이 되는 하나의 사건이 다른 결과로 나타난다. 하지만 원인이 되는 사건과 결과가 되는 사건 사이에는 시간적·공간적 제약이 들어간다. 우리의 의식은 시공간의 제약 속에서 사물이나 현상 간의 인과관계를 파악한다. 이성은 자신이 감지한 것을 세상의 전부라고 가정한다. 이성은'나ego'라는 가상의 개념에 집착하여 더 큰 세계를 보지 못한다. 빛이 훤히 비추는 곳만을 세상의 전부라고 인식한다. 빛 바깥에, 자신의 시야를 넘어서는 곳에 또 다른 세상이 존재한다는 사실을 모른다.

이 한정된 시공간 속에서 우리는 이성을 사용하는 것에 너무 익숙해져 있다. 의식적 이성은 언어와 밀접한 관련이 있으므로 그 표현에 있어 이 세상의 온갖 복잡미묘한 모든 것을 하나의 개념으로 뭉뚱그린 언어적 도구에 의존한다. 이렇게 추상적으로 응축된 개념은 세상을 파악하는 도구로써 효율성을 제공해주기도 하지만, 음표와 음표 사이에 존재하는 소리를 듣지 못하게 만들기도 한다.

하지만 무의식의 세계에서 벌어지는 사건들 사이에는 시간적·공간적 제약이 없다. 시공간의 제약 속에서 우리의 의식은 감각과 경험을 통해 세계를 부분적으로 명료하게 인식하지만, '나'를 내려놓은 무의식은 시공간의 제약을 벗어나 세계를 희미하지만 전체적으로 인식한다. 무의식은 의식 세계의 이성이 도저히 감당할 수 없는 방대한 데이터를 단 몇 초만에 처리하고는 사물의 본질에 다가간다.

보통 사람들은 베타 뇌파 상태가 우세하여 현실에서 적절한 주의력을 발현시킬 수 있지만, 창조적 천재들은 세타 뇌파 상태의 지배를 받는 경우가 많아 백일몽한낮에 꾸는 꿈이란 뜻으로 공상적 정신 상태를 비유함을 자주 겪는다. 외부 세계에 대한 주의력이 낮아져 눈앞에 펼쳐진 일상의 작업들에 대해서는 주의력과 판단력이 결여될 수 있다. 하지만 외적으로는 멍하고 정신이 다른 곳에 가 있는 것처럼 보이는 것과 달리, 이들의 내적 세계는 지극히 비범하고 창조적인 경지에 도달해 있음을 간과하지 말아야 한다.

대수적 위상수학의 창시자이자 다변수 해석함수론의 창시자이며, 아인슈타인, 로렌츠와 함께 특수상대성 이론의 공동 발견자이기도 한 푸앵카레는 오래도록 생각해도 도저히 풀리지 않는 수학 문제가 있을 때면, 바닷가에서 며칠을 보내면서 다른 생각을 하기도 했다. 그러면 어느 날 아침 산책을 하다가 갑자기 고민하던 문제의 실마리가 순간적으로 그리고 강한 확신이 떠오르곤 했다고 한다.

에디슨은 문제가 풀리지 않을 경우 잠을 통해 영감을 얻어내는 버릇이 있었다. 어려운 문제에 봉착하면 쇠구슬을 손에 쥔 채로 의자에 앉아 잠을 청했다. 잠이 들면 몸에 긴장이 풀리

177

면서 손에 있던 쇠구슬을 자연스레 땅바닥으로 떨어지게 되는데, 그 구슬이 바닥과 부딪히는 소리를 듣고 깨어나면, 떠오른 생각들을 노트에 곧바로 기록했다.

무아지경의 상태, 잠들기 직전의 상태, 백일몽에 빠져 있을 때, 무의식의 세계를 억압하고 감시하던 문지기가 휴가를 떠나게 된다. 무의식 속에 깊이 방치되어 있던 온갖 이미지와 연상들이 의식의 세계로 넘어온다. 머릿속의 필터는 투과성이 높아져 확산적 사고가 발달하게 된다.

천재들은 이성만으로 문제를 해결할 수 없을 때 무의식의 세계에 문제 해결을 위탁했다. 의도적으로 자신들의 정신 상태를 자아가 흐려지는 몽상적인 상태에 두었다. 일반인들이 전혀 상상해낼 수조차 없는 위대한 영감이나 아이디어는 무의식이 의식의 영역에 보내는 신호와 메시지로부터 나온다. 이것을 고대 그리스 사람들은 정령 다이몬의 음성이라 여겼다.

아인슈타인은 이미 인간 정신의 한계 안에서 우주를 완전히 이해할 수 없다는 것을 알고 있었다. 인간의 정신은 그 능력의 극히 일부만을 사용하므로 과학은 결코 끝나지 않으며, 인간이 자신의 세계를 탐구하는 것도 제한되어 있기 때문이다. 아인슈타인은 의식적 지성인 이성만으로 해결하기 어려운 문제에 봉착할 때, 보다 차원 높은 지성에 문제해결을 위탁했다. 아인슈타인은 지식보다 중요한 것은 직관이라 했고, 그는 문제에 대해 사고할 때 언어가 아닌, 이미지화된 사고방식을 도입했다.

쇼펜하우어는 의식 세계에서의 충족이유율_{시공간에 종속된 인식체}계에 휘둘리지 않고 직관으로 한 방에 이데아를 꿰뚫어 보는 천재는 상대적으로 수학에 서툴다고 주장했다. 그의 말마따나 천재는 자신의 직관을 깨달은 것을 개념화, 추상화하여 세상에 증명해낼 때 수학이라는 도구를 활용할 뿐이었다. 직관은 번개처럼 일어나 사물의 본질을 꿰뚫지만, 그것을 공식으로 추상화하여 세상에 증명하는 데는 상대적으로 많은 시간이 필요한 것이다.

"과학자는 수학 공식으로 사고하지 않는다. 말이나 숫자는 심상의 표현 수단에 불과하다."

"글이든 말이든 언어라는 것은 나의 사고 과정 안에서 특별한 역할을 하지 못하는 것 같다. 사고 과정에서 필수적인 역할을 수행하는 심리적 실체들은 일종의 증후들이거나 분명한 이미지들로서, 자발적으로 재생산되고 결합되는 것들이다. 내 경우에 그 요소들이란 시각적이고 때로는 근육까지 갖춘 것들이다."

-알버트 아인슈타인

사람들은 아인슈타인이 수학 공식이나 복잡한 이론에 통달했기 때문에 위대한 발견을 할 수 있었다고 생각하는 경향이 있지만, 그의 수학 실력은 그의 업적에 비해 그리 우수하지 않았다. 그의 뛰어남은 상상력에 있었다. 그는 줄이 끊어져 끝없이 떨어지는 엘리베이터에 탄다면 어떻게 될까를 상상했다. 아마도 점점 가속을 받아 몸이 공중에 붕 뜰 정도로 가벼워질 것이다. 반대로 가속이 붙어 상승하는 엘리베이터라면 강한 중력 탓에 몸을 가누지 못할 정도의 무게감을 느끼게 될 것이다.

아인슈타인은 바로 이런 상상을 통해 가속과 중력이 같고 질량과 에너지가 등가 교환할 수 있다는 상대성이론의 핵심을 직관으로 통찰해낸다. 아인슈타인의 특수상대성 이론에서 질량-에너지 등가원리 공식 $E=mc^2$을 발견한 것이다. 관찰에서 결과를 이끌어내는 것이 아니라, 머릿속에서 일어나는 다양한 '사고실험'을 통해 이미 결과에 도달한 상태에서 그 결과를 논리적으로 증명해내는 것이 그의 주된 연구 과정이었다. 아인슈타인이 자신의 상대성이론을 정립하는 데는 많은 동료 학자들의 도움이 뒤따른 것도 사실이지만, 어디까지나 핵심적인 영감을 떠올린 것은 아인슈타인이며, 다른 학자들은 그 직관을 논리적 공식이나 언어로 전환시켜 현실 속에서 통용될 수 있도록 도움을 준 차원에 머무른다.

결과적으로, 아인슈타인은 자신의 비범한 직관력을 세상에 통용될 수 있는 논리적 수식과 언어적 형태로 추상화시키고 설명해내는 데 성공한 인물인 셈이다. 이론물리학자 리처드 파인만 역시 "수학은 우리가 본질이라고 이해한 것을 표현하는 형식에 불과할 뿐 이해의 내용이 아니다."라고 하여 아인슈타인과 그 뜻을 같이하고 있다.

천재들은 인간의 궤적을 바꿀 임무를 수행하기 위해 내면의 직관을 듣고 신뢰하는 기술을 익혔다. 이들의 직관은 이성이 다룰 수 없는 가능성을 생각할 수 있도록 해주었다. 직관은 마음의 눈이며 초월적인 의식이다. 이는 마치 과학자, 철학자, 예술가 들이 몽환적 몰입상태에서 정령 다이몬과 밀회한 결과처럼 보인다. 직관이란 결론에 이미 도달해 있지만, 그 과정을 당사자인 본인도 쉽게 설명할 수 없는 오묘한 정신작용이기 때문이다. 천재들은 자신의 직관력을 통해 번개처럼 사물의 본질을 꿰뚫고 영감을 떠올리지만, 정작 그 과정을 논리적으로 증명해내고 세상에 이해시키는 데는 상대적으로 많은 시간을 할애했다. 의식의 영역에서 이뤄지는 논리적 사고란 평범한 사람들에게 있어 진리에 다가가기 위한 유일한 수단이지만, 천재들에게 있어서는 직관에 도달하는 예비 과정이자, 자신의 직관을 외부 세계에 증명하기 위한 검증 도구에 불과한 것이다.

물론 수학자, 과학자 등 학자들만이 직관력을 발휘했던 것은 아니다. 동양의 손무와 쌍벽을 이루는 거장 프로이센 군사학자 카를 폰 클라우제비츠는 그의 《전쟁론》에서 전투에 나가는 족족 승리를 거두는 적장 나폴레옹의 성공 요인을 그의 전략적 직관에서 찾고 있으며, 그는 이것을 꾸되이coup d'oeil라고 불렀다. 클라우제비츠는 꾸되이에 대하여 다음과 같이 설명한다. "평범한 정신에는 전혀 보이지 않거나, 오랜 조사와 반성 과정을 거친 뒤에야 보이는 진리를 순간적으로 발견하는 것으로서, 특정 상황에서 어떤 행동을 취해야 할지 말해주는 갑작스러운 통찰력이다."

나폴레옹은 전쟁에서 미리 구체적이고 상세한 목표를 정하지 않았다. 그는 상황에 따라 물처럼 행동했다. 그는 확실한 목적이나 계획 없이 군대를 움직이면서 적군을 교란하고 전투에서 승리의 기회를 찾았다. 우리는 나폴레옹이 직접 남긴 말과 글에서도 클라우제비츠의 이론을 입증하는 단서를 발견할 수 있다.

"솔직히 말하건대 대개의 경우 나는 확실한 계획 없이 예상만 가지고 있었다."

"전투는 한순간의 생각에서 비롯된다. 중대한 시점에 이르면 심리적으로 번뜩하는 섬광이 결정을 내린다. 그 뒤에는 소수의 병력으로도 작전을 수행할 수 있다."

- 나폴레옹 보나파르트

천재가 섬광과 같은 직관을 얻고 나서 가장 먼저 마주하는 것은 주변 사람들의 몰이해와 비판이다. 직관은 지하 세계에서 발동하는 논리로서 지상의 세계에서는 사고의 도달 과정을 이해하기가 어렵기 때문이다. 하지만 적에게 전략을 들켜서는 안 되는 전쟁터에서는 오히려 이것이 강점이 된다. 나폴레옹의 부하들도 이해하지 못하는 전략을 적군이 이해할 수 있을 리가 만무하다. 때문에 위대한 전략가가 치르는 전쟁은 전쟁이 끝난

나폴레옹 보나파르트(1769~1821)의 초상화
프랑스의 군인, 제1통령, 황제이다. 프랑스혁명의 사회적 격동기 후 제1제정을 건설했다. 제1통령으로 국정을 정비하고 법전을 편찬하는 등 개혁정치를 실시했으며 유럽의 여러 나라를 침략하며 세력을 팽창했다. 그러나 러시아 원정 실패로 엘바섬에, 워털루전투 패배로 세인트 헬레나 섬에 유배되었다.

후에야 그 전략이 세상에 통용되는 군사 이론에 의해 ^{부하들이 이해} ^{할 수 있는 방식으로} 증명되고 해석되어 진다. 더 이상 해석할 필요가 없는 논리적이고 합리적인 전략은 그 즉시 쉽게 간파되고 만다. 상대의 수를 읽어야 하는 바둑의 세계에서도 목표와 원칙에 얽매인다면, 그 수가 훤히 보이기 때문에 고수의 세계에서 승리를 장담할 수 없게 되는 것이다.

하지만 탁월한 직관을 활용하여 전쟁터에서 족족 승리를 거둔 그에게도 오판이 있었으니, 그의 가장 치명적인 패배는 러시아 원정이다. 직관력이 비범한 전쟁 영웅 나폴레옹이 어쩌다 오판을 남기게 되었는가? 많은 사람들은 러시아 원정에서 나폴레옹이 패배한 이유를 기후의 악조건^{추위}에서 찾고 있지만 1812년 모스크바의 겨울은 우리의 생각보다 유난히 따뜻했다. 나폴레옹이 패한 근본 원인은 직관을 채택하지 않고 사전에 모든 세부사항을 정하고 공격하는 방식을 취했다는 것에 있다. 나폴레옹이 패전한 러시아 원정은 적들에게 목표를 알려주고 치른 전쟁이다.

나폴레옹의 속셈을 훤히 꿰뚫어본 러시아군은 전략적으로 대결을 피하듯 퇴각을 되풀이하여 나폴레옹군을 러시아의 깊숙한 곳으로 유인하였다. 러시아군은 후퇴하면서도 나폴레옹군이 취할 수 있는 모든 잠재적 식량과 자원을 초토화시켰다. 결국 나폴레옹의 대군은 러시아 영토의 너무 깊숙한 곳으로 들어온 나머지 식량의 보급선도 길어졌고, 물자를 현지 조달 할수도 없는 상황에서 점차 지쳐갈 수밖에 없었다. 우리는 목표와 계획의 중요성을 강조하지만, 사실 변수가 많은 전쟁터에서는 그것이 패배의 원인이 되기도 한다. 특히 승리에 취해 자만에 빠질 경우에 그러하다.

2) 직관은 의식과 무의식의 합작품이다

위대한 아이디어는 무의식에서 나온다. 하지만 당신의 무의식에 충분한 지식이 담겨 있어야 한다. -데이비드 오길비

물론 몽상적 상태에서 가만히 앉아 있다고 해서 누구나 직관의 경지에 도달할 수 있는 것은 아니다. 직관에 대한 잘못된 신앙을 갖고 있는 사람은 흔히 이렇게 생각한다. 별똥별처럼 먼 우주에서 우연히 우리 머릿속에 떨어지는 그 무엇. 즉 텅 빈 머릿속에서 갑자기 독창적인 아이디어가 떠오르는 것 말이다. 하지만 직관의 음성은 귀를 기울인다고 해서 그냥 들리는 것이 아니다. 치열한 내적 탐구와 함께 지적 수양이 필요하다. 충동적으로 떠올린 아이디어와 비논리적 사고 과정 자체를 직관력이라고 간주한다면, 이는 헛된 망상으로 오히려 일을 크게 그

르치는 경우가 많을 것이다. 특히나, 지성이 물리학을 발전시키려면 일정 수준 이상의 논리적 사고능력이 필수적으로 요구된다.

그래서 천재에게 있어 필요한 지적 미덕은 무의식의 지성인 직관력과 의식의 지성인 이성 두 가지를 모두 갖추는 일일 것이다. 니체가 새로운 가치를 창조하는 초인의 경지에 도달하기 위해서는 먼저 기존의 가치와 기준을 수용할 줄 아는 낙타의 정신을 거쳐야 한다고 말한 이유도 이와 같은 것이다. 필자는 앞서 이성의 목적은 새로운 무엇인가를 발견하는 것에 있지 않다고 했지만, 직관으로 새로운 통찰을 얻기 위해서는 먼저 이성으로 기존의 훌륭한 원칙과 질서를 학습할 필요가 있다. 다시 말해 모든 사고의 최정점은 직관인데, 지식의 축적과 이성의 발동은 직관의 경지에 도달하기 위한 예비 과정이다. 좌뇌의 이성에 우뇌의 기능이 곁들여지면 우리의 이성은 직관이라는 더욱 고차원적인 단계로 나아가게 된다.

직관의 경지에 올라 통찰해낸 바를 세상에 객관적으로 증명해내는 과정에서는 다시 이성이 발동한다. 직관을 중시하는 입장과 이성을 중시하는 입장은 무엇인가를 창조해내는 전체적인 사고 과정을 놓고 볼 때 양립 가능하다. 두 입장을 그저 양립불가능한 대립관계로만 유형화하여 보고 있다면 아직 이부분에 대한 이해가 부족한 것이다. 인간은 어떠한 문제에 부덮히든 좌뇌와 우뇌를 모두 사용하게 되어 있다. 단지, 천재라는 인물들은 우뇌의 기능이 상대적으로 좌뇌의 기능을 압도할 뿐이다.

우리는 천재의 직관이 발현되는 그 순간만을 포착하기 때문에 그 임계치를 넘어서기까지의 모든 과정을 간과하고 생략하는 경향이 있지만, 직관이 일어나기 위해서는 수많은 연구와 정보의 축적이 필요하다. 관련 분야에 대한 지식과 경험이 충분히 축적되어 있어야 한다.

엄청난 독서광이었던 나폴레옹은 평소에 전쟁 서적을 가지고 다니며 그것을 학습했다. 나폴레옹은 역사 속 전쟁에서 승리한 사례와 원칙에 통달했으며, 동양의 병법서《손자병법》에도 흥미를 보였다고 전해진다. 나폴레옹의 뇌 속에 저장된 전쟁에 관한 방대한 데이터가 직관의 원천이 된다. 뇌 속에 저장된 수많은 지적 기억들이 현재의 상황에 맞게 선별되고 재조합되는 과정을 거쳐 직관이 발현되는 것이다.

아인슈타인의 상대성이론 역시 어느 날 갑자기 탄생한 것이 아니다. 그는 어린 시절부터 뉴턴역학, 갈릴레오의 상대성이론, 푀플이 집필한《맥스웰의 전기론 개론》에 심취하였으며, 고등학교 시절에는 "내가 빛의 속도로 달리면서 거울을 보면 그 모습이 보이겠는가."와 같은 고민을 하였다. 상대성이론의 골자는 아인슈타인이 어린 시절부터 시간과 공간에 대해 10년 넘게 골몰한 결과로 탄생한 것이다.

마찬가지로 아르키메데스가 목욕을 하다가 밀도를 측정하는 원리를 발견해내고 유레카를 외친 것은 단순한 우연이 아니다. 이미 이와 관련된 문제로 많은 시간을 할애하며 고민했기 때문이다. 깨달음의 출처는 치열한 연구와 지속적인 사유이다. 천재들이 어느 순간 섬광처럼 아이디어를 떠올리는 것은 마치 물이 가득 찬 그릇에 던져진 작은 돌멩이 하나가 미동을 일으킨 결과로 물이 흘러넘치는 것과 같은 이치다. 빈 그릇에서는 물이 흘러넘치지 않는다.

한 문제에 대해 비범한 몰입상태로 수년 간 연구를 진행하다 보면 다양한 정보들이 축적되게 되고 그것이 임계치를 넘어서는 순간, 일상에서 특별한 자극을 통해 양질의 것들이 현실의 세계로 발현되는 것이다. 여기서 양질의 것들이란 불필요한 요소들을 제거한 본질을 말한다. 불필요한 요소가 많이 끼어 있으면 불순물을 제거하느라 효율이 떨어진다. 복잡함은 지식을 직관화하는 데 방해가 된다. 본질이란 더 이상 추가할 것이 없는 상태가 아니라 더 이상 뺄 것이 없는 상태다.

하지만 이성과 직관력을 모두 갖춘 천재들이라 해도 섬광과 같은 직관이 떠오른 후에 이들이 제일 먼저 맞이해야 하는 것은 세인들의 조롱과 비웃음이었다. 우리 현실에 존재하는 지적 엘리트들은 꽤나 합리적이지만 직관력은 다소 부족한 경우가 대부분이기 때문이다. "재능 있는 사람은 아무도 맞힐 수 없는 과녁을 맞히는 사람이고 천재란 아무도 볼 수 없는 과녁을 맞히는 사람이다."라는 쇼펜하우어의 명언이 떠오르는 대목이다. 보이지 않는 과녁에 대고 활시위를 당기는 것은 허공에 활을 낭비하는 것처럼 비웃음을 살 만한 일이다.

요령과 박학다식함에 의존하는 능재들의 입장에서 천재들의 사고방식과 그 사고체계는 매우 어수선하고 충동적으로 보일 것이 자명하다. 그렇기에 이들은 천재의 이론이 세상에 광채를 드러내기 전까진 자신들이 합리적인 바보에 불과하다는 사실을 당최 깨닫지 못하며, 천재들의 비합리적인 연구 태도에 대해 상당한 비판과 조소를 보낼 뿐이다. 결과적으로 직관을 실행에 옮기기 위해서는 뛰어난 논리적 지성뿐만 아니라 세인들의 냉소를 견딜 수 있는 굳센 의지라는 덕목이 추가적으로 필요하다.

2

혼자만의 시간,
고독을 이용하다

외톨이로 지내라. 그러면 진리에 대해 탐구할 시간이 생긴다.
- 알버트 아인슈타인

고독은 천재의 학교다. 대다수의 천재들이 이 주장에 동의하리라는
것은 분명하다. 타인들과 이야기를 나누는 것이 정신을 자극하는 데
얼마나 유용할지는 모르지만, 분명한 것은 홀로 있을 때 최고의 아이
디어가 떠오르기도 한다는 사실이다.

-에드워드 기번

사람들은 말한다. 외로움이라는 감정은 인간에게 매우 해로운
것이라고. 외로움은 혈압과 콜레스테롤 수치를 증가시키며 면
역체계의 기능을 억제하고 조기 사망률을 높인다. 하지만 이는
외로움의 부작용이지 결코, 고독에 대한 것이 아니다. 고독의
시간 속에서 창조적인 경험을 해본 사람들은 고독과 외로움을

구분해 말한다. 외로움은 혼자이기 때문에 겪어야 하는 무기력함이고, 자신의 의지와 관계없이 강요된 고립감이다. 외로움은 주변 사람들과의 물리적 거리가 좁혀지면 언제든 해소될 수 있는 감정이다.

반면, 고독이란 우수한 혼자이기 때문에 누릴 수 있는 자유이며, 자발적으로 초래한 고립이다. 사상적 지위가 높은 사람들은 주변 사람들과의 물리적 거리에 상관없이 고독의 상태에 들어간다. 사람들이 어수선하게 떠드는 교실 한 가운데 앉아 있을지라도, 창작활동에 집중하고 있는 사람은 고독한 사람이다. 외로움은 회피해야 할 감정이지만 고독은 추구해야 할 이상일인지도 모른다. 고독의 시간은 자신을 응시하고 내공을 축적하는 시간이다. 또한 내면의 소리에 귀 기울이는 시간이다. 고독은 사람을 강하고 위대하게 만든다. 그러나 고독에는 준비물이 필요하다. 혼자 있을 수 있는 능력과 용기가 없으면 고독을 누릴 수 없다. 고독을 자처할 수 있는 능력과 용기는 아무에게나 허락되지 않는다.

천재들에게 있어 고독은 좀 더 실제적인 이유가 존재한다. 이들은 사람들과 너무 많은 시간을 보내면 오히려 삶의 만족도가 떨어질 뿐만 아니라, 자신만의 생각에 집중할 시간조차 훨씬 줄어들게 된다. 그들은 자신이 필요하다고 느낄 때만 주로 말을 하기 때문에 관심이 없는 몇 가지 일에 대해 사람들과 시간을 허비하기보다는 자신의 마음에 시간을 투자하는 것을 좋아한다. 이들은 가끔 고독한 자신의 운명을 벗어나고자 시도해 보았지만 결국 다시 고독을 선택할 수밖에 없었다. 이 세상 어디에서도 남들과 달라 뜰 수밖에 없고 그만큼 심적 안정을 위해 고독을 선택할 수밖에 없는 것이다.

지적으로 예외적인 인간들의 두뇌는 수많은 문제를 탐색하고 그것들의 모순을 해소하도록 요구하므로, 이들에겐 자신의 내면에 집중할 수 있는 시간이 상대적으로 더 많이 필요하게 된다. 다른 사람들을 그들의 눈높이에서 즐겁게 해주는 것, 그들의 관심사에 맞게 대화 주제를 선택하고 말하는 것은 이들에게 있어 정신적으로 너무나 소모적인 행동에 해당된다. 기분 전환의 기회를 외부에서 찾을 수 없는 이들은 자신의 모든 에너지를 내면의 과제 해결에 집중하고 숙고할 기회를 얻어야 한다. 칙센트미하이Csikszentmihalyi 교수에 따르면 청소년기에 혼자 있는 시간을 견디지 못하는 학생들은 창의적 재능을 계발하지 못하는 경우가 많다고 한다. 음악이든 과학이든 창의적 재능을 계발하려면 그런 활동에 혼자서 몰입하는 시간이 필요하기 때문이다.

싱가포르 경영대 교수 노먼 리Norman P. Li와 진화심리학자인 가나자와 사토시satoshi kanazawa의 연구 결과에 따르면 IQ가 높은 사람일수록 혼자 있을 때 행복을 느끼는 경향이 있다고 한다.

좀 더 뚜렷하고 고차원적인 목표에 따라 움직일 줄 아는 부류들은 타인에게 의존하지 않고도 행복을 느낄 수 있는 자기충족적 능력이 뛰어나다. 이러한 정신적 특성은 필연적으로 자신이 원하든 원하지 않든 주변과 이질감을 형성하게 되고, 결과적으로 사교적이라 할지라도 원활한 사교활동에 관심이 없게 되거나 무리가 따를 것이 자명하다. 이들은 자신의 과업 달성에 도움이 되는 지적인 네트워크를 형성하는 것에는 적극적이지만, 되도록 많은 사람과 친목을 다지고 관계를 형성해야 한다는 명제가 이들에게 똑같이 적용되진 않는다.

위대한 창조자들은 고독의 시간 속에서 자신만의 세계를 견고하게 구축해내는 일에 더 힘차게 몰두한다. 내면의 독특한 정신세계가 예술을 향하면 예술가, 과학을 향하면 과학자, 철학을 향하면 사상가가 된다. 자신의 독특한 사상을 숨기거나 억압하기보다는 창작활동을 통해 예술과 학문으로 승화시킨다. 자신의 고유성을 포기하고 외부 세상과의 맹목적인 조화를 꾀하기보다는 자신의 위대한 상상력 속에서 행복을 발견한다. 이처럼 적정 수준의 고립과 고독은 창조의 자극제가 될 수 있다.

1) 집단의 보호색에 숨지 않는다

보통 사람들은 고독을 두려워하여 회피의 대상으로 판단한다. 스스로의 고유성을 지켜내기보다는 다수와 동화되는 쪽을 선택한다. 사실, 다수가 따르는 가치와 기준에 편승하는 것은 생존을 위한 가장 손쉽고 최적화된 방법이기도 하다. 하지만 애초부터 기존 집단에 무난히 편입되기 어려운 조건을 갖춘 이들은 자신만의 새로운 세상을 꿈꾸게 된다. 이들은 어린 시절부터 자신이 다른 사람들과 다르다는 사실을 알고 있었고, 이미 강렬한 고립감을 경험했다. 천재들이 느끼는 고립감은 자신이 기존 질서에 온전히 편입되기 어렵다는 정서를 반영한다.

하지만 사회적으로 고립에 처하거나 지적으로 독립된 개인들은 사회적 통념의 영향을 덜 받기 때문에 집단이 공유하는 이념에 오염될 가능성이 그만큼 줄어들게 된다. 특정 집단이나 패거리에 소속되지 않은 한 개인은 기존의 규범과 질서를 무시하고 자신의 신념에 따라 움직이더라도 별로 잃을 것이 없다. 그 결과로 남들보다 더욱 과감하고 혁신적인 시도를 할 수 있는 것이다.

소속감이 약화되면 대부분의 사람들은 불안을 경험하면서 다시 무리와 어울리려고 노력한다. 하지만 뚜렷한 지적 개성을 타고난 존재에게 있어 고립은 사회 규범의 압박으로부터 벗어나 본질적으로 흥미로운 것들을 생각하고 추구할 동기를 제공해준다. 고독의 시간 속에서 다른 사람들의 의견에 의해 덜 구조화되는 자신만의 사상과 철학을 정립할 수 있게 된다. 원대한 목표와 고도의 지적 활동에 종사하면서 이미 다져진 길이 아니라, 남다른 길을 가게 되는 것이다. 그들은 스스로 선택한 가치에 집중하고 그것에 대해 우수한 성취를 보인다.

대다수의 천재들은 어린 시절부터 자신의 관심사에 몰두하면서 고독하게 시간을 보냈다. 고독은 창조성을 구성하는 요소 중 하나이다. 처음엔 이들에게도 고독은 감당하기 어려운 과제였지만, 점차 자신의 정체성을 깨닫고 몰입할 수 있는 대상을 찾게 되면서 고독의 시간을 자연스러운 삶의 일부로 받아들이게 되었다. 독립적 사색가들은 자기 방식대로 생각하고, 자기 방식대로 일하는 데 너무 익숙해서 다른 사람들의 사고방식이나 업무수행 방식을 따르는 게 너무 어렵게 느껴질 수도 있다. 하지만 긍정적으로 말하자면, 그들은 고독의 시간을 그 누구보다도 생산적으로 활용하는 법을 익혔다고도 볼 수 있다.

다른 사람들의 존재는 혁신가의 사고를 방해하는 역할을 할수도 있다. 창작의 결과물은 위대하지만, 그 과정은 부끄럽고 초라하기 때문이다. 창의성은 처음부터 완제품의 형태로 발현되는 것이 아니다. 처음의 발상은 엉뚱하고 유치한 것으로 받아들여질 가능성이 크다. 지금 이 세상에서 진리로 통용되는 독창적인 아이디어도 처음 이 세상에 드러났을 때는 망상에 불과하다는 평가를 받았다. 위대한 아이디어 하나를 현실에 완벽하게 적용하기까지 수천 가지의 멍청하고 바보 같은 생각을 떠올려야 한다. 이렇게 초라한 모습을 다른 사람과 공유하고 싶은 창작자는 별로 없을 것이다. 생각이 앞서나가는 사람은 기존의 이념에 갇혀 질서를 수호하려는 사람들과 부딪힐 수밖에 없다.

그래서 창조하는 사람은 고독할 필요가 있다. 겉으로 멍해 보이고 엉뚱해보이는 이들의 두뇌는 끊임없이 지식과 정보를 이리저리 다른 방식으로 조합해낸다. 애초부터 무난한 수준의, 합리적인 수준의 결과를 목표로 삼고 있는 다른 이들과 함께하는 순간, 이 창조의 과정은 외부의 시선을 의식하게 되고 방해를 받게 된다. 특히, 한국처럼 개인이 자신만의 독창적인 생각을 떠올리기 이전에 자기 생각이 다른 사람들의 생각과 조화될 수 있는지를 먼저 걱정하고 자기검열을 해야 하는 곳이라면 더욱 그럴 수 있다.

여러 사람이 한데 모여 브레인스토밍을 진행하는 방식과 각자 브레인스토밍을 진행한 후 그것들을 결합하는 방식 중 어느 것이 더 효과적일까? 후자가 더 효과적이다.

그 이유는 크게 세 가지로 정리할 수 있는데, 첫째는 영향력 있는 소수가 그룹 내에서 주도권을 행사하는 경우가 많다는 점이다. 직책이나 나이에서 밀리는 구성원은 내면의 아이디어를 표출할 기회를 얻지 못하거나 표출한다고 해도 받아들여지지 못할 가능성이 크다.

둘째는 타인의 시선에 대한 의식이다. 그룹에 속한 개인은 자신의 의견이 다른 사람에게 어떻게 평가될지에 대해 예민하게 반응하며, 스스로 자기 검열을 하기 쉽다.

셋째는 무임승차다. 어차피 자신이 말하지 않아도 누군가는 아이디어를 말하게 되어 있으므로, 자신만의 독창적인 아이디어를 생성하기보다는 다른 사람들의 의견에 묻어가는 길을 선택하기 쉽다.

창의적인 아이디어는 깨지기 쉽다. 그룹 대화의 대세나 추진력에 의해 쉽게 휩쓸릴 수 있다. 거의 모든 팀은 어느 정도의 그룹 사고로 통제받고 있다. 조직의 전체적 창조성을 높이기 위해서는 각 구성원들이 혼자만의 시간 속에서 엉뚱하고 기발한 생각을 할 수 있도록 허용하고 배려하는 것이 필요하다. 약간의 고립과 고독은 한 개인이 독창적인 아이디어를 발전시킬 수 있는 기회를 제공한다. 무작정 구성원들을 한자리에 모아놓고 그룹으로 브레인스토밍을 진행해서는 충분한 사색의 시간이 주어지지 않는다. 혁신적이고 기발한 아이디어는 합의를 도출하려는 분위기에 눌려 휘발되고 만다. 남들이 동의하기 쉬운 선택지에 집중하도록 압력을 받기 때문에 획기적인 아이디어는 나오지 않게 된다.

에릭 리첼Eric Rietzschel교수진의 연구 결과에서도 독창적인 아이디어는 집단적 선택 과정에서 배제될 가능성이 높은 것으로 나타났다. 리첼 연구진의 실험 결과를 요약하자면, 여러 구성원이 팀을 이루어 소통하여 선택한 아이디어들은 대체로 독창성은 떨어지고 실행 가능성은 높았다. 그룹은 아이디어 선택을 손상시킨다. 그룹은 독창성보다 실현 가능성을 더 높게 평가한다. 그룹에 최상의 아이디어를 선택하도록 하면 참신함은 줄이고 남들이 동의하기 쉬운 아이디어를 선택한다.

2) 집단지성과 군중심리는 다르다

모두가 비슷한 생각을 한다는 것은, 아무도 생각하고 있지 않다는 말이다. - 알버트 아인슈타인

천재에게 단절이 필요하다고 할 때 이는 모든 창조의 과정을 혼자서만 수행해야 한다는 의미는 아니다. 창의적 아이디어는 사람들이 지닌 다양한 지식과 경험이 함께 융합하는 과정에서 탄생하는 경우가 많기 때문이다. 확고한 자기애성 인격으로 자신의 재능을 맹신했던 스티브 잡스 역시 위대한 일은 언제나 다른 사람과 협력해야만 이뤄낼 수 있다고 하였다. 천재 기술자 스티브 워즈니악의 도움 없이 잡스 혼자만의 힘으로는

지금의 결과를 내기 어려웠을 것이다. 발명왕 에디슨도 혼자서 그 많은 발명품을 만든 것은 아니었다. 그의 회사에 고용된 수많은 엔지니어에게 도움을 받았다. 라듐을 발견한 마리 퀴리도 남편의 도움을 상당 부분 받았고 본인도 그 부분을 인정하고 있다. 물리학계의 이단아 아인슈타인 역시 자신의 이론을 공식화하는 데 있어서는 아내 밀레바 마리치의 수학적 재능이 큰 도움이 되었다.

하지만 우리는 이들이 서로가 결합하기 이전에 지적으로 독립된 사상가들이었다는 사실에 주목할 필요가 있다. 사람들은 '팀'이라는 가치를 맹목적으로 떠받들며 집단 지성을 최고의 창조성과 결부시키지만, 협력보다 중요한 것은 협력 이전에 각 개인이 사상적으로나 지적으로 독립된 존재여야 한다는 점이다. 서로 비슷한 사람들이 팀을 구성하고 아이디어를 낸다면, 천편일률적이고 무난한 수준에서 벗어날 수 없다. 그것은 집단지성이 아니라 군중심리에 가깝다. 위대한 창조는 자신만의 고유함을 감당해내는 사람, 즉 고독한 사람들이 연결될 때 탄생한다.

성공적인 집단지성의 발현을 위해서는 3가지 전제 조건이 필요하다.

첫째, 다양한 구성원

둘째, 개개인의 독립성

셋째, 구성원의 의견을 하나로 모아 정리할 수 있는 틀

집단의 창의성이 높아지기 위해서는 각자 다른 정신적 유전자를 가지고 있어서 집단 전체로서의 사상이 다양해졌을 때, 비로소 소통을 통해 발현되는 집단의 창의성이 증가하게 된다. 종의 진화를 위해 생물학적 유전자 풀의 다양성이 중요한 것과 마찬가지다. 돌연변이는 돌연변이 나름의 역할이 있다. 돌연변이는 생명 진화의 핵심이다. 생명체의 다양성의 원인이다. 생물의 다양성이 떨어지면 특정한 환경적 변수에 해당 생물은 전멸당한다. 우리 사회는 익숙하지 않은 사상을 받아들일 만큼 포용력이 있어야 한다.

조직 내부, 넓게는 전 세계에 퍼져 있는 다양한 독립적 사색가들이 서로 연결되어 머리를 맞대었을 때 발현되는 것이 집단지성이다. 단일한 사회적 논리나 지배적 이념에 따라 일사불란하게 모인 다수에게서는 진정한 의미의 창조성을 기대할 수 없다. 군중심리에 이끌려서 모인 다수는 오히려 사회를 잘못된 방향으로 나아가게 한다.

삼국지에는 방통이라는 전략가가 있는데, 이 자 역시 제갈량 못지않은 뛰어난 지략가였다. 그의 대표적인 지략 중 하나로 연환계連環計가 있다. 적벽대전 당시 조조는 수군으로 총공격을 감행하려고 했지만, 배 위의 군사들은 멀미가 심해서 제대로 싸울 수 없었다. 그래서 멀미를 완화시켜주는 약이 필요했

는데 그 약이 바로 배들끼리 고리를 묶어 연결하는 것이었다. 고리를 묶어 배들을 서로 연결시키면 배의 진동이 가라앉아 멀미 증상을 방지할 수 있는 것이다. 하지만 이 처방은 방통의 계책이었다. 결국 제갈량과 주유는 이 기회를 이용해 조조의 수군에 화공을 펼친다. 조조의 수군은 고리 때문에 배들이 따로 움직일 수 없었으며 불이 옆으로 바로 옮겨 붙는 바람에 거의 전멸을 당하게 된다.

시너지 효과라는 것은 독립성이 확보된 주체들이 연결되어 발생하는 것이다. 서로가 연결되어 있으면서도 연결된 각 주체들은 독립성을 보유해야 한다. 만약 그러하지 못하다면 연환계의 안정감이 화공 앞에서 탈출을 가로막는 족쇄가 되고 만다. 이렇듯 공동체가 이리저리 잘못된 방향으로 이끌려 다니면 큰 재앙 앞에 제대로 대처하지 못하고 한순간에 무너질 가능성이 크다. 모든 사람들이 고유성을 상실하고 군중심리를 곧 집단지성으로 착각하면, 이러한 상황은 더욱 극단적으로 초래될 수 있다. 공감이라는 것은 주변 사람들을 배려해주고 사회를 따뜻하게 만들어주기도 하지만, '지성이 결여된 공감'은 무서운 결과를 초래하기도 하는 것이다. 자신의 주체성을 버리고 외부의 지배적 기준을 맹목적으로 수용하는 사람들이 사회를 더욱 폐쇄적으로 만들고 공동체를 위험에 빠뜨릴 수 있음을 알아야 한다.

이들은 자신의 인지 체계를 넘어서는 것, 자신에게 익숙하지 않은 것을 올바르게 선별할 능력이 없다. 지적으로 게으르기 때문에 모든 것을 집단의 논리에 따라 호불호로 판단할 뿐, 그 이상의 분석적 판단을 하지 못한다. 소위 친절하고 순리대로 움직인다는 인간들, 나무랄 데 없이 완벽하게 체제에 편입되어 있는 사람일수록 무난한 인간관계에는 유리하겠지만, 자신도 모르는 사이에 사회적 순응 형태의 악행을 저지를 가능성이 크다. 이 부분은 한나 아렌트Hannah Arendt의 《악의 평범성》에 대해 찾아보길 권한다. '악의 평범성'이라는 표현은 양심적이고 성실한 인간들이 어떻게 나치의 하수인으로서 악의 집행자가 될 수 있었는지를 다루면서 제시된 것이다. 그녀에 따르면, 악惡이란 곧 판단력의 포기이고 자기반성의 결여이다.

반면, 고독을 즐기는 강자는 스스로 덕德을 생성한다. 내면에 자신만의 고유한 세계를 건설한다. 이미 확립된 가치나 기준을 넘어서려고 노력한다. 이들은 언제나 새로운 가능성에 대해 열려 있는 사람들이다. 자신에게 익숙하지 않은 새로운 현상도 예민하게 지각하고 이미 확립된 가치와 기준을 넘어서는 창의적인 생각을 한다. 불협화음을 일으키고 공감 능력이 부족할 것처럼 보이지만, 사실은 이들이 사회를 올바른 방향으로, 훨씬 창의적이고 개방적인 방향으로 나아가게 만든다. 이처럼 스스로 덕을 생성할 수 있는 자들이 한데 모여 발휘되는 것이 집단지성인 것이다.

3

높은 비전
: 타협하지 않고 밀고 나간다

합리적인 사람은 자신을 세상의 기준에 맞춰 적응시키지만 비합리적인 사람은 세상이 자신이 기준에 적응할 것을 기대한다. 고로, 모든 진보는 비합리적인 사람들의 손에 달려 있다.

-조지 버나드 쇼

인간의 한계는 짐작도 할 수 없다. 세상의 어떤 검사로도 인간의 잠재력은 측정할 수 없다. 꿈을 좇는 사람은 한계로 여겨지는 지점을 넘어 훨씬 멀리까지 나아간다. 우리의 잠재력에는 한계가 없고 대개는 아직 고스란히 묻혀있다. 한계는 우리가 생각하는 순간 만들어진다.

- 로버트 크리겔 & 루이스 패들러

알버트 아인슈타인 : 우주의 비밀을 풀겠다는 비전

스티브 잡스 : 개인용 컴퓨터를 만드는 비전

일론 머스크 : 인류를 구원하겠다는 비전

세상 사람들의 1/3은 아무런 목적의식 없이 그저 세월 따라 살고, 2/3가 조금 못 되는 사람들은 희미하게나마 목표를 가진 사회인으로서 평범한 삶을 산다. 오직 극소수만이 천재성을 바탕으로 뚜렷한 목표를 세운 다음, 이에 집착하고 몰입한 끝에 위대한 지도자, 과학자, 철학자, 예술가, 기업인 등으로 살 게 된다. 천재들은 자신이 상상할 수 있는 모든 것이 진정으로 성취 가능하다고 믿었다. 천재의 목적은 사회를 전복시키고 자신과 조화를 이루는 사회를 재구축하는 것에 있다.

이들은 현실을 경외하기보다는 이상과 가치를 우선시한다. 이들은 있는 그대로의 세상보다는 바람직하다고 여기는 세상을 만들어가는 데 집중한다. 이들은 세상의 기준에 불편함을 느끼는 것에 멈추지 않고, 상상력으로 뭔가를 발견하고 창조하는 행위에 이른 사람들이다. 아인슈타인, 스티브 잡스, 일론 머스크, 워런 버핏, 코코 샤넬 모두 세상 사람들이 뭐라 비난하고 손가락질하든 자신의 신념을 끝까지 추구한다는 공통점이 있다.

이상주의를 생각할 때, 중요한 사실은 이상주의가 아주 강력한 동기 유발자로 행동에 영향을 준다는 점이다. 이상주의는 눈앞의 현실을 넘어서는 숭고한 원리와 높은 목표를 지향하는 태도다. 천재들은 모두 강렬한 이상을 품었으며 상위 목표에 집중했고, 이 같은 목표 의식은 그들의 행동에 깊은 영향을 미쳤다. 내면에 큰 덕을 품은 천재들은 이 세상 모든 사람들이 좋다고 칭찬하는 방향대로 움직이지도 않았고, 반대로 세상 사람들이 냉소와 조롱을 보내는 방향일지라도 계속 멈추지 않고 나아갔다.

이상적 열망을 품은 사람은 어떤 문제가 해결되고 나서 설령 자기에게 돌아오는 이득이 없더라도 그 문제를 해결하려고 고군분투한다. 보통 사람이라면 그냥 무너지고 마는 혹독한 비난 앞에서도 꿋꿋하다. 이상주의적인 혁신가는 그들이 실현하려는 목표가 지극히 중요하고 명예로우며 가치 있는 일이라고 믿기 때문에 혹독한 비난이나 실패를 경험해도 타협하지 않고 밀고 나간다.

루트비히 판 베토벤 (1770 ~ 1827)
독일의 서양 고전 음악 작곡가이다. 독일의 본에서 태어났으며, 성인이 된 이후 거의 오스트리아 빈에서 살았다. 감기와 폐렴으로 인한 합병증으로 투병하다가 57세로 생을 마친 그는 고전주의와 낭만주의의 전환기에 활동한 주요 음악가이며, '음악의 성인' 또는 '악성'이라는 별칭으로 불리기도 한다.

베토벤은 귀가 먹었을 때조차도 작곡을 포기하지 않았다. 그는 피아노 다리를 잘라 피아노를 바닥에 맞닿게 하고 그 진동을 느끼며 작곡을 해나갔다. 음악가에게 있어 청각 장애란

사형선고와도 같은 것이다. 우리가 만약 베토벤이었다면 그동안 쌓아온 명성에 만족하고 모든 음악활동을 중단했겠지만, 그는 돈이나 명성을 위해서가 아니라 오로지 음악만을 위해 자신의 모든 것을 바친 사람이었기 때문에 음악가로서의 소명을 포기하지 않았다.

동력 비행기의 가능성을 끈질기게 믿고 노력한 라이트 형제는 당시 동력 비행기에 대해 굉장히 회의적이었던 과학계와 대중들로부터 조롱과 냉소를 받았다. 정신병자라는 조롱도 당했다. 하지만 그들의 가슴에는 '사람이 하늘을 날 수 있다.'는 꿈으로 가득 차 있었기 때문에, 자신들을 향한 온갖 비웃음과 비난을 감당해내고 마침내 비행에 성공할 수 있었다.

20세기의 미술사를 주도한 피카소는 원근법 하에 대상과의 일정한 거리에서 눈에 비치는 시각적 재현을 그대로 화폭에 담았던 기존의 관습을 타파하고, 여러 면에서 바라본 대상의 단면을 하나의 화폭에 담았다. 시공간의 경과를 동시적으로 그린 것이다. 당시로써는 너무 파격적이고 난해하여 받아들이기 어려운 기법이었기 때문에 대중들은 냉담한 반응을 보일 뿐이었다. 하지만 그 당시 경멸과 무시를 당했던 큐비즘은 오늘날 피카소를 대표하는 장르가 되었으며, 기존의 미술의 원리를 한순간에 바꾼 큰 혁명으로 평가된다. 피카소의 큐비즘은 미적 기준을 떠나서 새로운 장르를 개척했다는 점에서 큰 의의가 있다. 그에게는 자신만의 독특한 신념에 따라 예술적인 벽의 한계를 넓히는 것이 더 중요한 사명이었기 때문에, 차고 넘치는 부와 명성을 얻고 나서도 평생토록 창작활동에 몰두하였고 수만 점의 작품을 남겼다.

아인슈타인은 대학교수들에게 미움을 샀기 때문에, 그리고 유럽 사회에 반유대주의 정서가 팽배하던 시기에 유대인이라는 신분 때문에 차별을 당했다. 하지만 우주와 시간의 비밀을 풀어내겠다는 아인슈타인의 이상은 가혹한 현실에 단념하지 않고, 기존 물리학의 패러다임을 바꾸어 놓을 수 있게 만들었다.

아인슈타인 : 나는 신이 이 세상을 어떻게 창조했는지 알고 싶다. 나의 관심은 이런저런 현상을 규명하는 것이 아니라 신의 생각을 알아내는 것이다. 나머지는 모두 부차적인 것에 불과하다.

동료의 답변 : 그게 너와 네 가족을 밥 먹여 주나?

우리는 다른 사람보다 조금만 앞서나가면 자신이 최고라는데 안주하고 만다. 적당한 재주와 노력에 따른 보상을 즐길 뿐이다. 하지만 천재들은 자신이 도달할 수 없다고 생각했던 경지에 이르기 위해 온몸의 모든 세포를 하나하나까지 남김없이 사용한다. 재능 있는 사람은 자신보다 아래에 위치한 사람들을 내려다보며 우월감을 느끼지만, 천재들은 재능 있는 사람보다 더 높은 고지에 올라서서도 아래가 아닌 더 위에 존재하는 세상을 바라본다.

이처럼 자기를 극기하는 모습은 뛰어난 혁신가들에게 자주 나타나는 특징 가운데 하나다. 그들은 심신이 괴로울 만큼 오랜 시간 작업에 열중했고, 가족과 친구를 소홀히 할 때가 많았다. 그들을 의심하는 사람들에게서 쏟아지는 혹독한 비난을 견뎌야 할 때도 많았지만 문제를 해결할 때까지 절대 포기하지 않았다.

천재들은 모두 실패와 조롱 혹은 차별에 맞서며 고통스러운 시기를 견뎠다. 스스로를 의심하는 순간도 있었고 극심한 자기 불안에 시달리기도 했지만, 이들은 이상적인 목표에 부응하기 위해 힘을 쏟는 과정에서 깊은 만족감과 아울러 자기보다 더 큰 무언가와 하나가 되는 경험을 할 수 있었다. 이들은 대중이 인정하는 성공 기준이 아니라 전혀 다른 기준에 따라 자신의 성공을 평가했다.

1) 일론 머스크의 불가능한 꿈

사람들은 기술이 저절로 발전해나간다고 오해를 합니다. 하지만 절

대 그렇지 않습니다. 오직 많은 사람들이 피땀 흘려 노력했을 때 비로소 진보합니다. - 일론 머스크

죽음에 이르는 날 세상에서 최고의 부자라는 이름을 묘비에 남기는 것은 아무런 의미가 없다. 일과를 마치고 잠자리에 들면서 오늘 하루 뭔가 대단한 일을 했다고 자부하는 것. 그것이 나에게 중요한 것이다. - 스티브 잡스

남들은 감히 상상조차 할 수 없는 높은 목표. 가늠할 수 없는 꿈의 크기. 더 이상 인간이기를 포기한 듯한 이상주의. 누가 봐도 불가능한 꿈. 지금 필자와 독자들의 머릿속을 스쳐 지나가는 인물은 당연코 일론 머스크다.

머스크는 어려서부터 친구들과 어울리기보다는 책을 더 가까이했다고 전해진다. 암기력이 매우 우수하여 책에 있는 것들

일론 머스크(1971~
민간우주개발 업체인 스페이스X의 CEO로 스타링크 프로젝트, 하이퍼루프, 화성 이주 등의 사업을 진행하고 있다. 유망한 비전을 가진 기업가 일론 머스크는 혁신가라는 평가와 괴짜 사업가라는 평가가 엇갈리고 있지만, 오늘날의 시대를 대표하는 천재임에는 틀림이 없다. 마블 영화 <아이언맨>의 주인공 토니 스타크의 실제 모델로도 유명하다.

을 모두 기억해냈으며, 12살엔 프로그래밍을 독학해 게임을 개발하여 500달러에 판매할 만큼 비범한 영재성을 지닌 사람이었다. 그는 늘 공상과학과 우주에 대한 판타지에 심취해 있었다. 모형 로켓을 만들어 날리는 등 또래들과는 전혀 다른 행보를 보였다. 그는 천재의 전형이었다. 아인슈타인이나 피카소와 같은 천재들처럼 우뇌가 발달해 있었고, 시각적 사고에 능했으며, 판타지와 영감을 중시했다. 그의 우수한 학습 능력은 탁월한 시각적 사고에서 비롯된 것으로 보인다.

하지만 인간관계에는 서툴렀다. 친구를 사귀는 것에 어려움을 겪었던 그는 다른 사람의 관심을 끌기 위해 타인의 단점을 지적하는 방식으로 말을 거는 것이 고작이었다. 몸도 허약했고, 생각하고 행동하는 것이 유별난 괴짜였으므로, 항상 또래들 사이에서 따돌림의 대상이었다. 만신창이가 될 만큼 두들겨 맞는 일은 잦았고, 계단에서 굴러 기절한 적도 있었으며, 성형 수술을 받아야 할 만큼 큰 상처를 입기도 했다. 비록 그의 곁에는 친구가 없었지만, 그는 고독 속에서 자기 내면에 철저히 집중하고 많은 생각들을 할 기회를 얻을 수 있었다. 그는 치열한 내적 고민을 통해 자신만의 독특한 세계관을 창조해내고 인류의 미래와 지속가능한 개발에 대한 꿈을 키우기 시작했다.

"어렸을 때 저는 궁금했습니다. 인생의 의미는 무엇일까?, 우리는 왜

여기에 있지?, 이 모든 것은 대체 무엇인가?"

"저는 항상 생각했습니다. 인류의 미래에 영향을 줄 가장 중요한 것이 무엇일지 말입니다."

"다행성 거주 문명을 이루고, 여러 별들 사이를 오가는 것은 인류의 장기 생존을 위해 매우 중요하다고 생각합니다." - 일론 머스크

어린 시절부터 우주의 환상에 사로잡혀 있었던 그는 행성 간 우주여행이 불가능하다면 언젠가는 인류가 멸망할 수밖에 없음을 강조했다. 그래서 인류를 화성으로 이주시키겠다는 목표로 2002년 민간 우주 항공 기업인 스페이스X를 설립하였다. 하지만 사람들은 모두 허황된 망상에 불과하다며 큰소리로 비웃고 조롱했다.

"일론 머스크는 다른 행성에서 날아온 것 같다."

"해내지 못할 거야."

"불가능해."

"우주는 위험하다구."

화성에 도시를 건설하는 것은 고사하고, 인류를 그곳에 이주시키기 위한 로켓을 만들어내는 것만 해도 천문학적인 비용이 들기 때문이다. 로켓은 한 번 발사하면 다시 못 쓰는 소모품

이었기에 로켓의 재활용은 비용을 줄이기 위해 피할 수 없는 과제였다. 사람들은 재활용 로켓을 개발해 인류를 화성으로 이주시키겠다는 그의 계획을 미친 생각이라며 비웃었지만, 그는 결국 우주 비행의 비용을 최소화하고 로켓을 재활용하는 방안을 마련하는 데 성공했다. 2006년 발사시험에서는 발사하자마자 연료가 누출돼 화재가 발생하는 등의 우여곡절을 겪었지만, 1년 뒤에 발사에 성공했고, 2015년에 최초로 1단 부스터를 지상에 착륙시키는 쾌거를 이루었다. 2018년 2월에는 최초로 팰컨 헤비의 발사에 성공했고, 양쪽 1단 부스터를 모두 회수하는 데에 성공했다.

놀라운 점은 그가 누군가에게 로켓의 제조법을 배운 것이 아니라 홀로 독학했다는 점이다. 그는 수많은 로켓 전문 서적을 섭렵하고, 직접 로켓의 설계도면을 그려 동료들에게 보여주기까지 했다. 그는 다가오는 2024년 사람을 태운 화성행 로켓을 발사하겠다고 선포했으며, 2050년까지 100만 명의 인구를 화성에 이륙시키겠다고 밝혔다. 이제는 그의 말이 그저 허황된 소리로만은 들리지 않는다. 평범한 사람들은 늘 실현 가능성이 우선순위다. 도전하고자 하는 일에 있어 약간의 실패의 가능성만 엿보여도 곧바로 냉철한 합리주의자로 변신한다.

하지만 일론 머스크에게 있어 중요한 것은 내적 동기였다. 머스크에게 있어 중요한 사명은 인류를 발전시키고 구원하는 것이다. 그 사명은 너무나도 위대했기 때문에 자신의 모든 것을 내걸고 도저히 실현 불가능해 보이는 무모한 목표에 도전을 할 수 있었다. 머스크는 안정된 엘리트의 길을 갈지, 위험한 혁신의 길을 갈지를 선택하기 위해 실험 삼아 저렴한 햄버거로 끼니를 때우며 얼마간 헬스장에서만 생활을 해보았다고 한다. 실험의 결과는 궁핍해도 나름 지낼 만하다는 깨달음을 주었고, 그는 결국 리스크가 있지만 하고 싶은 일에 매달리기로 작정했다.

보통의 엘리트들은 자신의 이윤을 극대화하기 위한 선택을 하는 것과 반대로 그에게 있어 돈이나 비즈니스는 최종 목표가 아니다. 다른 더 중요한 목표를 달성하기 위한 도구에 불과할 뿐이다. 언제나 인류의 생존과 지속가능한 발전이 궁극적 가치였다.

"사람들은 대부분 돈을 많이 벌고 있을 때는 위험을 무릅쓰려고 하지 않습니다. 돈을 버는 것은 저에게 중요하지 않았습니다. 인류의 미래를 위해 문제를 해결하는 것이 중요했을 뿐입니다. 나는 어떻게 하면 세상을 더 낫게 만들 수 있는가, 라는 질문을 자주 던집니다. 제대로 작동하지 않는 일을 보면 미래에 어떻게 될지 머릿속으로 그려지면서 기분이 씁쓸해집니다. 그 문제가 장차 불행한 미래를 초래한다고 생각하면 저 역시 불행해집니다. 그러면 그 문제를 해결하고 싶어집니다. 이것이 바로 저를 움직이는 원동력입니다." - 일론 머스크

천재는 자신이 추구하는 최고의 가치에 최고의 열정을 쏟아야만 만족할 수 있는 존재다. 여느 천재들처럼 그 역시 자신의 재능이 낭비되고 있다는 느낌을 매우 싫어한 것으로 보인다. 자신이 할 수 있는 일 중 가장 중요한 것을 하는 것, 그것이 머스크에게는 가장 중요했다. 그는 스페이스X 외에도 테슬라, 솔라시티 등 다양한 사업을 벌였는데, 언뜻 보면 이 사업들은 서로 관련이 전혀 없어 보인다. 하나는 우주 로켓이고 하나는 자동차이고, 하나는 태양광이다. 하지만 좀 더 높은 차원에서 보면 모두 인류를 발전시키고 지속가능한 에너지를 개발하는 것과 관련이 있음을 알 수 있다. 이제 인류의 운명은 그에게 달려 있다.

창조적인 인물들은 무모한 도전 끝에, 막대한 부와 명성을 얻었다고 해서 갑자기 삶의 태도나 방식을 바꾸지 않는다. 자신이 하던 일을 계속할 뿐이다. 예전과 별반 다를 게 없는 삶의 태도를 유지한다. 피카소, 빌 게이츠, 아인슈타인, 스티브 잡스 그리고 일론 머스크. 이들의 이름이 세상에 드러나기 전과 드러난 후의 모습을 비교해보면, 이들의 삶의 목적이 애초부터 세속적 성공에 있지 않음을 알 수 있다. 이들의 궁극적 목적은 철저한 내적 동기에 따라 세상을 놀라게 할 무엇인가를 창조하여 자신이 살아 있다는 느낌, 즉 강한 생명력을 만끽하는 것에 있었다.

평범한 사람들은 더 나은 삶을 볼 수 있는 능력이 없기 때문에, 그리고 창조에 따르는 위험을 감당할 역량이 없기 때문에 타인에 의해 주입된 적당한 지위, 적당한 사회적 유대 등 적당한 사회적 가치를 욕심내고 그것을 곧 이상으로 삼는다. 이들의 이상주의는 스스로의 가치관과 판단에 기인한 것이기보다는 타인이나 문화에 의해 주입되고 형성된 것일 가능성이 높다. 사회가, 문화가, 집단이 요구하는 가치들을 맹목적으로 추구하고 욕심낼 뿐이다. 천재의 관점에서 이들이 추구하는 이상은 곧 이상주의에 대한 모욕이다. 혁신적인 사람들이 위대한 성공을 거둔 배경에는 그들이 달성하고자 했던 훨씬 더 크고 근본적인 비전이 있었다. 비전 있는 사람들은 사물을 바라보는 시각이 우리와는 다르다. 그들은 다른 사람이 모두 바라보는 곳에서도 전혀 새로운 가능성을 발견해낸다.

그저 주어진 현실적 임무에 최선을 다하는 실용적인 사람들도 분명 필요하겠지만, 어떤 높고 위대한 목표를 사심 없이 추구하는 몽상가도 인류의 발전을 위해서는 꼭 필요하다.

이 특별한 사람들이 지닌 부와 명성은 그들이 만들어 낸 꿈의 부산물일 뿐이다. 그들이 자신만의 아이디어를 구축하고 추상화 및 개념화하여 대중과 공유할 때, 대중은 그 위대함을 누리고 경험하기 위해 기꺼이 돈을 지불한다.

2) 과도한 이상에는 항상 대가가 따른다

물론, 천재들의 비전이 항상 아름다운 결과만 가져오는 것은 아니었다. 괴테와 히틀러는 모두 우수한 언어적 재능을 타고난 영재였지만, 전자는 독일 문학의 품격을 높였을 뿐만 아니라 전 인류에게 감동을 주는 대문호가 되었고, 후자는 역사상 최악의 정치 선동가이자 지도자가 되었다. 히틀러는 분명히 비전을 가지고 있었다. 그는 유대인을 몰아내고 대중들에게 게르만 민족으로서의 자긍심을 되돌려 주고 싶어 했다. 대중들은 히틀러가 만들어낸 악에 매료되었다. 또한 그는 인내심이 매우 강했다. 그를 향한 모든 멸시도 그의 강력한 신념 앞에선 무용지물이었다. 이처럼 천재들은 나름의 재능을 지니고 태어나지만, 그 재능을 어떠한 신념에 의해 개발하고 운용하느냐에 따라 세상을 이롭게 하는 결말을 가져오기도 하고, 세상을 파괴하는 끔찍한 결말을 가져오기도 한다.

물론 인류의 역사는 꼭 평화적인 방법만이 아닌 파괴적인 방법을 통해 진보하기도 한다는 점에서, 인류사를 놓고 볼 때 사악한 천재들도 일정한 역할을 한 것이라 해석할 수도 있다. 하지만 자기 이상과 관념에만 빠져 이 세상을 함부로 실험하고, 수많은 사람들에게 회복하기 힘든 상처를 남겼다는 사실은 결코 부정되거나 정당화될 수 없을 것이다. 실패와 파괴는 곧 새로운 창조의 시발점이 되기도 하지만, 이 점을 너무나 명시적으로 강조하거나 정당화하게 되면 이로 인해 발생할 수많은 문제들에 대해 대응하기가 어렵게 된다.

평화적이고 이상적인 방법으로 혁신의 기틀을 마련한 천재라 할지라도 이들이 삶에서 치러야 할 대가는 매우 컸다. 이들은 전에 행한 적이 없는 거대한 비전을 만들어야 한다는 강박관념에 빠져 스스로를 불행하게 만들기도 했다. 이상을 향해 강박적으로 나아가다 보면 삶의 행복을 위해 절대 포기할 수 없는 다른 중요한 영역들을 희생시킬 수밖에 없는 것이다. 천재 스스로는 이러한 고난의 길을 자처했을지는 모르지만, 그 주변 사람들은 자신의 의사와 상관없이 천재의 가혹한 이상과 고난의 길에 휘말려 들었다. 때문에 집안에 천재를 둔 부모나 배우자, 자녀, 지인 등 그 곁에 존재하는 사람들은 항상 불편하고 고통스럽기 마련이다. 천재는 창조성의 발현을 위한 네트워크 형성에 적극적일 수는 있지만, 그 외의 주변 사람들과 사적인 인간관계를 잘 풀어가지 못하는 모습을 보인다. 사람들을 만날 시간도 없고, 사소한 일이라면 더욱 만날 필요도 느끼지 못하기 때문이다.

교육학 《에밀》의 루소는 아이들의 교육에 관심이 많았지만 정작 자신의 아이 다섯 명을 고아원에 보내버리는 등 그 매정하고 모순적인 행동으로 인해 많은 비난을 받았다. 아인슈타인은 물리학자로서, 전쟁을 반대하고 인류를 사랑한 평화주의자로서는 위대한 면모를 보였지만 한 가정의 아버지로서는 부적합했다. 자신의 연구에 몰두하느라 가정에 항상 무관심했고, 자신의 아내인 밀레바 마리치는 외롭고 불행한 삶을 살아야 했다. 특히, 그의 둘째 아들 에두아르트는 총명하고 음악을 좋아하는 아이였으나 조현병정신분열증에 걸려 1965년 쓸쓸히 사망하기까지 평생을 정신병원에서 보내야 했다. 마리 퀴리는 연구에만 몰두하느라 자신의 딸에게 충분한 애정을 쏟지 못하였고, 훗날 그녀는 이 점을 항상 후회하였다.

천재들이 어떠한 위대한 업적을 낳았든 간에 후대 사람들의 시선에서 볼 때 그들은 자신의 아내와 남편, 자식들은 아무런 실체도 없는 것처럼 행동했다. 천재들은 가족, 친척, 지인 등 바로 곁에 존재하는 사람들과 개인적으로 밀착된 정서적 교류를 하기보다는 높은 우주에서 세상을 굽어보는 사상가의 위치에서 불특정 다수, 즉 인류라는 매우 포괄적이고 추상적 차원의 대가족의 세계로 도피했다. 자신에게 주어진 경제적·도덕적 책임에는 버거워했고 현실적인 생활력은 꽝이었다.

심리학자인 하워드 가드너는 《창조적 정신Creating Mind》에서 역사상 가장 영향력 있는 7인의 생애를 분석한 바 있다. 그 7인은 지그문트 프로이트, 알버트 아인슈타인, 파블로 피카소, 이고르 스트라빈스키, 토머스 스턴스 엘리엇, 마사 그레이엄, 마하트마 간디에 해당한다.

가드너는 이들이 하나같이 사회적 열외자였으며, 사회적으로 결코 바람직하지 못한 성격 특징을 가지고 있었다고 한다. 이들 7인의 창조성은 가히 천재적이었지만 철저한 자기중심적 사고로 자신만의 이상과 목표를 추구했으며, 자신의 과업 달성에 효용이 있는 경우가 아니고서는 타인에 대해 무관심했다고 한다.

3) 히틀러 : 천재는 위험할 수도 있다

이성을 제압하여 승리를 이루는 가장 쉬운 방법은 공포와 힘이다. 사실이다. 도덕에서는 이성을 강조하지만, 공포와 힘만으로 세상이 돌아간다. - 아돌프 히틀러

니체는 모든 고통을 비웃었다. 그의 철학은 고뇌, 고통, 불안, 우울을 회피의 대상이 아닌 고군분투하는 정신으로 승화시켰다. 초인은 위험을 무릅쓰고 투쟁하며 낡은 가치관을 무너뜨리고 새로운 삶의 기준을 세우며 인류를 이끌어 나가는 자다. 니체는 나약함을 경멸했다. 니체는 '힘에의 의지'야 말로 모든 생명의 근원이라 해석했다. 그의 초인 사상은 수많은 사상가, 정치가, 예술가에게 영향을 미쳤다. 하지만 자신만의 이상을

아돌프 히틀러(1889~1945)
독일의 정치가이며 독재자로 불린다. 게르만 민족주의와 반유
대주의를 내걸며 총통이 되었다.

과도하게 추구한다는 것은 그 자체로 위험성을 내포하기도 한
다. 항상 아름다운 결과만 가져오는 것은 아니기 때문이다. 자
기 자신은 물론 이 세상을 파괴할 수도 있다.

　실제로, 니체 사후 자신을 초인이라 주장하며 니체의 이론
을 악용한 사람들이 꽤나 등장했는데, 그 대표적인 케이스가
바로 히틀러다. 니체의 사상은 훗날 히틀러에 의해 완벽하게
왜곡되고 말았다.심지어 니체의 여동생 엘리자베스는 히틀러에게 "니체가 말한 초인은 바
로 당신을 염두해 둔 것"이라고 말하기까지 했다. 히틀러는 니체를 존경하였고,
그의 작품을 통해 많은 영감을 얻었다. 그리고 그것을 범죄에
활용했다. 다른 천재들과 마찬가지로 히틀러 역시 내면의 음성
을 듣고 영감이 충만해졌지만, 그 음성은 선한 다이몬의 음성
이 아닌 사악한 다이몬의 음성이었다. 히틀러는 분명 천재였지
만 사악한 천재였다.

　히틀러는 니체의 이론을 나치즘의 선전 문구로 바꿔버렸

천재와 천재의 만남
1932년 히틀러는 니체의 문서보관소를 방문했다. 사진은 니체의 두상을 물끄러미 응시하고 있는 히틀러의 모습이다. 니체의 여동생 엘리자베스는 히틀러에게 "니체가 말한 초인은 바로 당신을 염두에 둔 것"이라는 말을 하여 히틀러의 기세를 더욱 북돋워 주었다. 히틀러와 나치는 니체의 사상을 범죄에 악용하였다.

다. 나치는 기존의 사회 법칙들과 도덕적 관습들을 모조리 타파하고, 자신들이 세운 게르만 문화와 게르만의 이상을 따르는 집단을 만들었다. 사회적 규범에 억압당하지 말고 당당하게 자신만의 삶과 자신만의 규범을 개척하라는 니체의 격려는 나치즘에 의해 대량학살과 차별주의, 엘리트주의를 긍정하는 선전 문구로 변해버렸다. 초인을 위시한 괴물이 탄생한 것이다.

젊은 시절부터 히틀러에게는 자신의 신념이 가장 중요했던 것 같다. 자신의 이상과 신념, 그것을 지켜내고자 독일의 기성 체제를 비롯해 귀족층, 장교층 등 사회적 권위자들에게 도전했다. 그리고 각종 멸시와 투옥을 견뎌냈다. 그는 결국 독일에 자신만의 세계를 만드는 데 성공했다. 애초부터 사회의 모든 기존 가치는 히틀러의 강력한 신념 앞에서 무용지물에 불과했다. 그를 넘어설 수 있는 사람은 독일 내에 존재하지 않는다. 그의 모습은 니체가 말한 '초인'의 모습과 유사해보인다.

하지만 니체가 '힘에의 의지', '주인 도덕', '초인' 등을 통해 엘리트주의를 표방한 것은 아니며, 히틀러와 나치가 자신들의 통치구조와 엘리트주의를 합리화하기 위해 니체의 사상을 악용했다고 봐야 한다. 니체가 역설한 'Wille Zur Macht'을 '권력에의 의지'가 아닌 '힘에의 의지'로 번역하는 것도 이런 이유에서다.

니체가 말하는 힘은 소위 사회적인 체계가 만들고 제공하는 산물을 말하는 것은 아니다. 즉, 그 힘은 사회에서 자본이나 권력을 추구하여 얻는 것과 차이가 있다. 오히려 사회체계나 그것이 제공하는 것들을 부정하고 끊임없는 생성과 소멸을 추구하라는 말에 가까울 것이다.

1889년 니체가 완전히 미쳐서 정신 회복 불능 상태가 되자 유대인 혐오주의자였던 그의 여동생 엘리자베스가 니체의 메모를 모아 자기 입맛대로 편집하여 세상에 내놓았던 것도 문제다. 이는 동생 엘리자베스가 해석한 니체였지, 결코 니체 자신의 사상은 아니었다. 니체는 사실 나치가 내세우는 민족주의나 유대인 혐오 사상을 극도로 싫어했던 것으로 전해진다. 그가 내세운 '초인'은 결코 인종적이거나 태생적으로 구분되는 그러한 특성이 아니다.

파시스트들은 급속한 산업화와 세계화로 인해 희생된 사람들 즉, 근대화 과정에서 낙오자가 된 사람들의 반발심을 이용했다. 파시즘은 대중의 역사적 운명과 지도자 사이의 신비한 합일에 의존했다. 나약한 '개인'은 최고의 권력자, 즉 히틀러 총통과 자신을 동일시하게 되며 그들로 하여금 역사적 문명과 힘을 완전히 자각한 하나의 인종에 속한다는 정체성을 형성하도록 하였다. 거대한 집단적 창조행위에 참여했다는 흥분, 스스로가 초인이 되었다는 흥분, 지배자가 되었다는 느낌을 불러일으키는 전율을 육감적으로 전달해주려고 노력했다.

파시즘은 이성적인 논쟁을 직접적인 감각의 경험으로 교묘히 바꿈으로써 정치를 미학으로 변화시켰다. 그의 연설은 대중들의 마음을 고무시켜 놓았고 제1차 세계대전에서 패배한 상황에서도 독일인의 긍지와 민족적 자존심을 되돌려 놓았다. 구악을 물리치고 나쁜 것에서 새로운 알을 깨고 나오는 것 같은 아름다운 미학적 혁명의 열기와 충동을 느끼게 해주었다. 이 점에서 히틀러는 악마의 정치가이면서도 악마의 예술가였다.

천재들은 정신적으로 매우 강력한 에너지를 타고난다. 이는 일종의 광기라고 볼 수 있다. 이 과도한 에너지가 어떠한 방향으로 표출되느냐에 따라 완전히 상이한 결과를 가져올 수 있다. 세상에서 새로운 질서를 창조하는 방향으로 나아가기도 하고, 세상을 완전히 파괴하는 방향으로 나아갈 수도 있다. 만약 젊은 시절의 히틀러가 품었던 화가의 꿈이 좌절되지 않았더라면 역사는 그를 어떻게 기억하고 있을까?

4

극단적
몰입

나는 특별한 방법을 갖고 있는 것이 아니라 단지 무엇에 대해 오랫동
안 깊이 사고할 뿐이다.

- 아이작 뉴턴

나는 똑똑하지 않다. 단지 문제에 대해 더 많이 고민할 뿐이다.

- 알버트 아인슈타인

몰입의 한 형태로서 생리학에는 도미넌트라는 현상이 있는데 이 현상은 보통 사람들도 일상에서 가끔은 체험할 수 있다. 예를 들어, 게임이나 스마트폰, 영화, 독서 등에 너무나 몰입한 나머지 주변 사람이 아무리 불러도 듣지 못한다거나 시간 가는 줄 모르고 점심시간을 훌쩍 넘기게 되는 등의 경험은 누구나 해보았을 것이다. 이러한 도미넌트 현상은 우리가 가장 중요한

문제에 대해 전력을 다해 집중할 수 있게 해주며, 잠재된 재능을 남김없이 발휘하여 모든 장애를 돌파하도록 하는 긍정적 측면이 있다.

천재들은 이러한 도미넌트 현상이 일상에서도 자연스럽게 일어나기 때문에 천재들은 짧은 시간 동안 매우 비범하고 창조적인 작업들을 완수해낼 수 있다. 무아, 물아일체의 경지와 같은 개념이다. 하지만 도미넌트는 천재들의 지각을 매우 일면적으로 만들기 때문에 자신들이 하는 일 외에 타인과의 관계, 주변 상황, 기타 작고 사소한 의무들에 대해서는 매끄럽지 못한 모습을 보이게 만든다. 세상의 만물을 예리하게 꿰뚫어 볼 수 있는 탁월한 지성을 지녔으면서도 정작 주변 사람들과의 관계를 원만하게 풀어가지 못하는 모습을 보이기도 한다. 자신이 한번 빠져든 주제에 대해서는 그 무엇으로도 벗어날 수 없는 것이다. 자기가 하고 싶은 것만 몰두했던 천재들의 삶이 부러울 수 있겠지만, 사실 이들은 저항하기 힘든 강한 충동에 시달리고 있는 것이다.

천재는 내면의 강한 충동으로 어떠한 관념에 사로잡히면 다른 무엇으로도 헤어 나오지 못한다. 천재는 평생 한 가지 문제에 사로잡혀 지내며 그들의 뇌에서 1순위를 차지하는 것이 그들의 모든 것을 지배했다. 이들은 자기 관심 분야에만 집중할 뿐 보통 사람들이 관심을 가져야 한다고 생각하는 것들에 대해서는 상당히 무관심했다. 2순위와 3순위는 이미 그들의 주의력이 미치지 못하는 영역에 존재할 뿐이다. 그러다 보니 천재의 업적은 위대하다고 찬양하면서도 그들의 인간성에 대해서는 별로 칭찬을 하는 경우가 없는 것 같다.

1998년 노벨 생리학상을 수상한 루이스 이그나로는 "과학자는 9시 출근하고 4시 퇴근하는 것이 아니다. 과학자는 매일 24시간 내내 생각해야 한다."라는 말을 남겼다. 다시 말해, 천재들의 삶은 1차원적이다. 1차원적인 삶은 한 가지 분야에서 가장 독보적인 존재가 되기 위해 치러야 할 대가다. 우수한 지성에 결부된 매우 1차원적인 삶. 이것이 바로 동종 분야의 모든 경쟁자를 물리치는 유일한 방법이다.

우리는 1차원적인 천재들의 삶을 보며, 지루한 인생이라고, 불행한 삶이라고 평가할 수도 있겠지만, 이들이 꼭 불행한 삶을 살았던 것은 아니다. 이들은 자신이 진정으로 흥미를 느끼는 것에 몰두했을 뿐이다. 열정이 강한 평범한 사람도 나름대로 특정 대상에 몰두하는 모습을 보일 수 있지만, 천재들의 몰입은 더욱 극단적으로 나타난다. 이들은 마치 무엇인가에 압도된 것처럼 보인다.

아마도 이들은 다른 사람과 함께 무엇을 즐기는 것보다는 자신의 목표를 달성하기 위해 일에 매진하는 것이 더욱 행복했을 것이다. 다시 말해 이들은 몰입을 통해 행복을 느낄 수 있었고 다른 외적인 요인에 그다지 의존하지 않게 된 것이다. 우리가 행복을 얻으려 할 때 추구하는 흔한 방법은 감각적 쾌락을 극대화시키는 방향으로 나타난다. 하지만 미하이 칙센트미하이 교수에 따르면, 이것들은 일시적이며 삶의 질을 향상시키는 데는 거의 일조하지 못한다. 그가 대안으로 제안하는 방법은 외적인 조건에 휘둘리지 않고 자신의 내적인 경험을 직접 통제하는 것이다. 그렇게 되기 위한 유력한 길은 특정 행위에 깊게 몰입하여 자신과 외부의 제약을 모두 잊어버리고, 시간과 공간까지 망각하며 온 정신을 집중하는 물아일체의 경지에 도달하는 것이다. 천재들은 물아일체의 경지에서 정서적 안정과 영감을 얻는다. 이를 통해 개개인은 궁극적으로 성장할 수 있고 내적 경험을 통제할 수 있어서 큰 기쁨을 향유할 수 있다고 한다. 즉 삶의 질을 획기적으로 올릴 수 있는 것이다.

호기심이 많은 이들은 새로운 사고방식을 개발하고 이전에 탐구하지 않은 아이디어를 발견할 가능성이 높다. 천재로 여겨지는 사람들은 종종 보통 사람이 합리적이라고 생각하는 범위 이상으로 거의 강박적으로 지식을 추구한다. 평범한 아이라면 나침반을 손에 쥐여 주었을 때 지루하다고 저 멀리 던져놓고는 새로운 장난감을 물색할 것이다. 하지만 지적 호기심이 비범한 아이들은 누가 건드리지 않았는데도 나침반의 침이 특정 방향만 가리키는 것을 지각해낼 수 있고, 그 원리에 대해 고민하는 모습을 보일 것이다. 이들의 왕성한 호기심은 점차 특정 대상에 대한 몰입으로 나타나기 시작한다.

1) 물아일체의 경지 : 몰입을 통해 스스로 문제의 일부가 되다

작가는 묘사하고 있는 인물 속으로 들어가야 한다. 그의 몸속으로 들어가서 그의 눈으로 세상을 그의 감각으로 세상을 느껴야 한다. - 알퐁스 도데

옥수수를 연구할 때 나는 옥수수 체계 속의 일부가 되어 있다. 나는 나 자신을 잊어버렸다. - 바버라 매클린턱

공감적인 직관, 감정이입은 새로운 이해를 얻을 수 있는 가장 탁월한 방법이다. 내가 '나 자신'이 아니라 '이해하고 싶은 대상'이 될 때 가장 완벽한 이해가 가능해지기 때문이다. 작가나 연기자는 자신이 묘사하려는 인물, 연기하려는 인물에 대해 완전히 몰입해야 한다. 대상에 몰입하여 자아ego를 망각하고 그 대상과 완전한 하나가 되었을 때, 진정한 소통과 공감이 이루어지는 것이다. 천재는 자폐증에 걸린 것 같으면서도 그 누구보다 공감 능력이 우수하다.

우리 마음속 근원에는 바깥 사물의 원형, 즉 물자체가 내재되어 있다. 그러나 가장 내적인 본질인 이것은 각 주체에게서 개별성을 띠면 자아가 된다. 이 주관적이고 이기적인 자아로 객관적인 대상을 바라보면 그것은 표상representation에 지나지 않을 뿐이다. 몰입은 자아가 대상으로 향하는 것을 말하지 않는다. 우리 의식 내면에 있는 참된 자아self가 드러나서 대상을 바라볼 때, 즉 의식 내면에 있는 진정한 자아self, 의식 외부에 있는 자아ego 그리고 대상, 이 세 가지가 함께 통합되어 꿰뚫어질 때 발현되는 것이 바로 몰입이다. 몰입의 상태에서 자아ego가 아주 없어지는 것은 아니다. 자아ego는 대상을 붙잡는 역할을 한다.

사물의 본질을 인식할 수 있는 주관은 현상세계에서의 개별성ego을 망각한 순수한 인식 주관이어야 한다. 순수인식 주관은 '참나'이고 '참된 자아'이며 '자기self'이다. 개별성ego을 초월해 순수 인식을 고양시켜 바라보면, 내 안의 참나self를 읽을 수 있게 된다. 나의 마음 안에 이미 근원의 정보가 있으므로 나의 의식을 초월시키면 내가 내 안의 정보를 읽어내듯이 사물의 본질을 꿰뚫을 수 있는 것이다. 본질의 인식을 통해 대상과 합일된 상태에서는 그 대상 배후에 잠재된 본질과 자신 배후에 잠재된 본질의 구분이 사라진다. 우리는 개별성을 내려놓고 의식 안의 근원으로 들어가 자신과 우주가 별개가 아님을 깨닫게 되는 것이다. 이미 익숙해진 인식 체계 내에서 사물을 판단하지 않고 다른 방식으로 사물의 본질을 알 수 있는 것이다.

실로 위대한 학문적·예술적 성취의 비결은 표면적으로 보기에 절대로 어울리지 않고 인접하지 않은 두 영역 사이에 사다리를 놓고 양쪽을 연결하는 것에 있다. 이처럼 표면적 유사성이 떨어지는 두 대상에서 본질적으로 같은 것을 발견해 내는 것을 유추라고 한다. 유추를 하기 위해서는 사물과 현상의 숨겨진 본질에 다가가야만 하는데, 표상의 세계에 머물러 있는 평범한 사람들의 인식체계로는 사물의 깊은 본질에 다가갈 수 없으므로 사물과 현상 간에 존재하는 수많은 연결고리를 간과하고 놓치게 되는 것이다.

산, 파도 그리고 하늘이

나의 일부가 아니며,

내 영혼의 일부가 아니겠는가?

내가 바로 그들의 일부인 것처럼

- 바이런

쇼펜하우어가 말하는 천재란 순전히 직관에 몰입할 수 있는 능력이고, 자기 자신을 망각한 순수한 인식 주관으로서 이데아를 직시할 수 있는 성찰의 힘을 지닌 존재다. 천재의 삶은 표상의 세계를 넘어선다. 천재 예술가는 미적 관조를 통해 이데아idea를 볼 수 있다. 천재는 삶의 의지에 속박된 범인들의 기준을 따르지 않기에, 세계를 온전하게 느끼고 표현할 수 있게 된다. 이런 천재가 완성한 작품은 우리가 이데아를 보는 데 도움을 준다. 예술가는 이데아를 보고, 작품을 통해 그것을 추상화 및 개념화하여 대중의 눈높이에서 전달해주기 때문이다.

피카소는 그림을 그릴 때 눈쇼펜하우어식으로 해석하자면, 시공간 내에 종속된 인간의 인식체계으로 본 것이 아니라 마음으로 본 것을 그렸다. 피카소가 작품을 창조하는 방식은 우선 대상을 사실적으로 묘사

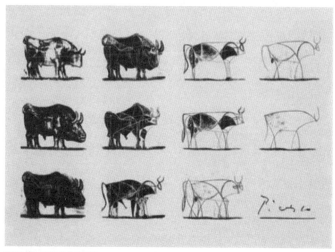

피카소의 <황소 연작>(1945)
피카소의 황소 연작은 추상화 과정을 설명하는 대표적 사례로 언급된다. 피카소는 복잡한 황소의 모습을 꾸준한 관찰을 통해 10개 남짓의 단순한 선으로 표현했다. 디테일을 단계적으로 생략해 나가면서 극도로 정제된 본질만이 남아 있다. 위 그림은 마지막 단계에서 단순한 선으로 남지만, 우리는 여전히 그것이 황소임을 알 수 있다.

한 뒤 대상을 상징하는 요소만 남긴 채 나머지 부가적인 부분들을 작품에서 제거해 나가는 것이었다. 피카소는 난해한 자신의 작품을 이해하지 못하는 관객들에게 다음과 같이 훈계한다. "당신들은 보고 있지만 보고 있는 게 아니다. 보지만 말고 생각하라. 표면적인 것 배후에 있는 놀라운 속성을 찾아라. 눈이 아닌 마음으로 보라."

잭슨 폴록은 프랙탈fractal이라는 자연의 근본 구조를 과학자들보다 먼저 직관으로 발견하고 그것을 캔버스에 그려냈다. 하지만 당시 비평가들은 폴록의 작품에 대해 "물감을 아무렇게나 흩뿌리는 것일 뿐, 아무런 가치를 발견할 수 없다. 이런 것은 누구나 할 수 있는 것이다."라는 반응을 보였을 뿐이었다. 심지어 어떤 비평가들은 그를 연쇄살인마 잭 더 리퍼Jack the Ripper에 비유하면서 붓을 들고 캔버스를 난도질하여 현대 회화를 죽인 살인마로 조롱했다.

하지만 이러한 세상의 반응에 대해 폴록은 "나는 물감의 흐름을 조절할 수 있다. 거기에는 우연이 없다."라고 받아친다. 폴록이 사망한 후 40년쯤 지나자 물리학자들은 그의 작품에서 혼란 속의 질서, 즉 카오스적 패턴을 발견하게 된다. 이 패턴을 오늘날 프랙탈이라고 한다. 프랙탈은 부분이 전체 구조와 비슷한 형태로 수없이 되풀이되는 구조를 말한다. 이 구조는 나뭇가지, 잎, 눈의 결정, 해안선 등 자연 곳곳에 숨어 있는 본질적인

잭슨 폴록(1912~1956)
추상표현주의 미술의 선구적 대표자인 잭슨 폴록은 살아생전에 유럽의 현대 미술 화가들과 동등하게 인정
받았던 최초의 미국 화가들 가운데 한 명이다.

구조이다.

물론, 예술가 폴록은 물리학에 대해 잘 알지 못했을 것이다.
프랙탈 이론이 무엇인지도 몰랐을 것이다. 하지만 그는 세계에
서 프랙탈 구조를 물리학자들보다 먼저 발견해내고 캔버스에
그려 넣었다. 그는 자연을 몸으로 느꼈다. 공감했다. 천재 예술
가는 자연과 하나가 되어 직관으로 사물의 본질을 발견하고 그
것을 다시 추상화시켜 작품 속에 표현해낸다.

아인슈타인은 상상으로 하는 사고실험을 즐겼는데, 그는
자신이 빛의 속도로 이동하는 광자라고 상상했다. 자기 스스로
광자 중 하나가 되어 보고 듣는 것을 상상했고, 그 후 다른 광

자의 역할을 맡아 첫 번째 광자가 경험한 것을 상상하려고 했다. 자신과 광자의 구분이 없어진 것이다. 그 과정에서 광자가 에너지가 있고 운동량도 있다면, 그에 걸맞은 질량도 있어야 한다는 사실을 직관으로 깨달았다. 아인슈타인의 성취는 이렇듯 몰입의 상태에서 직관으로 먼저 도달했다. 아인슈타인은 새로운 생각의 발견에 다가가는 데 있어 언어나 공식은 아무 도움이 되지 못한다고 말한다.

몰입의 경지에서 사물의 본질을 본 천재들은 그것을 다시 외부의 현상계로 가져온다. 새로운 사실의 발견과 도약은 이성이 아닌 상상력과 직관이 하는 일이다. 직관, 느낌, 영감 등 말로 설명하기 어려운 것들이 누구나 이해할 수 있는 공식이나 언어 및 작품 등으로 표현될 때 비로소 상상과 현실이 연결된다.

천재의 창조 과정은 다음과 같이 요약될 수 있다.

사물에 대한 몰입 → 의식적 자아인 에고ego를 망각한 물아일체의 경지 → 직관으로 사물의 본질에 도달 : 사물의 본질에 대한 깨달음 → 깨달은 사물의 본질을 현실에 통용될 수 있는 언어나 공식 및 작품으로 추상화 및 개념화 → 대중의 수용 및 다른 분야에 적용추상화는 분야 간의 장벽을 허문다

2) 이상하게 보인다고 미친 것은 아니다

책상 위의 지우개를 씹어 먹는 행위는 지적 능력에 문제가 있거나 광란에 휩싸인 환자들이 취하는 행동이다. 하지만 천재가 책상 위의 지우개를 씹어먹는 행위는 과도하게 한 과제에 몰입한 결과로서 지우개를 음식으로 착각한 것이다. 광인과 천재의 비정상적 행위는 표면적으로 유사해보이지만 전혀 다른 원인에 의해 나타나는 것이다. 실로, 고원한 사색의 단계에서는 쉽고 단순한 길이나 사소한 의무들은 그 가치를 상실하게 되는 것이다.

뉴턴은 만유인력의 법칙을 발견해 17세기 과학 혁명을 이룬 물리학자로서 인류 역사상 가장 위대한 과학자로 꼽히는 한 사람이다. 그는 평생을 자신의 연구에 몰입하며 살았다. 학문의 깊이가 깊어질수록 사람들과 소통하지 못하고 점점 더 고립되어 갔으며, 너무 집중한 나머지 자신이 식사를 했는지 여부도 기억하지 못했다. 한 일화로 스터클리 박사가 뉴턴의 집에 방문한 어느 날 그는 배가 너무나 고픈 나머지 뉴턴의 닭찜을 먹어버린 일이 있었는데, 뉴턴은 그 닭찜을 자신이 먹은 것으로 착각했다.

심지어, 유럽을 초토화시킨 흑사병도 그에게는 몰입의 기회가 되었을 뿐이었다. 1665년 흑사병이 강타하자 대학 휴교령이 내려지는 바람에 대학원에 진학하려던 그의 계획이 무산되어 어머니의 농장으로 돌아갈 수밖에 없었다. 하지만 만유인력의 법칙을 비롯한 그의 위대한 업적 대부분이 이 기간에 이루어졌다. 미적분부터 만유인력까지, 뉴턴의 업적은 모두 끈질긴 몰입의 결과물이다.

영국의 위대한 경제 철학자인 애덤 스미스의 일화도 유명하다. 그는 정신 나간 상태로 멍하니 있는 경우가 많았으며, 한 가지 생각에 너무 골몰한 나머지 스스로 빵을 주전자에 넣고는 차 맛이 이상하다고 불평한 적이 있었다.

아인슈타인 역시 일상생활에는 전혀 신경을 쓰지 않는 것으로 유명했다. 그의 머릿속은 항상 사고 실험의 장소로 분주했다. 때문에 일상의 사소한 의무들이 그의 의식에 끼어들 여지가 없었다. 그는 양말에 구멍이 나는 것이 신경 쓰인다는 이유로 양말을 아예 신지 않은 채 연구에 몰두했으며, 욕조에 물을 받아놓고는 무려 3시간 동안 물이 차가워진 것도 인지하지 못한 채 가만히 앉아 생각에 골몰하기도 했다.

자신의 집 주소를 망각한 그의 일화도 유명하다. 프린스턴 대학교의 고등연구소에 어떤 남성으로부터 전화가 걸려왔다.

"아무한테도 말하지 마시오. 내가 아인슈타인 박사인데, 우리 집이 어디에 있는지 기억이 나지 않소"

게이지 이론의 재규격화 문제의 해결에 결정적인 기여를

이휘소 (1935 ~ 1977))
한국이 낳은 천재 물리학자이자 이른 나이에 요절한 비운의 천재. 페르미국립가속기연구소 이론물리학부장이었으며, 그는 20세기 후반 입자물리학에서 자발적으로 대칭성이 부서진 게이지 이론의 재규격화 문제의 해결에 결정적인 역할을 하였고, 맵시 쿼크의 질량을 예측하여 그 탐색에 공헌하였다. 만약 그가 불의의 교통사고로 요절하지 않았더라면 게이지 이론의 재규격화로 노벨 물리학상을 받았을 것이라는 평이 지배적이다.

한 이휘소 박사는 '팬티가 썩은 사람'이라는 별명을 가지고 있었다. 이휘소 박사를 기억하는 사람들은 그가 '물리학에만 매달린 사람'이라고 말한다. '팬티가 썩은 사람'이라는 별명은 한번 자리에 앉으면 엉덩이를 떼지 않고 연구에만 매진하는 그의 극단적인 집중력 때문에 붙여진 것이다. 이와 관련된 유명한 일화가 있는데, 한 번은 이휘소 박사가 식사를 하다 말고 갑자기 일어나 연구실로 달려가더니, 이틀 만에 앉은 자리에서 논문 한 편을 완성했다는 것이다. 이는 가공할 수준의 집중력을 보여주는 일화다.

"내 밑에 아인슈타인과 이휘소가 있었지만, 이휘소가 더 뛰어났다."

-오펜하이머

이휘소 박사의 좌우명은 "남이 아는 것은 나도 알고, 내가 모르는 것은 남도 몰라야 한다."인데, 이것은 단순한 자존심의 문제가 아니다. 그는 물리학에 새로운 화두를 던지고 그 분야를 선도하는 과학자가 되고 싶었던 것이다. 그가 엄청난 집중력을 발휘한 데에는 특정 대상에 대한 몰입을 넘어, 강박증적 요소까지 개입한 결과가 아닐까 짐작해본다.

이러한 사람들에게 타인에 대한 배려와 원활한 일상생활을 기대하는 것은 보통 대단한 무리가 아닐 것이다. 실제로 천재들 중에는 자신의 전공 분야만 빼면 사회생활에서는 마치 어린아이와도 같은 사람들이 많았다. 이들은 자주 몰입의 상태에서 자아를 망각했기에, 자아가 제대로 기능을 해야만 영위할 수 있는 일상생활에 다소 서투른 모습을 보였다.

하지만 천재들이 가장 견디기 어려워하는 것은 1차원적인 삶에 따른 지루함도 아니고, 창조행위에 따르는 세상의 몰이해도 아니었다. 천재들이 가장 견디기 어려워하는 것은 다름 아닌 '낭비'다. 자신의 재능이 낭비되고 있다는 느낌, 자신의 창조력이 온전하게 발휘되지 못하고 있다는 느낌은 이들을 너무 고통스럽게 만들고, 경우에 따라 신경질적으로 만들 수도 있다. 천재가 자신의 사상을 사회에 입증하는 데 성공하더라도, 그들은 여전히 보통 사람들과 다른 엄청난 압력을 받고 있다. 내면적으로도 초기 성공에 부응하기 위한 지나친 압박을 포함해, 그를 광기로 몰아넣을 수 있는 여러 압력을 받고 있다.

하지만 이러한 광기가 없으면 세상을 압도하는 신비롭고 숭고한 그림과 음악이 나오지 않는다. 사명감의 주요 성분은 강박이다. 동서고금을 막론하고 극단적 창조성을 발휘한 천재적 예술가, 학자들 중에는 강박성 인격을 지닌 경우가 많았다. 이들은 자신의 탁월한 지성을 바탕으로 이 세상을 바라보는 독창적인 관점을 창조했다. 그러한 관념이 때로는 자신에게 참을 수 없는 고통을 초래한다는 것을 알았지만, 비합리적인 질문이 결코 머릿속을 떠나지 않았다. 이들은 매우 어린 시절부터 혹은 사회를 점차 경험할수록 자신이 무기징역을 선고받은 처지이며, 이 세상은 곧 자신을 가두는 감옥임을 지각한다. 외부 세계와의 관계가 원만하지 못했던 이들은 하나의 세계라고 할 수 있는 그 감옥 안에 스스로를 가두고 만다.

그리고 그 감옥 안에서 탈출하기 위해 창조적 작업에 강박적으로 몰두한다. 이들이 감옥에서 탈출하는 유일한 길은 세상의 질서와 법칙에 굴종하지 않고 새로운 가치를 만들어내는 일뿐이다. 이들은 자신만의 법칙이 통용되던 좁은 감옥의 외벽을 외부 세상으로 조금씩 확장해간다. 감옥이 이 세상만큼 넓어지게 되면 그곳은 더 이상 감옥이 아니게 되며, 이 세상은 이미 자신이 부여한 질서로 재구축된 상태가 된다. 하지만 여기서 끝나지 않는다. 이들은 감옥을 탈출하면 스스로를 또 다른 감옥에 가두고 다시 새로운 형태의 탈출을 시도한다.

이들은 잠시나마 모든 광기를 내려놓고 평범한 삶을 살고자 노력해보기도 했지만, 얼마 못 가 스스로를 다시 감옥 속으로 집어넣고 만다. 남다른 지성에서 비롯되는 이들의 과민함이 현실 세계에 온전히 편입되어 평범한 삶을 누리는 것을 허락하지 않기 때문이다. "위대한 인물이 될 운명을 지닌 자는 철저하게 자기 재능의 종복이 된다."라는 말이 바로 이 대목에서 나오는 것이다.

과도한 몰입은 강박증이라는 병리적 증상으로 나아갈 수 있다. 평범한 사람들에게 있어 강박증은 치료의 대상이다. 이들은 강박증에서 벗어나 다시 삶의 안정을 되찾을 수 있다. 하지만 천재들의 강박증은 창조에 대한 치열함을 반영한다. 위대한 창조를 이룬 예술가, 철학자, 과학자들의 인격은 하나같이 강박성 인격이었다. 그렇지 않았다면 그들의 창조는 '좋지만 위대하진 못한 수준'에 머물렀을 것이다.

5

상상적 과흥분성
: 비범하지만 쓸모없는 인간

아인슈타인이 어떤 생각을 거듭거듭 표현한다 싶을 때, 그것은 보통의
실용적 용도로 쓰일 수 있는 게 아니었다. 하지만 그는 그런 탐구를 일
종의 여가 활동이나 부업 삼아 해냈다. 이 친구는 베른의 스위스 특허
청 직원으로 생계를 해결하면서 물리학계의 기존 질서를 뒤흔들 위대
한 논문 중 첫 번째를 이 시기에 썼다.
- 막스 보른(아인슈타인의 40년 학문적 동료)

반응이 느리고 친구들과 어울리지 못하며 머릿속에 온통 비현실적인
공상만이 가득하다.
- 아인슈타인에 대한 어느 교사의 평가

인간의 지성은 크게 두 가지로 나뉜다. 하나는 세속적인 일에
대한 실용적 지성이고, 다른 하나는 사물과 대상에 대해 깊이
있게 고찰하는 철학적 지성이다. 대부분의 사람들은 어떤 대상
에 대해 개념을 뽑아낸 뒤 외형적으로 분류하고 곧 잊어버린

다. 이는 뇌에 과부하가 걸리지 않도록 단순화시키는 것으로 일상에서 주어진 다양한 의무들을 무난하게 수행하기 위한 매우 중요한 잠재적 억제력이다. 그러나 과흥분성을 지닌 천재들은 잠재적 억제력의 감소로 자신에게 쏟아지는 모든 자극과 정보를 사전에 분류하지 않고 받아들이게 되어 있다.

상상적 과흥분성Imaginational Overexcitability이란 강한 집중력 또는 대단히 높은 정신적 에너지, 민감성 등으로 공상을 즐기는 성질을 의미한다. 과흥분성을 타고난 개인은 그렇지 않은 사람보다 현실을 더욱 강렬하고 다면적으로 인식한다. 항상 새로운 가능성에 대해 개방적이게 되는 것이다. 이들은 독립적 사색가로서 고차원적인 정신 활동과 학습을 강박적으로 추구하는 특성이 있다. 상상적 과흥분성이 발달한 천재로는 알버트 아인슈타인과 일론 머스크가 대표적이다.

철학Philosophy이란 지혜를 사랑한다는 뜻이다. 철학자는 진리를 추구하고 탐구한다. 본질적으로 이러한 추구는 강박적이다. 그리고 모든 학문은 본래 철학에서 갈라져 나왔다. 철학자의 과흥분성이 수학을 향해 있으면 수학자가 되는 것이고, 예술을 향하면 예술가가 되는 것이다. 이들이 고원한 사색의 단계에 이르면, 이미 많은 사람들이 왕래하여 평평해진 길은 그 가치를 상실하기 마련이다. 잔디밭에 누워 푸른 하늘을 보며 달콤한 휴식을 취하는 무리 사이에, 어느 누군가는'저 하늘의 끝은 어디인가?'와 같은 심오한 우주론적 고민을 하고 있다. 풍부한 영감을 가지고 익숙한 사물이나 현상의 이면에 대하여 깊은 의문을 던지고, 고뇌하는 호기심은 새로운 세계를 창조하는 사명감과 맞닿아 있다. 물론, 우리 눈에는 성격 이상으로 보이겠지만 말이다.

이처럼, 이들에게 발견되는 가장 큰 결점 중 하나는, 대다수의 사람들이 쉽게 공유하는 통념을 있는 그대로 수용하고 넘어가는 능력이 결여되어 있다는 것이다. 당연히, 비범하지만 쓸모없는 인간_{고차원적이지만 실용성이라고는 찾아볼 수 없는 인간}으로 간주되기 십상이다. 우리 일상에 필요한 사람은 인사성이 밝은 사람이지, 도덕관념에 대한 철학적 고민에 너무 심취한 나머지 다가오는 사람에게 인사를 하지 못하고, 주변 사람에게 배려할 타이밍을 놓치는 그런 사람이 아니기 때문이다.

정상적인 사람이라면 자녀를 왜 사랑해야 하는지, 왜 조직의 규칙에 부합하는 행동을 해야 하는지, 왜 나이 든 사람을 공손하게 대해야 하는지, 공동체를 배신하면 손해와 이익 중 어느 것이 더 큰지에 대해 생각할 리가 없다. 정상적인 사고를 하는 대다수 사람들은 이런 미친 생각을 하지 않는다. 우리가 살면서 사회에 자연스럽게 통용되는 신성한 가치_{불문율}에 의문을 품지 않는 것은 매우 중요하다. 의문을 품는다는 것은 그 자체로 이 사회에 부적응하고 있음을 나타낼 뿐이다. 평범한 사람들은 일상적인 문제로 고민을 하며, 대부분 눈앞의 이익을 다루는 실용적인 것들이다. 잠시 기발한 아이디어나 가능성을 찾아내더라도 직장에 출근하여 차가운 사무실에 앉아 있는 동안 우리의 정신은 가장 자연스러운 현실 세계로 돌아오고 만다. 사고능력이 현실에 머물러 있는 사람들은 특정한 상황에서 어떤 말을 해야 할지, 어떠한 행동을 해야 할지에 대해 좀 더 집중하고 대처한다. 그리고 이러한 성향은 학교나 직장에서 공감대를 형성하고, 성공으로 나아가기 위한 기본적 토대가 된다. 대다수의 사람들은 서로 간 사고의 속도나 양에 차이가 있을 뿐 사고가 머물러 있는 영역은 근본적으로 같기 때문에 서로 소통하고 공감대를 형성하기에 무리가 없다.

하지만 강박적으로 사고를 하는 것이 평소의 가장 자연스러운 모습에 해당하는 부류들이 존재하는데, 이들은 고차원적인 정신 활동을 즐기는 창의적 몽상가적 기질을 타고난 소수의 사람들이다. 외부의 기준을 그대로 수용하는 것이 이들에게는 오히려 부자연스러운 일에 해당한다. 다른 사람이 귀찮다고 회피하는 사소한 문제, 별로 이익도 없어 보이는 비현실적인 문제에 예민하게 반응하고 심각한 고민을 하는 존재들이 바로 이들이다. 이들은 눈앞의 작은 현실보다는 저 높은 세계에 존재하는 큰 아이디어에 집중한다. 우리가 자주 마주하는 일상적인 문제를 똑 부러지게 해결해내는 유형의 똑똑함과는 다소 차이가 있는 것이다.

이들은 일찍부터 신체적 활동을 비롯해 다른 사람들을 많이 의식해야 하는 사회적 상황을 적극적으로 피하는 경향을 보인다. 이들은 자신만의 생각에 너무 골몰해 있기 때문에 무의미한 사교활동에 투입할 자원이 없다. 이들은 위대한 예술가, 과학자, 음악가, 사상가가 될 공산이 크며, 사교적 기술을 발달시켜 나름대로 사업가가 될 수도 있겠지만, 정신세계가 독특하고 근본적으로 사소한 것들보통 사람들의 입장에선 중요한 것들에 대한 배려가 적은 탓에 주변 동료들과 마찰을 일으키는 경우가 많았다. 스티브 잡스, 빌 게이츠, 일론 머스크의 경우를 생각해보자.

이들은 깊은 지식에 대한 끊임없는 굶주림을 느끼고 종종 위험한 일을 시도하기도 한다. 대부분의 사람들이라면 전혀 생각할 수 없는 것들, 시도하지 않을 것들을 행하는 경향이 있다. 사람들은 이들의 모습에 경악하며, 심지어 미쳤다고 생각할 수 있으나 우리가 누리고 있는 최고의 발명품들은 이러한 시도들에서 나왔다.

21세기는 과흥분성을 지닌 이들에겐 도전의 장이 될 수 있다. 21세기는 창의성의 시대이니 말이다. 21세기 영재의 가장 중요한 역량은 암기력이나 암산력이 아니다. 호기심과 열정이다. 과흥분성이 높아 가상 세계를 창조하고 진리를 추구하는 것을 즐기는 아이들은 장차 문학, 예술 분야로 진출하여 두각을 드러낼 가능성이 높다. 과흥분성을 지니고 태어났다는 것은 세상을 누구보다도 더 깊이 있고, 폭넓고, 강렬하게 즐길 수 있는 능력을 타고난 것과 같다.

1) 내비게이션에 남아 있는 아인슈타인의 흔적

우리 현실과 밀접해 있는 발명품이나 이론에는 고차원적인 세계를 향유한 흔적이 남아 있다. 위대하지만 이상하고 비합리적인 고민, 일반인의 기준에서 볼 때 천재들의 고민은 탁상공론에 불과할 수 있다. 구체적 현실에 적용되기에는 다분히 추상적이고 거시적이기 때문이다. 하지만 천재들이 세상에 내놓은 사상이나 이론은 결국 사회의 변화를 주도하고 대중들의 구체적 현실에 영향력을 행사하게 된다.

오늘날 아인슈타인이라는 이름은 그 자체로 천재를 상징하는 보통명사가 되어버렸지만, 여전히 그의 상대성이론은 우리현실에서 이해 불가능한 망상적 발상처럼 보인다. 이것이 진리라고 한들 우리가 살아가는 일상 속의 현실과 도대체 무슨 관련이 있다는 말인가? 하지만 오늘날 우리가 일상에서 너무도 익숙하게 사용하는 자동차와 휴대폰에 있는 내비게이션 하나에도 상대성이론이 적용되고 있다는 사실을 알게 되면, 그제야이 천재의 실용성 없어 보이는 망상에 진정으로 공감을 하게 된다. 중력에서는 물체가 놓이면 그 주변의 공간이 휘어지게 된다. 공간이 휘어지면 두 지점 사이의 거리가 물체가 없을 때보다 길어진다. 즉 중력이 강할수록 시간이 느리고 상대적으로 약하면 빠르다는 것인데, 이 원리는 인공위성에도 적용된다.

약 2만 km 상공에서 지구를 돌고 있는 GPS위치추적시스템 위성의 중력은 지구보다 약하다.

이로 인해 GPS 위성의 시간은 지구보다 상대적으로 빨리 흘러간다. 이 순간에도 우주에 떠 있는 GPS의 시계는 상대성이론에 근거해서 지상 시계와의 오차를 수정하고 있다. 단 하루라도 상대성이론을 계산에 넣지 않으면 자동차, 비행기, 선박 등은 경로에서 아주 크게 벗어나게 된다.

그 외 음주측정기에는 아인슈타인의 광양자 이론이 담겨있다. 디지털 카메라에는 아인슈타인의 광전 효과 원리가 담겨있다. 액정 크리스탈 시계에는 브라운 운동의 원리가 담겨 있다. 도서관에서 책을 빌릴 때도바코드를 인식하기 위한 레이저가 나올 때 아인슈타인의 〈빛의 유도 방출에 관한 논문〉을 만나게 된다.

Chapter 4

천재, 미치거나 빛나거나

WHO IS THE GENIUS

1

천재
광기설

광기라는 후광은 천재에게 자신을 전형적인 인간, 중산층, 속물, 그리
고 보다 중요하게는 단순한 재능인과 차별화 하는 데 도움이 되는 신
비롭고 불가해한 우월성을 부여해주었다. 그것은 그가 고대 그리스
시인과 예언자들의 현대적 계승자임을 입증해주었고, 또한 그가 고전
시대의 자기 동배들 처럼 신에게 홀린 자와 영감받은 자에게 부여되
는 권한과 특전을 주장할 수 있도록 해주었다.

-조지 베이커

천재 중의 천재, 위대한 천재 중에는 정신병자가 많다는 이야
기는 아주 오래전부터 회자되어왔다. 천재들이 정신 질환을 앓
는 모습은 이미 영화와 대중 매체를 통해 대중들에게 친숙한
장면이 되었다. 천재나 예술가의 생애를 다루는 대부분의 영화
나 문학 작품은 주인공의 정신 질환과 성격 이상을 극적으로
표현하여 관객들로 하여금 강렬한 인상을 받게 만든다. 그래서

천재는 역시 남과 다른 정신세계를 지니는 존재라는 인식을 갖게 만들었다.

흔히 천재와 광기 사이에는 얇은 선이 있다고 하는데, 천재와 광기는 정말 관련이 있는 것일까?

《노인과 바다》로 노벨 문학상을 수상한 천재 문학가 어니스트 헤밍웨이는 알코올 중독자였으며, 극심한 우울증에 시달리다가 자살로 생을 마감하였다. 빈센트 반 고흐 역시 조울증에 시달렸을 가능성이 높다. 실제로 그는 우울한 상태에서 아무런 작품 활동을 하지 않다가도 조증 상태에서는 과도한 흥분과 함께 활동성이 비정상적으로 증가하는 모습을 보였다. 〈절규〉라는 명화를 남긴 에드바르트 뭉크는 특유의 강박증과 불안 장애에 시달렸지만, 그는 자신의 불안정한 내면을 예술적 창조성과 결코 분리하여 생각할 수 없다고 여겼기 때문에 스스로를 고통으로부터 해방시키고 싶지 않아 했다.

어니스트 헤밍웨이 (1899 ~ 1961)
《노인과 바다》(1952)로 퓰리처상, 노벨문학상을 수상한 미국의 소설가다. 그 외 《무기여 잘 있거라》, 《누구를 위하여 종은 울리나》가 있다. 문명의 세계를 속임수로 보고, 인간의 비극적인 모습을, 간결한 문체로 묘사한 20세기의 대표 작가이다.

이러한 천재들의 모습을 보자니, 예술적 창조성은 정서적 불안과 이상하고 특이한 사고방식, 더 나아가 비정상적인 정신 세계와 어떻게든 밀접한 관련이 있어 보인다.

하지만 천재성과 광기에 대해 논할 때 주의할 점은 천재들의 비범성에 기반으로 한 행동과 일반인의 정신 병리적 증상을 동일한 것으로 간주해선 안 된다는 것이다. 예를 들어, 심한 감정 기복을 보이는 사람은 어떨까? 심한 감정 기복은 조울증의 대표적 증상이므로 정신 이상이라는 진단을 내려야 할까? 하지만 정신적 과잉운동을 하는 영재들은 사고의 속도가 빠르기 때문에 동시다발적으로 좋은 기억과 나쁜 기억을 떠올릴 수 있고, 감정 상태 역시 극과 극으로 달릴 수 있다.

이는 탁월하고 민첩한 인지적 작동의 결과이지 조울증양극성장애과는 차이가 있다. 표면적 증상은 유사하지만 서로 다른 정신 작용으로부터 기인한 것이다. 마찬가지로, 외부 자극에 대한 민감한 반응과 특정 대상에 대한 과도한 몰입 및 흥분, 확산적 사고 발달은 창의적 영재들의 일반적 특성이지만, 이는 ADHD주의력결핍 과잉행동장애의 증상과 유사하여 오진의 가능성이 있다. 높은 지능과 통찰력으로 인해 겪게 되는 존재론적 고민은 외부의 시선에서 볼 때 우울증과 그 증상이 유사하지만, 이들의 우울은 보통 사람들의 그저 무기력한 우울과 분명한 차이가 있다.

이처럼 천재나 영재들의 독특한 정신작용은 보통 사람들의 전통적 정신병리 증상과 유사하게 나타나지만, 그 둘을 완전히 동일시하기는 어렵다. 천재적 광기와 병리적 광기는 분명 다르다.

하지만 더욱 복잡미묘한병리적 광기를 천재로부터 완전히 분리할 수도 없는 것은 천재성이 병리적 광기와 함께 공존하는 경우도 제법 존재한다는 점이다. 교육학에서 이러한 경우를 2E 영재라고 칭한다. 2E는 'Twice Exceptional'의 줄임말로 영재 중에서도 특별한 장애 기준을 충족한 영재들을 말한다. 영재에 해당하거나 특정한 정신 질환을 앓고 있거나 둘 중 어느 한 가지에만 해당하는 것도 드문 일인데, 이 두 가지 모두에 해당하는 것은 더욱 희소하다는 의미로 '두 배로 예외적인Twice Exceptional'이라는 표현을 쓰는 것이다. 예를 들자면, 천재성이 자폐증, 난독증, 아스퍼거 증후군, ADHD 등과 공존하고 있는 경우다. 특히, 영재 중 약 10%가 ADHD에 해당한다는 학계의 연구 결과를 토대로 본다면, 영재인 동시에 ADHD 성향이 있는 경우는 생각보다 흔한 것으로서 애초부터 두 유형을 딱 잘라 구분한다는 것이 무리일지도 모른다. 어느 성향이 얼마나 강하느냐에 따라 ADHD 또는 일반 영재 둘 중 하나로 진단될 수 있고, 두 가지 모두 해당하여 ADHD를 지닌 영재로 진단될 수도 있다.

병리적 광기와 천재성이 반드시 공존하는 것은 아니지만, 때로는 구분하기 어려울 정도로 유사성이 있으며, 확실히 정신병적 증상의 속도와 강도는 일반 인구보다 창조적 능력이 더 뛰어난 사람들 사이에서 더 높게 나타난다.

물론, 정서적으로 꽤나 안정된 생활을 영위한 천재들도 있었지만, 이들에게서도 역시 보통 사람들보다 부자연스러운 행동 양상들이 일상 속에서 더욱 많이 관찰된다. 나아가 정신 이상까지는 아니더라도 성격 이상으로 간주될 만한 요소들을 많이 가지고 있었다. 영재의 일반적 특성이 보통 사람들에게는 병리적 증상이나 성격 이상으로 보여질 수 있다. 뉴턴, 쇼펜하우어, 찰스 다윈 같은 역사 속의 천재들도 오랜 기간 가벼운 정신질환이나 성격 이상을 보였다.

천재는 그들 자신의 괴상한 지성에 의해 이상한 것으로 취급되고, 사회의 압력에 더 많이 노출되기 때문에 선천적으로든 후천적으로든 광기에 더 취약할 수 있다. 자신만의 세계에 사는 동안 침묵과 오해로 인해, 괴팍한 천재들이 많이 생겨나게 되었는데, 이들은 너무나도 많은 혼란을 겪으면서 어느새 일상적인 현실 세계와 너무 동떨어져 버렸다. 천재들의 광기를 설명하기 위해서는 항상 정신 병리적 광기 그 이상의 설명이 필요하지만, 그것들을 명확하게 설명하는 것은 지금으로서는 매우 어려운 실정이다.

1) 때론 미친 것이 정상일 수도 있다

창의성이 비범한 천재는 순진하면서도 명철하고, 원시적 상징이며 엄밀한 논리며, 가릴 것 없이 능숙하다. 그는 보통 사람들보다 더 원시적이면서 더 진보적이고, 더 파괴적이면서 더 건설적이고, 때로는 더 미친 사람 같으면서도 더 정신이 말짱하다. - 프랭크 바론

광기는 현실을 왜곡시키거나 이상한 쪽으로 받아들이고 행동하는 것과 관련이 있다. 사회적으로 확립된 규범과 가치 체계를 거부하거나 이에 부적응하는 행태를 보이는 것 말이다. 이런 이유로 우리는 사회 규범이나 불문율을 따르지 않는 사람들을 미친 사람으로 정의내린다. 정말로 정신적 문제가 있는 사람들을 미친 사람이라고 부를 때도 있지만, 때로는 우리가 볼 수 없는 것을 보는 사람들, 우리의 지성으로는 전혀 이해할 수 없는 세계에 발을 내디딘 사람들을 '광인'으로 취급하기도 한다.

하지만 대다수의 사람들이 자신들의 인지 체계에 익숙하지 않은 것들을 비정상적인 것으로 취급하는 이유는 복잡한 것을 싫어하기 때문이다. 지성의 높이는 지적인 혼란과 모순을 수용할 수 있는 능력과도 관련이 깊다. 지적인 혼란 상태에 대한 인내심이 부족한 존재일수록 외부의 보편적 기준을 습관적으로

차용해서 사물을 정상과 비정상으로 나누는 것을 좋아한다. 지적으로 게으른 사람들이 정신적인 안락함을 유지하는 손쉬운 방법은 익숙하지 않은 것들을 비정상이라는 카테고리에 던져 넣는 것이다. 이들이 내세우는 논리라는 것도 사실은 자신들의 좁은 인식 체계로 수용할 수 있는 것들만 진리로 받아들이겠다는 것이다. 자신의 지성으로 도저히 감당할 수 없는 모든 모순과 혼란에 대해 '비정상'이라는 딱지를 붙여놓는다. 이것은 그것들로부터 자유로워질 수 있는 변명의 수단에 불과하다.

이 점에서 광기는 비정상이 아니라 오히려 지적으로 게으르고 병든 사회에서 드물게 존재하는 부지런하고 건강한 정신일 수 있다. 천재들의 입장에서 미치지 않은 보통 사람들은 비정상이다. 천재가 비정상으로 보인다면 그것은 이들이 남들과 다르기 때문이다. 평범한ordinary 존재가 절대적 대다수를 차지하는 이 세상에서 예외적인extraordinary 존재는 비정상적인abnormal 존재로 오해받을 수밖에 없는 것이다. 어떤 사람에게는 평범함이 곧 정상적인 것이고, 그것을 넘어서는 것들은 미친 것이다.

광기는 정신 이상과 평범하지 않은 사회적 행동을 모두 포괄하는 것인데, 그것이 기존 질서를 교란시키는 창조적 인물들을 따라다니는 것은 매우 자연스럽다. 창조적 천재는 자신의 사상을 구속하는 모든 것으로부터의 절대적인 자유에 집착하게 된다. 이것은 외부적으로 비사회적·비동질적인 모습으로 나타난다. 이것은 모든 천재에게 존재하는 내적 요소이고 필요 요소이다.

천재가 아닌 평범한 사람일지라도 살면서 한 번쯤은 미친 짓을 한 적이 있다. 왜냐하면 지성을 지닌 존재로서의 모든 인간은 크든 작든 창조적 잠재력과 욕망을 가지고 있으며, 자신을 자유롭게 하고 흥분하게 만드는 것은 필요하고 또 자연스러운 것이기 때문이다.

창조적인 사람이 되기 위해서는 어느 정도 광기가 필요하다. 그렇지 않으면 합리적이지 못한 일들을 저지를 용기와 자유를 가지지 못할 것이다. 광기는 대부분의 사람들이 옳고 바람직한 것으로 규정짓는 것과는 전혀 다른 길을 택할 기회를 준다. 이렇게 자발적 혼란 상태에서, 인간의 정신은 그 한계를 넓혀 높이 날아갈 수 있다.

2) 지나친 광기는 창조력을 상실한다

일부 정신병적 증상은 창조성을 구현하는 몇 가지 요소와 관련이 있기 때문에, 적정선 안에서의 병리적 증상은 창조 활동 수행에 긍정적으로 관여할 수 있다. 실제로, 매우 창의적인 사람들은 특정한 정신이상학적 증상에 대해 높은 점수를 보이는 경향이 있다. 하지만 심각한 병리적 수준으로 나아가게 되면 창조적 능력을 완전히 상실하게 된다. 광기에도 황금분할이 있는 것이다.

병리적 변화의 폭이 적당할 경우 높은 지능과 더불어 창조적 자극제가 되지만, 그 변동 폭이 심해지면 창조에 장애가 될 수 있다. 창작활동의 중단은 물론이고 극단적인 경우 어니스트 헤밍웨이처럼 자살로 이어질 수 있다. 광기에 완전히 점령당한 화가, 시인, 철학자는 그림 그리는 것을, 시를 쓰는 것을, 사유하는 것을 멈춘다. 창조적 광기는 자살적 우울증, 정신 착란적인 광기로 변모한다. 광기에 점령당한 지성은 현실과의 연결고리를 완전히 상실하게 되고 더 이상 진리에 접근하지 못한다.

니체 역시 조광증 상태에서 짧은 기간 동안 수많은 작품을 써 내려가는 등 과잉 활동성을 보였지만, 1889년 1월 광기가 그를 완전히 점령하면서부터 그의 작품 생활은 막을 내렸다. 그 이후 10년 동안 그는 글을 쓰지 못하는 발광상태로 지내다가 1900년 사망했다. 초인이 되고 싶은 그의 열망 때문이었는지 그는 어떤 의미에서 진정한 초인이 되었다. 어느 누구보다도 세상의 규칙에 구속받을 필요가 없는 어린아이보다도더 극단적인 존재가 되어 버렸다.

위기는 창조로 이어질 수 있지만, 불안과 광기가 균형과 조화를 잃고 천재를 완전히 점령해버리면 더 이상의 창조는 기대할 수 없게 된다. 단순한 정신 이상 상태에서 만들어진 작품이 그 자체로 예술성을 지닐 수는 없다. 자기 내면의 남다른 세계관을 중심으로 독창적 결과물을 만들어내고, 그것이 우리의 구체적 현실과 연결되어 정합성의 요건을 충족시킬 때 비로소 모두가 향유할 수 있는 예술작품이 될 수 있는 것이다.

니체는 스스로를 차라투스트라와 동일시하였다. 즉 그에 따르면 '니체 = 차라투스트라 = 초인'인 것이다. 그러나 융은 니체가 천재인 것을 인정하면서도 그가 작품에 묘사한 초인과 같다고 보지는 않는다. 즉 니체는 천재이지만 초인은 아니다. 니체는 '차라투스트라'라는 등장인물을 빌려 자신이 말하고 싶었던 초인 사상을 묘사할 뿐이다.

융은 스스로가 초인이 되었다는 느낌이 너무 과도해지면 극단적 자아 팽창으로 이어질 수 있음을 경고한다. 융은 니체의 작품이 니체를 압도한다고 보았다. 니체는 자신의 의지로 무의식의 세계까지 지배하려 들기 때문에 극단적인 자아 팽창으로 나아가기 쉬운 것이다. 자아는 무한정 확장되지 않는다. 어느 순간 터지고 만다. 그래서 위험한 것이고 니체는 말년에 광기에 점령당했다. 천재적인 예술가들 중에는 니체처럼 한때 내적 통찰과 개성화를 통해 매우 창조적인 작품들을 쏟아냈지만, 말년에 광기에 점령당한 경우가 많다.

2

나르시시즘이 만든
천재성

왕자는 출생을 통해 존재를 인정받았지만, 베토벤은 온전히 나 자신
을 통해 인정받았습니다. 지금 세상에는 수천 명의 왕자가 존재하고
앞으로도 수천 명의 왕자가 존재할 것이지만 이 세상에 베토벤은 오
직 나 하나뿐입니다.

-베토벤

나는 위대한 미술가다. 나는 그것을 알고 있다.

-폴 고갱

나는 매일 아침마다 최고의 즐거움을 경험한다. 그것은 내가 살바도
르 달리라는 사실이다.

-살바도르 달리

나르키소스는 매우 아름다운 청년으로 많은 소녀들의 흠모를
받았으나 그 누구의 마음도 받아주지 않았다. 그에게 실연당한
숲의 요정 에코는 식음을 전폐하고 슬퍼하다 몸은 사라지고 목

나르키소스
지나친 자기애를 뜻하는 말인
나르시시즘은 나르키소스 신화에서 유래한다.

소리만 남게 된다. 나르키소스는 결국 복수의 여신 네메시스로 부터 자기 자신과 사랑에 빠지는 벌을 받아, 호수에 비친 자기 모습을 사랑하여 그리워하다가 빠져 죽어 수선화가 되었다고 한다.

나르시시스트들은 자신의 재능, 성취에 대해 과도한 느낌을 가지고 있다. 스스로가 매우 특별하고 중요한 인물이라고 생각 하기 때문에 주변 사람들로부터 언제나 주목을 받아야 하고 특 별한 대접을 받아야 한다고 생각한다. 본모습보다 거창하고 환 상적인 비전을 가지고 있으며, 거기에 도달하면 그들의 꿈은 더 환상적으로 되기 때문에 결코 만족은 이루어지지 않는다.

나르시시스트들은 이처럼 늘 장엄함과 우월성에 대한 망상 에 사로잡혀 있기 때문에 자신의 재능이나 성취에 대한 타인의 평가에 매우 신경질적이고 예민한 반응을 보일 수 있다. 철저하게 자기중심적으로 돌아가는 이들의 사고는 타인의 감정에 대한 몰이해와 배려의 부족으로 나타나며, 심할 경우 정상적인 사회생활을 영위할 수 없게 된다. 사실, 나르시시스트들은 현실의 자기 자신보다 자신의 이상을 더 사랑하는 사람들이다. 내적 불만족과 공허함을 극복하는 수단으로써 이상에 과도하게 집착하고 그것을 자신과 동일시하게 되는 것이다.

그리고 이러한 자기애성 인격장애는 과잉된 자의식과 높은 이상, 그리고 우수한 상상력을 지닌 고도 영재들에게서 나타나기 쉽다. 그렇다고 모든 나르시시스트가 영재나 천재라는 말이 아니다. 이들의 강한 자아와 완벽주의적 성향은 스스로가 위대하지 못하다는 느낌, 높은 이상적 기준에 도달하지 못했다는 느낌을 더욱 극대화시킨다. 그렇기에 위대한 것에 더욱 강박적으로 집착하고 그것을 자신과 동일시하게 된다.

영재들의 강한 자의식은 자신의 실존적 문제에 대해 필요 이상으로 고민하게 만들고, 비범한 상상력은 곧 사람들의 사소한 언행을 자신의 자아정체성과 연결시켜 자신이 상처받는 쪽으로 확대 해석하게 만들기도 한다. 자신의 엄청난 재능과 다른 사람의 한계를 비교하여 형성된 자기 인식은 자신을 향한 타인들의 비웃음과 결합하여 우울증과 각종 혼란을 일으킬 수 있다. 이는 오랫동안 지속되는 유치성의 문제와도 관련이 깊다.

어른이 될 수 없는 존재들은 영원한 젊음의 대가로 과도한 이상주의와 그에 따른 자아 정체성의 위기를 되풀이하여 겪어야 한다. 천재성에 대한 확신은 외형적으로 당당하고, 자신감이 충만한 모습으로 나타나지만, 때로는 그것이 이들의 내면을 완전 산산 조각내버릴 수 있는 것이다. 우울증 역시 정신적 불균형 속에서 나타난다.

1) 천재의 나르시시즘은 일반인들의 그것과 다르다

대부분의 천재들은 원만한 인격과 공정한 시야를 갖고 있다고 보기는 어렵다. 평범한 사람들은 엉뚱하고 생소한 시각으로 대상에 접근하는 천재들을 괴짜로 규정하기 쉽고, 반대로 자부심 강하고 콧대 높은 천재들은 자신보다 지적으로 못 한 사람들을 그 누구보다도 무시할 자격이 충분하다고 생각한다. 때문에 기괴하고 괴팍한 천재는 일반인과 동화되어 무난한 사회생활을 하기가 어렵다. 그래서 천재는 스스로의 내적 평안을 위해 고의로 사람을 멀리하는 경향을 보이기도 한다. 천재들이 무료한 사교활동에 집착하지 않고 혼자서 자신만의 과제에 몰두한 것은 이러한 이유에서도 기인하는 것이다.

정신세계가 탁월한 사람들은 스스로의 가치를 확신하고 더 높은 이상을 추구하려고 하므로 다른 이들의 시선을 별로 의식하지 않아도 되는 환경을 적극적으로 찾는 경향이 있다. 이들은 은둔 속에서도 자신의 온전한 자유를 확보하고 창조행위를 통해 기쁨을 얻는다. 이러한 인성은 사회적으로 매우 소수에 해당하기 때문에, 이해와 공감을 구하기 어렵다.

고립적이고 자부심 강한 외골수적 성격은 많은 천재들에게서 나타난다. 니체는 이미 어려서부터 사람들의 눈시울을 붉어지게 만들 만큼의 뛰어난 언어 구사력을 지니고 있었다. 그는 10살 무렵부터 우수한 시적 재능을 보였으며, 성경을 거의 다 외우다시피 하는 등 우수한 암기력과 언어적 표현 기교로 인해 꼬마 목사라는 별명을 얻었다. 하지만 이 섬세한 아이는 거칠고 난폭한 외부 세상과 잘 적응하지 못해 홀로 다니는 경우가 많았다. 대부분의 천재들이 그러했듯 자존심이 매우 강한 데다가, 자신을 '고귀한 정신의 소유자'로 여겼기 때문에 주변과 쉽게 어울리지 못하고 겉돌았다. 니체는 자신의 재능을 높이 사주고 자신을 존경해주는 소수의 친구와만 어울렸고 그 외에는 혼자서 고독을 즐기는 부류였다. 특히 그의 자서전《이 사람을 보라》에서는 자아 팽창의 광기가 엿보이기도 한다. "이 사람을 보라Ecce homo"라는 말은 본래 빌라도가 예수를 가리키며 한 말이다. 즉 니체는 자기 자신을 예수와 동일한 반열에 올려놓고 자서전을 쓴 것이다. 이 책에서 "나는 왜 이렇게 똑똑한가?", "나는 왜 이렇게 지혜로운가?"와 같은 자아 팽창의 광기가 엿

보이는 구절들이 발견된다.

심지어 염세주의 철학자 쇼펜하우어 역시 마찬가지였다. 그에 따르면, 이 세상은 전혀 합리적인 곳이 아니며 맹목적인 삶의 의지가 지배할 뿐이다. 이 슬픈 세상 속에서 자기 자신만은 지극히 예외적인 천재이므로 보통 사람들과의 접촉에 맹목적으로 매달릴 필요가 없다고 여겼다. 그는 자칭 천재였다. 사람들을 만날 때마다 자신이 천재라고 주장했다. 특히, 자신이 진정한 천재임에도 헤겔이라는 엉터리 철학자를 더 알아주는 세상을 증오했다. 하지만 세상을 그렇게 증오하면서도, 그러한 세상으로부터 천재성을 인정받고 싶어 했던 그였다. 이 얼마나 모순적인 인물인가

살바도르 달리는 천재이지만 언제나 괴짜, 오만한 천재, 괴팍한 광인 등의 수식어가 따라다녔다. 달리는 자기애가 매우 강하고 주변 사람들의 시선에 아랑곳하지 않으며, 제멋대로 행

살바도르 달리(1904~1989)
그의 사진만 봐도 자의식이 상당히 강한 인물이라는 게 느껴진다. 달리는 에스파냐의 초현실주의 화가로 프로이트의 영향을 받아 무의식 속의 꿈이나 환상의 세계를 작품에 표현했다. 그는 자신의 내밀한 정신적 모순들과 신경증을 위대한 예술적 창조성으로 승화시켰기에, 그저 괴짜, 미치광이, 기인이라는 분류표만으로는 정의내릴 수 없는 천재였다.

동하는 것처럼 보이지만, 사실 그의 내면에는 자신이 콤플렉스를 가리기 위한 우월의식이 가득했다. 어린 시절 부모로부터 충분한 관심과 사랑을 받지 못한 달리는 자주 괴상한 행동을 하여 사람들의 관심을 받으려고 했다.

오늘날 우리에게 친숙한 천재, 스티브 잡스 역시 의심할 여지가 없는 자기애성 성격의 소유자였다. 그는 스스로를 매우 위대하고 예외적인 존재로 여겼기 때문에 다른 보통 사람들처럼 사회의 일반적 규칙에 순응할 필요가 없다고 보았다. 자신은 매우 특별하기 때문에 사회적 규칙의 적용에서 항상 예외라고 생각했다. 그는 다른 사람의 시선 따위는 아랑곳하지 않고 맨발로 회사를 돌아다니던 버릇이 있었으며, 몸에 악취를 풍기면서도 자신은 채식주의자이기 때문에 몸을 씻을 필요가 없다고 고집하였다. 자신의 의견이 묵살될 경우 눈물을 자주 비치곤 했다.

스티브 잡스(1955~2011)
미국의 기업가이며 애플 창업자이다. 매킨토시 컴퓨터를 선보이고 성공을 거두었지만, 회사 내부 사정으로 애플을 떠나고 넥스트 사를 세웠다. 그러나 애플이 넥스트스텝을 인수하면서 경영 컨설턴트로 복귀했다. 애플 CEO로 활동하며 아이폰, 아이패드를 출시, IT 업계에 새로운 바람을 불러일으켰다.

이는 고립적이고 자부심 강한 천재들의 외골수적 성격을 잘 대변해주는 대목이다. 모든 천재가 그런 것은 아니었지만, 대부분의 천재들은 원만한 인격과 공정한 시야를 갖고 있다고 보기는 어렵다. 이들은 기묘한 생활습관이나 행동 양식을 가지고 있었다. 자기 자신의 지성이 가장 위대하며, 다른 사람들의 생각은 모두 틀려먹었다고 여긴다. 다분히 나르시시스트적이다.

자존심이 매우 강하고 자기가 최고여야 하기 때문에 주변과 융화가 잘 안 되는 것이다. 특히, 동일한 분야의 천재들이 모일 경우 처음엔 서로의 재능을 인정하고 교류하며 특별한 영감을 얻기도 하지만 결국엔, 갈라서는 경우가 많다. 서로에 대해 알면 알수록 절대 동의할 수 없는 부분들이 늘어나기 때문이다. 하늘에 태양이 두 개일 수 없듯이 한 분야에 두 명의 천재가 있을 수는 없는 것이다. 아마 이 책을 읽는 독자들 중에는 이러한 인종을 친구로 삼고 싶은 사람은 별로 없을 것이다.

하지만 천재의 나르시시즘이 일반인들의 나르시시즘과 다른 점은 이들이 어느 부분에선 정말로 뛰어난 것이 사실이며, 자신을 바로 볼 수 있는 통찰력이 있었고, 이상을 현실화시킬 수 있는 과제 집착력이 매우 비범하다는 것이다.

보통 사람의 정신적 높이가 100m쯤에 위치한다고 가정해 볼 때, 병리적 나르시시즘은 남들과 비슷한 높이에서 다른 모든 이들을 자신이 내려다본다는 과대 망상적 착각을 하는 것이다.

반면, 천재의 나르시시즘은 500m의 고지에 올라서서 아래를 굽어보며 우월감을 느끼는 것이 아니라, 자신보다 500m 더 위에 존재하는 1km 고지 위의 또 다른 세상을 바라보는 것이다.

그렇다. 이들에게 있어 평범한 다수 속으로 조용히 사라지는 것보다 더 견딜 수 없는 것은 없다. 예의 바르고 친절한 보통 사람이 되라고 하는 질책보다 이들에게 더 치명적인 것은 없는 것이다. 자신을 강하고 위대한 존재로 고양시키고 싶어하는 이들의 욕망이 인류를 발전시켜왔다. 이들에게 있어 전지전능에 대한 환상을 포기하는 것은 곧 죽음을 의미했다. 그래서 이들은 창조 활동에 따르는 불안과 두려움을 기꺼이 받아들였다.

2) 때론 강한 자의식이 비범함을 깨운다

의심할 여지없이 스티브 잡스는 극단적인 자기애성 성격의 소유자였다. 잡스는 자신이 매우 특별한 존재이기 때문에, 특별한 사람들만이 자신을 이해할 수 있다는 믿음을 가지고 있었던 것으로 보인다. 자신을 최고의 천재인 아인슈타인이나 피카소 같은 사람들과 동일시하였고, 항상 그러한 소수의 부류에 속한다는 것을 애써 강조하고 다녔다. 자신의 재능은 치켜세우고 과시하면서도 타인의 재능에 대해서는 곧잘 비난했으며, 공감 능력이 현저하게 떨어지는 모습을 보이기도 했다. 자기중심적 사고로 다른 사람의 존재를 별로 의식하지 않았다.

그에게는 '현실 왜곡장'이 있어서 그의 곁에 있으면 전혀 말도 안 되는 일들이 실제로 가능하고, 심지어 합당한 것처럼 여겨지는 일들이 일어난다고 하는데, 이는 탁월한 능력에 결부된 자기애성 성격이 발휘하는 마술이다. 현실을 왜곡할 수 있는 힘은 자신이 매우 특별한 존재라는 선민의식에서 나온다. 탁월한 지성에 결부된 자기애성 성격은 무한한 성공 욕구와 위대성에 대한 집착으로 극단의 창조성을 발휘할 수 있는 잠재요소가 될 수 있다.

하지만 자기애성 성격이 창조성을 발휘하는 요소로서 제대로 된 기능을 발휘하려면 안전장치가 잘 마련되어 있어야 한다. 나르시시스트들은 스스로에 대한 과대망상 때문에 자신의 내면과 한계를 잘 돌아보지 않는다는 특징이 있다. 자신의 본성이 거짓 자아에 가려질 염려가 있다. 자신이 항상 옳고 남은 틀려야 하기 때문에, 자신이 듣기 싫은 조언이나 충고는 애써 무시해버린다. 때문에 탁월한 생산성을 보이면서도 오판을 거듭하는 경우가 많다. 우리는 잡스를 항상 성공 가도를 달린 위대한 혁신가로 기억하지만, 그 역시 오만한 성격으로 인해 여러 차례 오판을 한 경력이 있다.

하지만 스티브 잡스에게는 명상이라는 안전장치가 있었다.

잡스는 인도 여행 중 명상을 접한 뒤 하루도 거르지 않고 30년 넘게 수련을 해왔다. 잡스가 이미 젊은 시절부터 명상을 해왔다는 사실은 유명하다. 평소 선불교에 대한 조예가 있었고 자신에게 불교적 영감을 준 멘토도 있었다. 자신의 정신 건강과 내적 평온에 대해 꾸준한 관심을 가지고 있었던 잡스는 명상을 통해 자아가 과도하게 팽창하는 것을 방지했다.

명상은 아무런 생각이 일어나지 않도록 막거나, 고의로 좋은 생각만 하는 것이 아니다. 단지, 고요함 속에서 자신의 마음속에 무엇이 나타나는지를 보고 그 생각을 그저 부드럽게 바라보는 것이다. 명상이라는 것은 자기 생각을 제3자의 관찰자 시점에서 바라보는 것이다. 나와 외부 세상을 경계 짓던 자아를 내려놓음으로써 참된 의식으로 세상을 통찰해낼 수 있게 된다. 명상을 통해 영감과 직관력을 극대화했던 잡스는 아이팟, 아이폰 등 세상이 놀랄 만한 혁신적인 제품들을 선보였다.

과단성을 가진 일부 탁월한 지성인들은 자신들이 마치 신으로부터 위대한 개척자가 될 운명을 강요받은 것처럼 행동했다. 사람들은 자신의 위대성에 심취한 천재들을 보며 매우 오만하다고 생각할 수 있지만, 이들은 사실, 자신의 한계를 그 누구보다 잘 알고 있었다. 지능이 높은 존재는 자신의 지능도 의심하기 마련이다. 지능이 낮은 사람일수록 자신의 정신 능력을 과대평가하는 경향이 있다. 자신의 생각이 가장 창의적이라고 믿고 그것을 다른 사람에게 과시하고 강요하기 때문에 구성원들의 다양한 아이디어를 억압하고 조직에 부정적인 영향을 끼치고 만다.

하지만 천재들의 과도한 자신감은 냉철한 자기 탐구에 근거한 경우가 많다. 이것은 뛰어난 내적 통찰을 바탕으로 에고ego를 과격한 창조 활동의 동력으로써 적절히 활용하는 것으로 설명될 수 있다. 보통 사람의 나르시시즘은 자신의 정신적 높이를 제대로 인지하지 못하는 막연한 전지전능 감으로부터 시작해 머릿속의 정신 승리나 망상으로 막을 내리지만, 천재들의 나르시시즘은 통찰력 있는 자기 내면 인식과 영성 지능으로 과도한 자의식을 경계할 줄 알며, 자신의 유한성을 극복하기 위한 치열한 창조성의 발현으로 막을 내린다.

쇼펜하우어는 천재가 자기 자신을 잃어버리는 재능을 가지고 있다고 했지만, 위대한 결과물을 창조하고 세상을 변화시킨 천재들은 나르시시즘을 어느 정도 가지고 있다고 볼 수 있다. 기존의 세상에 굴복하지 않고 새로운 세계를 열기 위해서는 그만큼 강한 신념이 있어야 하고, 스스로가 위대해질 수 있다는 것에 대한 집착과 확신이 있어야 하기 때문이다. 따라서 천재는 자의식이 강하면서도 자기 자신을 내려놓을 수 있는 재능을 가지고 있다. 미국의 정신분석학자이자 사회심리학자인 에리히 프롬Erich Pinchas Fromm은 나르시시즘을 제2의 본능이라고 주장한다. 인간이 일정량의 음식을 섭취해야만 생존할 수 있는 것처럼 인간이 정신적인 생명력을 유지하기 위해서는 자아의 우월성이 충족되어야 하는 것이다. 과도한 병리적 수준으로 나아가지 않은 건강한 나르시시즘은 과감한 창조적 도전과 위대한 성취를 위해 꼭 필요한 요소이다. 꼭 천재만이 아니라 창조성을 발휘하고자 하는 모든 인간에게 말이다.

3

창조성의 발현체로서
멜랑콜리

> 지능에 어떤 고귀함이 있다고 생각하는 부류들은 지능이 단지 저주일
> 뿐임을 이해하지 못할 만큼의 지능을 가진 것이 분명하다.
>
> **- 마르탱 파주의 《나는 어떻게 바보가 되었나》 중**

우울, 슬픔, 비애 등의 감정을 일컫는 멜랑콜리melancholy라는 용어는 기원전 4세기에 만들어진 용어로 검은색을 의미하는 그리스어 멜랑melan과 담즙을 의미하는 콜레chole의 합성어다. 고대 그리스의 히포크라테스는 인간의 체액을 피, 점액, 황담즙, 흑담즙 등 네 가지로 나누었는데, 그중 하나인 흑담즙멜랑콜리이 과도하게 분비되면 공포심과 조바심 그리고 슬픔으로 그 사람의 마음을 괴롭힌다고 보았다. 이후 멜랑콜리라는 용어는 수백 수천 년이 지난 오늘날에도 정신의학 분야에서 울병으로 그 의미

콘스탕스 마리 샤르팡티에(1767~1849)의 <멜랑콜리>(1801)
샤르팡티에의 가장 유명한 작품인 <멜랑콜리>는 신고전주의 양식으로, 낭만적이고 매력적인 불확실성을 지니고 있다.

가 좁혀진다.

　우리는 사회문화적으로 우울증에 대한 부정적인 이미지를 주로 축적해오다 보니, 우울함을 뜻하는 멜랑콜리에 대해서도 그다지 좋지 않은 쪽으로 생각하게 된다. 우리는 우리의 마음을 괴롭히는 우울이라는 감정에 잠식되지 않도록 안간힘을 쓴다. 우울함에 시달리는 사람들과도 가능하면 멀어지려고 한다. 아마도 우울한 사람과 함께 있다 보면 자신도 우울함에 전염된다고 생각하기 때문일 것이다. 하지만 우울한 감정을 뜻하는 멜랑콜리는 특이하게도 오래전부터 뛰어난 창조성과 지적 능력에 따르는 부작용으로 이해되어 왔으며, 특히 15세기 후반부터 천재들의 특징으로 여겨졌다.

고대 그리스인들은 흑담즙이 과도한 사람들의 비정상적인 상태에 주목하였고 그 속에서 비범함을 발견했다. 고대인들은 멜랑콜리를 '성스러운 병'이라고 불렀다. 특히, 아리스토텔레스는 기원전 4세기에 철학, 시, 예술, 정치에 있어 소크라테스와 플라톤을 포함한 뛰어난 업적을 이룬 모든 사람이 우울한 습관을 지녔다는 것을 처음으로 진술했다. 과연 멜랑콜리는 천재들에게 있어 피할 수 없는 숙명과도 같은 병일까? 실제로 구스타프 말러, 프리드리히 니체, 빈센트 반 고흐, 폴 고갱, 어니스트 헤밍웨이, 마크 트웨인, 모차르트, 베토벤 등 다양한 분야의 천재들이 우울함에 시달렸다.

아주 높은 지능과 우울에는 이상한 관계가 있다. 칸트의 표현을 빌리자면, 인간이라는 존재는 '지성'이라는 선물을 받은 대가로 자신이 대답할 수 없는 물음들로 괴롭힘을 당해야만 하는 특별한 운명에 처해 있다. 사랑에 대한 갈망과 높은 이상, 그리고 죽음 앞에 서 있는 유한한 존재인 인간은 끊임없이 고통받을 운명을 타고난 존재다.

지성을 지닌 인간이 우울이라는 정서에서 완전하게 벗어날 수 있는 방법은 없다. 지성이 마비되어 스스로의 유한성을 인식하지 못하는 사태가 오기 전까지는 말이다. 인간의 두뇌는 단순한 생존과 번식을 넘어 그 이상의 고차원적인 문제들을 마주하고 해결하도록 만들어진 기관이므로 인간은 삶의 순간순간마다 더욱더 많은 불안 요소에 노출될 수밖에 없는 것이다.

태양에 가까이 위치한 비범한 지성일수록 타들어 가는 고통을 더 강렬하게 느끼는 법. 명석한 지성을 지닌 인간일수록 자기 안의 재능이나 도덕적 의지의 한계를 뚜렷하게 인지하고는 멜랑콜리의 단계로 접어드는 것이다. 물론, 자신의 재능과 존재 가치에 대해 대단한 자신감과 오만함을 풍기고 다니는 천재들도 존재한다. 오만한 태도를 보이는 이들이 단순한 나르시시스트일 수도 있으나 자신의 한계에 대한 불안과 내적 압력을 극복하기 위한 시도를 할 뿐이다. 한편 양극성 장애조울증를 지닌 천재들은 우울한 상태에서 의기소침해 있다가 조증 상태에 이르면 갑자기 과도한 자신감과 자아도취를 보이기도 한다. 이 조증 구간에서는 우울한 천재도 자기애성 성격을 보일 수 있다.

1) 우울함은 창조 행위로 이어지고

필자는 우울함을 두 가지로 구분한다. 하나는 사회적 우울이고, 다른 하나는 철학적 우울이다. 사회적 우울은 친구나 가족 등 가까운 사람이 죽었을 때, 일이 실패했을 때 느끼는 우울이다. 하지만 철학적 우울은 비교적 심오한 것으로 누가 죽은 것도, 무엇인가를 상실한 것도 아닌데 느끼는 천재들의 우울이다. 평범한 지성은 소중한 대상을 상실한 이후에야 상실감을 느끼지만, 극도로 비범한 지성은 단 한 번도 소유해보지 않은 대상에 대하여 상실감을 느낀다. 무의식 속에 강렬한 에너지를 품은 사람일수록 외적 인격과 내면의 괴리가 그만큼 커지게 되므로 상실감을 더 자주 경험할 수 있다. 무엇인가를 상실한 인간은 그 빈자리를 채워줄 새로운 가치를 창조하기 위해 모험을 떠난다.

내면의 어둠에 굴복할 것인가, 아니면 내면의 어둠을 노래로 바꿀 것인가. 이들은 자기 파괴와 자기 창조 사이에서 자신의 가혹한 운명을 직시하고 그것을 초극하는 방법으로써 적극적인 창조행위를 하였다. 일단 의식적인 점검을 거친 '그림자'는 정제된 형태로서 창조적인 에너지의 동력으로 활용될 수 있게 되는 것이다.

아인슈타인은 자신의 우울을 물리학에 집중시켰고, 우주의 비밀을 푸는 데 집중시켰다. 쇼펜하우어는 세상을 향한 우울을 철학적으로 승화시켰다. 이처럼 천재들의 우울은 비생산적인 병리적 우울과 달리 철학적이며, 깊고, 힘차며, 창조력이 넘친다. 창조적인 우울증과 현실과의 연결고리를 상실한 병리적·비생산적 우울증의 경계선은 분명하다.

현재 상황에 지배당하기보다는 무엇인가를 창조해내고 그

상황을 역전시키려고 노력하게 되면 두려움과 공포의 멜랑콜리는 창조의 동력으로 변화되어 프로이트가 말하는 승화의 경지로 접어들게 된다. 멜랑콜리에 대해 예술이 궁극적으로 허용하는 것은 삶의 고질병에 대한 어떤 승화이다. 이것은 표현 불가능한 상실의 경험을 보다 잘 표현해낼 수 있는 어떤 것으로 만들면서, 인간 정신의 한계를 뛰어넘은 새로운 단어와 이미지를 쟁취한다. 예술은 저항할 수 없는 슬픔 쪽으로 기우는 멜랑콜리한 성향을 기쁨으로 만든다.

우울은 절망의 독약이기도 하지만 독약을 어떻게 쓰느냐에 따라 신비의 묘약이 될 수도 있다. 잘 다스리기만 하면 창조의 동력을 선물로 받을 수 있다. 실로 많은 예술가가 그들의 부정적인 감정을 예술로 승화시켰다. 우울을 창조적 에너지로 활용한 천재들에게 있어 우울은 그저 절망에 이르게 하는 감정이 아니라 자신을 들여다보게 하는 감정이었음이 분명하다.

화가 빈센트 반 고흐는 스스로에게 설정한 엄격한 도덕적 기준으로 인해 항상 죄책감과 불안에 시달렸으며 지독한 우울증을 앓았지만, 그는 가난한 농부를 그리는 것으로 대처했다. 〈감자를 먹는 사람〉도 그렇게 탄생한 작품이다. 그는 우울증과 싸우는 고통의 시간 동안 놀랄 만한 영감이 밀려오면 신들린 듯 그림을 그렸다. 그렇게 10년 동안 현대 미술의 한 획을 긋는 1,500점의 작품을 남겼다.

빈센트 반 고흐(1853~1890)의 <감자 먹는 사람들>(1885)
이 작품은 고흐의 작품 중에서는 이례적으로 큰 작품이며, 작품 속 인물이 여러 명 등장하는 것도 이례적이다. 등장인물 5인의 시선과 표정이 밝아 보이지는 않지만 서로를 배려하는 느낌이 든다. 이 무렵 고흐는 농촌의 애환을 그리는 '농민 화가'가 되고 싶어 했다. 그래서 조악한 농부들의 일상을 그림에 담아내었다.

　　고흐는 목사가 되려는 뜻이 좌절되었지만 가난한 사람들과 함께하며 그들의 비참한 모습을 그려내야겠다는 다짐으로 설교 대신 붓을 들었다. 자신의 그림이 손으로 행해진 노동과 그들이 정직하게 수확한 양식을 찬양하는 것이기를 바랐기에 추함을 두려워하지 않고 농부들에 대한 자신의 생각을 표현했다.

　　《피터 팬》을 쓴 제임스 배리는 어린 시절 사고로 형을 잃었으며 어머니와도 사이가 좋지 않아 무척 우울한 나날들을 보냈지만, 그는 우울함이라는 감정을 극복하는 과정에서 영원히 자라지 않고, 그러면서도 무능한 어른을 혼내줄 수 있는 소년인 피터 팬을 창조해냈다.

니체는 평소 지독한 우울증에 시달렸는데, 그는 창작자로서의 자신을 절망적이고 멜랑콜리한 정신의 소유자로 묘사한 바 있다. 하지만 니체는 《차라투스트라는 이렇게 말했다》에서 멜랑콜리를 초인의 웃음과 대조시켜 극복해야 할 그 무엇으로 보았다. 니체는 스스로에 대하여 우울한 정서를 지니고 있는 절망적 인간이라고 밝히기도 했지만, 자신의 나약함을 극복하기 위한 사상으로서 삶의 모든 고뇌를 초월하는 존재, 즉 '초인'을 창조해냈다. 니체가 기존의 전통적 가치와 동정심을 적나라하게 공격하고 비난한 것은 사실 자신 내면에 숨어 있는 나약함을 향해 있는 것이다. 위대한 사상가로 일컬어지는 인물들은 마치 강철 같은 정신력과 자부심을 지닌 것처럼 보이지만, 이들 역시 현실 속에서는 고뇌와 씨름하는 한 개인에 불과하다.

〈절규〉를 그린 화가 뭉크에게 누군가 정신과 치료를 받으면 지금 겪고 있는 고통 중 많은 것들이 제거될 거라고 했을 때 뭉크는 "그것들이야말로 나 자신과 내 예술의 일부입니다. 결코 내게서 떨어질 수 있는 것들이 아닙니다. 만일 떨어져 나간다면 나의 예술은 파괴될 것입니다. 나는 언제나 그 고통들과 함께하고 싶습니다."라고 하였다.

그 외 베토벤, 슈만, 어니스트 헤밍웨이, 잉그마르 베르히만, 카린 보예, 괴테, 레오나르도 다빈치, 헤르만 헤세 그리고 수백 명의 천재 예술가들이 항상 마음의 평화와 행복감만 느꼈

에드바르트 뭉크(1863~1944)의 <절규>(1893)
노르웨이의 화가 뭉크의 대표작으로 그의 작품들 중 가장 표현성이 강하며, 널리 알려진 작품이다. 오슬로 뭉크 미술관에 소장되어 있다. 절망하는 한 남성의 형상이 해골 같은 과장된 모습으로 표현되었다. 전율하며 양손을 얼굴에 대고 있는 이 남성의 얼굴은 정면으로 관객을 향하고 있다. 마치 공포에 찬 절규와 비명이 들리는 듯하다.

다면 오늘날 그들이 남긴 환상적인 작품들은 존재할 수 있었을까? 우울하다는 것은 심오한 인간이 되기 위한, 좀 더 창조적인 인간이 되기 위한 필수적인 부분이다. 만약 우리가 우울함을 맹목적인 회피의 대상으로만 본다면, 그것은 우리가 더 이상 앞으로 나아가는 것을 포기하고 그 자리에 정착하는 것과 같다.

창조성은 항상 밝고 명랑하기만 한 상태에서는 발현되지 않는다. 자신의 한계 상황에서 멜랑콜리한 단계를 거치며 깊이 침잠되지 않으면 도달하기 어려운 것이 창조성의 발현이다.

우리는 우울함을 통해 세상을 보는 새로운 방식을 생각해낸다. 평범한 일상에서는 사소한 기쁨을 위해 매우 실용적이고 현실적인 수준의 사유를 하지만, 우울한 상태에서 다소 철학적이고 추상적이며, 더욱 고차원적인 문제에 집중할 수 있게 되는 것이다. 늘 걱정 없이 행복해하는 사람들의 특징은 어떤 문제에 대해 두 번 이상 생각하지 않는다는 것이다. 익숙함의 지배로부터 우리를 낯설게 만드는 멜랑콜리의 경향성은 본디 통찰에 이르기 위한 전제 조건이다. 삶에 대한 이러한 내성적인 탐구는 창조성의 중요한 열쇠를 제공할 수 있다.

2) 천국과 지옥의 경계

슬픔과 기쁨을 오가는 양극성 장애는 예술적 창조성과도 밀접한 관련이 있다. 양극성 장애란 조증과 울증이 번갈아 찾아오는 장애다. 주로 문학, 음악, 미술 등 예술 분야의 창조적 천재들에게서 자주 목격된다. 사실, 멜랑콜리 천재들은 울증뿐만 아니라 조증 상태를 주기적으로 반복해서 겪는 양극성 장애에 해당하는 경우가 더 많다. 울증은 조증과 결합되기 마련이다. 심한 감정 기복과 창조적 능력은 도대체 어떠한 관계에 있는 것일까?

사고의 필수 요소에는 이성뿐만 아니라 감정도 포함된다.

사람은 이성만으로 사고하지 않는다. 우리의 두뇌가 어떠한 감정 모드에 있느냐에 따라 이 세상은 아주 다르게 보인다. 평소 아주 익숙했던 사물들도 갑자기 매우 색다르게 보인다. 시각이 바뀌면 떠오르는 생각도 달라지고 그것이 작품세계에 반영되는 것이다. 감정 기복이 심하다는 것은 남들은 항상 일정하게 지각하는 세상을 전혀 다른 안경을 쓰고 보는 것과 같다. 그리고 창의성이라는 것은 세계를 약간 다르게 보는 것과 관련이 있다.

우울한 상태에서는 비록 외적 활동성이 감소하지만, 내적 활동은 활성화된다. 다시 조증 상태에 이르면 과도한 자신감과 전지전능감이 밀려오며 이때 천재들의 창작활동이 극단적으로 활성화된다. 전문가들에 의하면, 조증이 나타나는 시기에 노르아드레날린이라는 신경전달물질이 비정상적으로 분비된다고 한다. 이 신경전달물질은 정보의 전달과 분석을 매우 민첩하게 만들기 때문에 창조적 능력 향상으로 이어질 수 있는 것이다. 이처럼 들뜬 조증 상태에서는 무의식의 세계를 억압하고 감시하던 이성이 잠시나마 그 통제력을 상실하고 확산적 사고가 발달하게 된다. 이는 마치 모든 것을 긍정하는 디오니소스적 광기 상태와도 같다. 무의식 속에 깊이 방치되어 있던 온갖 이미지와 연상들이 의식의 세계로 넘어오게 되는 것이다.

우리에게 "내 사전에 불가능은 없다."는 명언으로 유명한 전쟁 영웅 나폴레옹도 조울증을 겪은 것으로 추정된다. 나폴레옹은 하루에 잠을 2~3시간 자는 것으로 유명하며, 잠이 많은 사람들을 어리석고 게으른 사람이라 여겨 경멸했다. 또한 그는 일에 한번 몰입하면 15시간 이상을 집중할 수 있었다. 그 당시 프랑스인들의 식사 시간이 2시간임을 고려할 때 식사를 10분 이내에 끝내고 일에 집중하는 나폴레옹은 엄청난 일 중독자였음을 짐작해볼 수 있다. 엄청난 몰입을 통해 여러 사람이 할 일을 혼자서 해내며 그럼에도 지치기는커녕 에너지가 항상 충만한 그의 모습에 사람들은 경외감을 가질 수밖에 없었다. 그의 무고갈 에너지는 어디에서 나오는 것일까? 이를 두고 나폴레옹이 전형적인 양극성 장애를 앓고 있었다는 분석이 많다. 고통과 피로를 느끼지 못하며, 압도적인 추진력을 발휘한 나폴레옹의 모습은 조증 상태에 있는 조울증 환자의 증상과 유사하다는 것이다.

반 고흐도 평소에는 극심한 우울을 겪었지만 조증 상태로 진입하여 기분이 매우 좋아질 때면 비정상적으로 낙관적이었으며 며칠 동안 아무것도 먹지 않고 그림을 그리는 것에만 몰두할 수 있었다. 니체 역시 울증에 시달릴 때는 내적 활동이 증가한 반면 외적 작품 활동은 줄어들었지만, 조증이 찾아올 때는 엄청난 지적 광기로 극단적인 상상력과 창조성을 발휘하여 짧은 기간에 수많은 책을 펴냈다. 이때 그의 상태는 그의 철학에서 말하는 삶을 무한 긍정하는 디오니소스적 광기의 상태와 흡사하다.

3) 정서장애 그 자체가 비범한 창조성을 동반하는 것은 아니다

우울함 그 자체가 비범한 창조성을 동반하는 것은 아니다. 물론, 빼어난 지성일수록 자기 불안과 우울을 더 많이 겪을 여지가 크다. 하지만 그러한 우수한 지성을 갖는 한 개인이 창조적인 인물로 급부상할 수 있느냐 여부는 자신의 우울을 대하는 역량과 태도에 달려 있다. 이 멜랑콜리라는 정서는 인간에게는 매우 근원적인 상황과 밀접해 있는 것이기에 천재적인 결과를 초래할 수도 있지만 반대로, 자기 파괴적인 결과로 이어질 수도 있다. 멜랑콜리에 대한 수많은 이론과 철학자들의 상반된 태도가 난무하는 이유가 여기에 있다.

우울함은 너무나 고통스럽고, 어떤 경우에는 자살로서 죽음에 이르게 할 수도 있다. 심지어 실비아 플랫, 어니스트 헤밍웨이, 빈센트 반 고흐, 버지니아 울프 같은 매우 창의적인 사람들도 결국 우울증 때문에 자살했다. 이러한 이유들 때문에 정서적 장애는 단순히 통찰력과 창의력을 증가시킬 수도 있다는 이유만으로 그 자체로 낭만화되거나, 추구되거나, 치료되지 않고 방치되어서는 안 된다. 모든 정신 질환은 심술궂고 몹시 고통스러우며, 한 개인뿐만 아니라 그 주변 사람들까지 고통스럽게 만들 수 있다. 우울증은 적극적인 치료를 받으면 조기에 완치될 수 있지만, 방치할 경우 자살 같은 심각한 상황으로 발전하는 묘한 병이다. 우울함 자체가 반드시 창조성을 보장하는 것은 아니며, 우울증을 겪지 않은 천재들도 역시 많이 존재했다. 중요한 것은 우울함 그 자체가 아니라 우울함을 대하는 개인의 태도와 그것을 창조력으로 활용하는 개인의 역량에 달려 있다.

멜랑콜리를 무조건적인 회피의 대상이나 치료의 대상으로만 생각하거나, 반대로 위대한 창조성의 동력으로만 생각하는 식의 한쪽으로 치우친 생각은 이로 인해 발생할 수많은 문제들에 대해 명쾌한 해답을 제시하기가 어려운 실정임을 밝혀둔다.

4

천재와
아스퍼거 신드롬

아스퍼거 증후군Asperger's Syndrome은 지능이 비교적 정상 이상으로 손상된 자폐증처럼 극단적인 수준은 아니지만, 타인과 상호작용하고 세상을 이해하며 정보를 처리하는 방식에 영향을 미칠 수 있는 장애다.지금은 자폐 스펙트럼 장애라는 명칭을 사용하는 것이 정확한 표현이다. 일반인들은 타인의 표정, 몸짓, 억양 등을 통해 상대방의 기분을 파악하고 이에 적절하게 반응할 수 있지만, 아스퍼거인들은 이러한 신호를 읽는 것이 매우 어려우며 일상의 사회적 상황에서 어색함과 불편함을 자주 겪을 수 있다. 이들은 자신의 감정을 표현하는 방식에도 문제가 있다. 이들은 타인의 말을 지나치게 액면 그대로만 해석하는 경향이 있기 때문에, 원활한 사회생활을 위해 꼭 필요한 농담과 빈정거림도 잘 수용하지 못한다.

자폐증이 극단적인 지능 손상(IQ 70미만)을 가져오는 것과 달리 아스퍼거 증후군은 IQ 85이상으로 극단적인 지능의 손상까지 보이는 것은 아니다. 일상에서 불편함을 겪기도 하지만 지능이 영재 수준(IQ 130 이상)에 해당하는 경우도 있으며, 몇몇 선택받은 아스퍼거인들은 천재성을 발휘하기도 한다. 실제로 역사적으로 이름을 남긴 저명한 천재 중엔 자폐적 성향을 지녔다고 의심받는 천재들이 많았다.

뉴턴, 아인슈타인, 다윈, 앤디 워홀, 비트겐슈타인, 미켈란젤로, 빌 게이츠 등 유명한 천재들이 아스퍼거 증후군이거나 아스퍼거 증후군을 앓았을 것으로 추정된다. 이들은 공통적으로 특정한 재능의 습득에 대해 격렬하면서 강박적인 동기를 갖고 있었다. 어느 한 가지 주제나 대상에 대해 깊이 있게 파고들며 방대한 지식을 습득하는 등 몰입의 행동 특성을 보인다는 점에서 영재 행동과 유사한 측면이 있다. 이에 따라 아스퍼거 장애와 영재 행동 간 어떠한 유사성이 있다고 판단하는 학자들도 있다.

그렇다면 사회적 상호작용, 의사소통, 정서적 해석에 있어 결함을 보이는 이 장애가 어떻게 획기적인 성과로 이어질 수 있었는지 살펴보자.

1) 극단적인 몰입과 그 외 다른 것들을 차단하는 능력

이상주의높은 이상에 대한 집착와 몰입의 특성이 천재들의 일상을 불균형적으로 만든다고 하였지만, 천재들의 자폐적 성향 역시 주변 환경을 무시하고 한 가지 목표에 집요하게 파고들 수 있도록 하는 데 한몫할 수 있다. 보통의 인간이라면 이상을 향해 나아가면서 맞닥뜨려야 하는 삶의 불균형과 주변 사람의 희생을 버티지 못하기 때문에 중도에 이상을 포기하거나 이상의 높이를 낮춰 현실과 타협하기 쉽다. 하지만 자폐적 성향을 지닌 이들은 삶의 불균형 속에서도 하나의 대상에만 강박적으로 몰입할 수 있다. 오히려 그들에게는 균형보다는 불균형이 더 많은 심리적 안정과 행복을 가져다줄 수도 있다.

아스퍼거를 가진 사람들은 이른바 사회 안에서 일어나는 일들을 따라가고 기억하는 데 필요한 정신적 시간적 부담에서 자유롭다. 그만큼 정신적 자원을 재능 계발에 돌릴 수 있다는 뜻이다. 이는 주변 상황에 전혀 신경 쓰지 않는 괴짜 천재들이나 괴짜 예술가들의 정형화된 사례에서도 찾아볼 수 있다. 비범한 재능을 가진 사람들은 친밀한 우정을 나눌 수 있는 동료들을 찾기가 더 어렵거나 재능 연마에 시간을 할애하기 위해 사교의 시간을 제한하고 있는지도 모른다.

아스퍼거 증후군을 처음 보고한 소아과 의사 한스 아스페르거Hans Asperger 역시 아스퍼거 아이들이 보이는 행동 패턴을 상세히 기록했다. 이들은 공감력과 사회성 부족으로 다른 아이들과 어울리지도, 함께 놀지도 않았지만, 자기가 택한 주제에 대해서만큼은 상당한 주의를 기울이는 경향을 보였으며 해당 주제에 대해서 굉장히 박식한 지식을 뽐냈다고 한다. 이 유형에 속하는 아이들은 애초부터 특정한 직업을 갖도록 운명지어진 것처럼 보일 때가 많았기 때문에 아스페르거는 이 아이들을 꼬마 교수들이라고 불렀다.

14살의 아인슈타인
어린 시절의 아인슈타인은 말을 배우는 데 어려움을 보였고, 같은 말을 계속 반복하는 증상을 보였다. 가정교사로부터 '세상에서 가장 멍청한 아이'라는 말을 들은 이 아이는 위대한 물리학자로 성장하여 기존 물리학계의 질서를 뒤흔들게 된다.

아인슈타인은 한때 난독증을 앓고 있는 사람들 중 가장 큰 성공한 사례로 언급되기도 했다. 어떻게 학습 장애가 있었던 아이가 20세기를 대표하는 위대한 물리학자가 될 수 있었는지에 대해 많은 논쟁이 있어왔지만, 최근에는 그의 증상이 난독증이라기보다는 아스퍼거 증후군 쪽에 가깝다고 주장하는 학자들이 많다. 그는 언어에 기반으로 한 소통 방법에 서툴렀고 실제로 보통 사람들보다 말을 배우는 데 어려움을 보였다. 그는 7살이 될 때까지 강박적으로 같은 문장을 반복하곤 했는데, 이는 아스퍼거 증후군의 대표적 증상 중 하나이기도 하다.

아스퍼거 증후군에 해당하는 사람들은 자폐증 환자들과 달리 비교적 지능이 정상에 속하지만, 극심한 자기중심적 성향을 보이며 다른 사람들과 감정적으로 단절되어 있다. 그 때문에 종종 사회적으로 부적절한 인간이라는 평판을 얻게 된다. 이것은 아인슈타인이 어린 시절부터 성인이 되어서까지 보여주었던 모습과 상당히 유사하다.

그는 어린 시절 또래와 함께 놀기보다는 외톨이로 다녔으며, 카드나 블록 등으로 복잡한 구조물을 만들어내거나 책을 깊이 탐구하는 등의 혼자만의 놀이법에 심취해 있었다. 그는 성장해서도 동료들과 교류하는 데 별로 관심이 없었으며, 누군가 그와 가까워지려고 시도하면 아인슈타인은 그것이 불편했는지 스스로 거리를 유지하려는 모습을 보였다. 아인슈타인은 평생에 걸쳐 많은 일을 했지만, 가족들에게도 충분한 관심을 주지 못했다.

훗날 아인슈타인의 동료들은 그가 기본적인 사교적 능력도 결여된 인간이었다고 고백한다. 그는 인간을 대하는 방식이 매우 독특했고 당연히 대인관계도 매우 불안정했다. 이해와 공감의 완전한 결여 상태를 보여주는 것이다. 또한 그는 외모에 무관심하기로도 유명했다. 아인슈타인의 지성은 위대할지 모르지만, 그의 외모는 미적 기준에서 볼 때 미남형과 거리가 멀었다. 그는 산발을 하고 다녔으며 양말을 신지 않기로 유명했고, 항상 같은 옷을 입었다. 그리고 대개 그 옷은 아주 낡은 것일 때가 많았다.

한스 아스페르거는 아스퍼거 아이들한테서 청결을 등한시하는 성향을 관찰했는데, 이들은 성인이 되어서조차 단정치 못한 모습을 보였다고 한다. 즉, 위생에 대한 무관심은 아스퍼거 증후군의 증상 중 하나인 것이다. 기본적으로 좁은 주제에만 집착하는 이들은 보통 사람들이 중요하다고 생각하는 기본적 생활양식에 대해 관심 자체가 결여되어 있는 경우가 많았다.

아스퍼거인은 자신만의 복잡한 업무에 집중하면서 다른 요소들을 완전히 차단하는 능력이 탁월하다. 이들의 선택적 집중력은 기본적인 사회적 의무를 방기하게 만들고, 때론 이들을 고립시키기도 한다. 하지만 동시에 극단적인 창조적 잠재력을 지닌 것으로 해석할 수 있다. 특정 대상에 집착을 보이거나 깊이 파고드는 성향은 영재 교육학 분야에서 말하는 몰입 행동과도 유사하기 때문에 아스퍼거 증상과 영재 행동 간에 어떠한 유사성이 있다고 판단하는 학자들이 많다. 실제 두 증상 중 어느 성향이 더 크게 나타나느냐에 따라 아스퍼거, 일반 영재, 아스퍼거 영재를 다지닌 경우로 진단하기도 한다.

2) 정형화된 사고방식에 물들지 않는 독창적 사고

모든 사람은 자신만의 개성을 가지고 태어나지만, 관습화되고 정형화된 사고방식, 틀에 박힌 주입식 교육에 익숙해지면서 점차 창의성이 사장된다. 이는 성인들의 지적 세계에서도 마찬가지다. 하지만 아스퍼거인들은 다른 사람들이 무엇을 어떻게 생각하느냐, 어떤 사고가 유행하느냐, 다른 사람들이 자신의 견해를 어떻게 바라보느냐에 별로 구애받지 않고 자신만의 세계를 자유로운 상상력으로 창조하는 경향이 있다.

1859년《종의 기원》을 출간하여 세상을 발칵 뒤집어놓은 찰스 다윈의 독창성은 자폐적 성향의 산물일 수 있다. 그의 진화론에 따르면 생명은 아주 원시적인 생명체로부터 시작해 수많은 세월 동안 자연 선택을 거쳐 지금의 다양성을 갖추게 된 것이다. 인간이라는 종種 역시 끊임없이 변화하고 번식에 성공하여 대자연에서 살아남은 수많은 생물 종 중 하나에 불과함을 의미한다.

찰스 로버트 다윈(1809 ~ 1882)
생물진화론을 정하여 뜻을 세운 영국의 생물학자이다. 해군측량선 비글호에 박물학자로서 승선하여, 남아메리카·남태평양의 여러 섬과 오스트레일리아 등을 항해·탐사했고 그 관찰 기록을 《비글호 항해기》로 출판하여 진화론의 기초를 확립하였다. 1859년에 진화론에 관한 자료를 정리한 《종의 기원》이라는 저작을 통해 진화사상을 공개 발표하였다.

이러한 입장은 지금 충분히 받아들여질 수 있는 것이겠지만 당시 신 중심의 유럽 사회에서는 그렇지 못했다. 당시 사람들은 생명에는 엄연한 위계질서가 있으며 피라미드 가장 상층부에는 신이 직접 창조한 인간이 존재한다고 굳게 믿고 있었다.

모든 종이 공동 조상으로부터 갈라져 나왔다는 그의 이론은 신 중심주의에 대한 전면적 도전 행위와도 같은 것이었다. 코페르니쿠스의 지동설이 우주의 중심에서 지구를 밀어냈다면, 다윈의 진화론은 지구의 중심에서 인간을 밀어낸 것과 같다. 그의 이론은 당시의 유럽 사회에 엄청난 파장을 가져왔다. 다윈을 원숭이로 조롱하고 풍자하는 사진도 나돌았다. 물론, 다윈은 자신의 이론이 종교적 이론과 얼마나 큰 대립을 초래할지 잘 알고 있었다. 그러한 이유로《종의 기원》의 출판을 망설이고 미루기도 했다.

하지만 일반인들은 결코 흉내낼 수 없는 고도의 집중력과 인내력, 다른 사람들이 놓치기 쉬운 미세한 부분을 포착할 수 있는 능력, 여기에 결부된 다윈의 풍부한 상상력과 깊이 있는 사고는 그가 위대한 학문적 성취를 이룰 수 있도록 해주었다. 자폐아 특유의 수집벽과 집착력은 조개껍데기, 암석, 광물, 곤충, 동식물 따위를 집요하게 채집하고 면밀히 관찰하는 데 오히려 큰 도움이 되었다.

다른 아스퍼거인들이 그렇듯 다윈은 사람들과 원만한 관

계를 형성하는 데 많은 어려움을 보였다. 어린 시절을 외톨이로 보내는 경우가 많았고, 성장해서도 사람들과 대면하여 대화를 나누기보다는 주로 서신을 통해 대화를 주고받았다. 하지만 다윈이 전통적인 교육에 부적응했던 것은 오히려 기존 지식의 틀에서 자유로워지는 결과를 낳았다. 다윈은 다른 학자들에 비해 지식이 부족했다. 덕분에 사회적으로 바람직하다고 여겨지는 정형화된 사고방식으로부터 자신의 독창성을 지켜내고, 생명의 기원에 대한 기존 학계의 입장과는 전혀 다른 이론을 만들 수 있었다. 다윈은 모든 것을 스스로 생각하고 스스로 판단했다.

당시 과학계는 일정한 수의 변치 않는 종을 신이 직접 창조해냈다고 믿었다. 당시의 박물학자들은 모든 자료를 자신들에게 주입된 창조법칙에 끼워 맞추려 했다. 하지만 지식으로 무장해 있었기에 오히려 독창성으로부터 멀어졌다.

3) 세상을 있는 그대로 보는 능력

대부분의 평범한 사람들은 이미 익숙해져 있는 방법으로 사물을 개념화하여 인식한다. 때문에 효율적이고 천편일률적이다. 반면 아스퍼거인들은 보통 사람과 다른 방법으로 사물을 관찰하고 사물의 새로운 면을 인식한다. 때문에 창조적이고 주변 사람들과 원활한 의사소통을 하는 것이 어렵다.

평범한 사람들은 세상을 개념화하고 도식화하여 보는 데 익숙해져 있다. 대표적인 것이 바로 언어다. 우리는 언어를 통해 세계를 기능적으로 본다. 언어의 추상성은 모든 것을 축약하고 도식화한다. 언어의 추상적 체계는 효율성을 가져다준다. 하지만 우리는 추상적인 언어적 개념으로 인해 수많은 사실들을 빠트리거나 왜곡되게 인식한다. 개념의 안경을 끼고 보면 이 세상의 수많은 부분들을 놓치게 된다. 언어는 우리가 세계를 어떠한 방식으로 바라봐야 하는지를 우리의 의지에 앞서 결정해버린다. 우리는 효율적인 무리 생활을 위해 언어를 설치당했다.

하지만 언어를 상실하고 시각적 사고가 발달한 일부 아스퍼거인들은 새하얀 도화지 위에 이 세상을 있는 그대로 그려낸다. 세상을 봐야 하는 데로 보는 것과 보이는 데로 보는 것의 차이가 전혀 다른 결과를 가져오기도 한다. 사람들은 자폐인들이 자기 자신만의 세상 속에 갇혀 있기 때문에 소통에 장애를 겪는다고 생각하지만, 자폐인들은 외부의 영향으로부터 자유롭기 때문에 역설적으로 이 세상의 만물과 가장 순수하게 소통할 수 있다.

자폐 천재인 동물학자 템플 그랜딘Temple Grandin은 미국에서 사용되는 가축 시설의 1/3 이상을 설계하였다. 그녀는 보통 사

람들과는 전혀 다른 방식으로 세계를 지각하고 생각하며 경험한다. 어린 시절 의사에게 자폐아 진단을 받은 그녀는 평생 보호 시설에서 도움을 받아 살아갈 것이라 여겨졌다. 4살까지는 말을 할 수 없었고, 중학교에 진학해서는 똑같은 말이나 행동을 되풀이하는 상동 증세와 신경발작 증세를 보였으며, 이러한 자신을 따돌리고 놀리는 아이들에 대해 폭력을 행사하기도 했다.

하지만 그녀는 마운틴 컨트리 고등학교에서 칼록 선생을 만나고부터 새로운 인생의 전환점을 맞이하게 된다. 아이들과 다른 선생님들은 그랜딘의 증세를 그저 이상한 병리적 장애로만 취급했지만, 칼록 선생은 그녀의 장애에서 창조성의 실마리를 보았고 그녀가 포기하고 좌절할 때마다 격려를 해주었다. 보통 사람들과는 다른 인식체계, 특히 그림으로 세계를 지각하는 그녀의 능력이 다양한 프로젝트를 구상하는 데 활용되고, 그 과정에서 자신의 재능을 발견하고 자신감을 가질 수 있도록 지도했다. 그녀의 어머니 또한 자율적인 환경 조건을 구성하여 그녀가 사회성을 가지고 사회에 한 걸음 한 걸음 나아갈 수 있도록 많은 노력을 기울였다.

어머니와 칼록 선생의 헌신적 도움을 받은 그녀는 1970년 프랭클린 피어스 칼리지에서 심리학 학사, 1975년 애리조나 주립대학교에서 동물학 석사, 1989년 일리노이 대학에서 동물학 박사학위를 받았다. 그림으로 세상을 지각하는 자신의 재능을 활용해 동물의 관점에서 가장 적합한 이동 경로에 해당하는 가축 시설을 설계하였다.

사람은 언어를 사용하는 데 익숙하다. 때문에 사고의 과정에서 인간 중심적인 언어의 지배를 받는다. 인간은 인간에게 익숙한 방식대로 세상을 인식한다. 하지만 언어에 의하지 않고 세계를 인지하는 그녀의 능력은 동물의 감정이나 사고 체계를 정확히 읽어내는 데 큰 도움이 되었다. 그녀는 보통 사람보다 더 멋진 일들을 해냈고, 그녀에게 붙여진 장애라는 딱지를 위대한 천재성으로 승화시켰다. 그녀가 고안한 시스템은 현재까지도 세계 곳곳에 확대 도입되고 있다.

그녀는 가축의 권리 보호에 대해 세계적으로 영향력 있는 학자이면서도 자폐증 계몽 활동에 힘쓰고 있다. 1999년 일본 발달장애학회 주최로 열린 강연회에서 빌 게이츠가 아스퍼거 증후군일 가능성이 있다고 말하며, 마이크로소프트의 컴퓨터

엔지니어와 나사Nasa의 직원 중에 자폐 성향이 있는 사람들이 많다고 밝혔다. 《나의 뇌는 특별하다》, 《어느 자폐인 이야기》, 《나는 그림으로 생각한다》, 《동물과의 대화》라는 책을 출간한 베스트셀러 작가이기도 하다.

4) 자폐증에 대한 새로운 시각

21세기 초엽부터 우리는 자폐증을 신선한 시각으로 보기 시작했다. 우리는 자폐증이 있는 사람들이 그들만의 특별한 능력을 가질 수 있다는 것을 인정하기 시작했다. 시드니 대학 정신 센터의 앨런 스나이더Alan Snyder 교수는 노벨상 수상자인 천재들은 종종 자폐적인 성향들을 가슴에 지니고 있다고 말한다. 자폐 스펙트럼은 유전적이며 자폐증의 유전자는 컴퓨터 프로그램부터 음악, 기술에 이르기까지 복잡한 구조를 다루는 재능과 관련이 깊다. 수학자, 엔지니어 및 물리학자의 친척들 사이에서 상대적으로 자폐 스펙트럼이 많이 나타나는 것은 우연의 일치가 아닐 것이다.

만약 과학기술로 자폐증 유전자를 인공적으로 없앨 수 있다면 우리는 무엇을 얻고 무엇을 잃게 될까? 자폐증으로 태어날 아이들의 수를 줄이는 것은 헨리 캐번디시나 폴 디랙과 같은 뛰어난 과학 및 수학적 능력을 갖춘 사람들이 태어나는 것을 막는 효과를 가져올 수 있다. 이게 우리가 원하는 결과인가? 자폐를 없애기를 원하는 대신에, '정상적인' 행동이 무엇인지에 대해 우리는 먼저 깊은 고민해볼 필요가 있다.

아스퍼거인들 중에서도 유달리 높은 지능IQ 130 이상을 보유한 아스퍼거인들이 존재하는데, 이들을 일명 아스퍼거 영재들이라고 한다. 아스퍼거 영재들은 높은 IQ를 지니고 있으면서도 특정 대상에 극단적인 집중력을 발휘할 수 있기 때문에, 한 분야에서 우수한 기술의 발전을 이룰 가능성이 보통의 아스퍼거인들보다도 훨씬 높다. 아스퍼거 영재들은 자신의 선택 영역에서 조기 재능을 보이며, 그 영역에서 같은 또래의 일반인들보다 훨씬 뛰어난 성취를 보인다. 그들은 고집스럽게 자신의 길을 간다. 어른들의 도움을 받지 않고 자신의 방식대로 학습한다.

고지능을 지닌 아스퍼거인들은 사회적 적응을 넘어 창조적 성취를 이루는 삶을 사는 것이 가능하다. 누군가를 만났을 때 눈을 마주치고, 웃고, 악수를 하고, 목소리에 적절한 억양과 감정을 반영하는 것들은 다양한 사회적 경험과 노력을 통해 충분히 터득할 수 있는 사회적 기술들이다.

5

ADHD에 대한
새로운 시각

주의력결핍 과잉행동장애이하 ADHD는 주의력 결핍이나 과잉행동, 충동성을 주된 증상으로 보이며 대부분 유전에 의한 선천성으로 어린 시절부터 나타난다. 과잉 행동의 증상은 얌전히 있지 못하고 몸을 자꾸 비틀거나 팔다리를 흔드는 등 산만한 모습으로 나타나며, 충동적인 행동으로 일을 그르치는 경우가 많다. ADHD를 가진 사람은 지속적인 주의력을 유지하거나 특정 작업에 집중하는 데 어려움을 겪는 것을 포함하여 일상에서 다양한 장애를 경험한다.

이들은 순간순간 떠오르는 생각대로 말을 하는 경향이 있기 때문에 대화의 주제가 일관되지 못하고 오락가락하는 모습을 보일 수 있다. 상대방의 기분이나 분위기에 맞춰 대화를 하는 것이 아니라, 자신만의 정신세계 속에 떠돌던 생각들을 여과 없이 바로 내뱉기 때문에 타인의 마음을 읽거나 공감하는 능력이 다소 떨어져 보이기도 한다. 이들이 4차원적 성격을 지닌 괴짜로 취급받는 이유이기도 하다.

ADHD의 가장 일반적인 증상은 다음과 같다.

- 과제에 세심한 주의를 기울이지 않거나 부주의한 실수를 저지르는 경향
- 활동이나 과제에 집중하는 데 어려움
- 다른 사람들이 말하는 동안 듣지 않는 것처럼 보임
- 시간 관리 및 작업에 어려움이 있음
- 일상적인 물건이나 액세서리를 자주 잃어버림
- 산만해지기 쉬움
- 과제 완수 및 의무 이행에 있어 지속적 집중 어려움
- 과제를 완수하기 위한 지시를 따르는 데 어려움
- 주로 과잉 활동성과 충동
- 한자리에 계속 앉을 수 없음
- 대화에서 자신의 차례를 기다리는 데 어려움을 느끼며, 종종 다른 사람들의 문장을 완성하거나 질문이 끝나기 전에 대답함
- 팔다리를 부자연스럽게 움직이고 그 패턴을 반복함
- 한 번에 집중하여 일을 완수하는 데 어려움을 겪음
- 지시사항을 제대로 인지하지 못하거나 인지하더라도 충

동성으로 인해 어기는 경우가 많음 생각 없이혹은 충동적으로
일을 처리함

ADHD는 산만성, 충동성, 과민성으로 특징지어지는데, 이
것은 학업성취도, 업무 성과, 사회적 관계에 부정적인 영향을
미칠 수 있다. 하지만 ADHD가 천재들의 뒤에 숨어 창조성을
증폭시키는 불꽃으로 작용하기도 했다는 사실이 흥미롭다. 실
제로 ADHD 성향을 갖고 있던 사람 중에는 세기의 천재라 불
리는 사람들이 꽤 많았다. 트리니티 칼리지의 마이클 피츠제
럴드Michael Fitzgerald 교수는 토머스 에디슨, 오스카 와일드, 제임
스 딘, 클라크 게이블, 심지어 체 게바라까지 유명한 역사적 인
물들에게서 ADHD의 특징을 확인했다고 주장한다. 그 외 모차
르트, 에디슨, 피카소, 레오나르도 다빈치, 라이언 고슬링, 셀마
헤이액, 마이클 펠프스, 스티브 잡스, 빌 게이츠, 조지 워싱턴
등 이상의 인물들이 ADHD로 추정되었거나 실제로 그러한 진
단을 받았다고 전해진다.

그렇다는 건, ADHD를 장애의 일종으로만 보아야 할지 의
문이 생기게 된다. 어떤 성향이 현실에 적응하는 데 불리하게
작용한다면 우리는 그것을 장애라고 부른다. 하지만 단점 못지
않게 많은 긍정적 요소들이 함께 내재될 경우 우리는 그것을
더 이상 장애라고 부르기 어렵게 된다.

과연 ADHD는 어떻게 창조적인 결과를 초래할 수 있는 것일까?

1) 세상을 다르게 상상하는 능력

ADHD는 더 창의적으로 생각할 수 있는 능력이라는 이점을 가져다줄 수도 있다. 하나의 대상으로부터 많은 아이디어를 생각해낼 수 있는 확산적 사고 능력은 창의적 사고의 중요한 부분을 차지한다. 딘 시몬튼Dean Simonton 역시 자신의 분야에서 비범한 창조성을 보이는 이들의 인지 과정은 보통 사람들과 확연히 다르다고 주장한다. 일반인들은 사물의 특성을 선택적으로 지각하고 불필요한 정보들은 곧 망각하지만, 창의적인 사람들은 선택적 지각능력의 결여로 본질에서 벗어난 자극까지 수용할수 있으며 항상 새로운 정보나 단서에 대해 개방적이게 된다.

이 때문에 외부 자극에 쉽게 흥분하고, 지속적인 주의 집중에 어려움을 보이는 것인데, 이것이 바로 ADHD의 주요 진단 기준이 되는 것이다. 적정 수준의 산만함과 혼란스러운 정신은 창의적이고 독창적인 사고에 관한 한 ADHD를 가진 사람들에게 무기가 될 수 있다.

영감을 얻기 위해 이전 모델이나 예시를 살펴보고 모방해보는 것은 도움이 되지만, 사전 지식은 창의성의 걸림돌이 될 수 있다. 우리가 새로운 생각을 떠올리기 위해서는 기꺼이 선형적 사고에서 벗어나야 하는데, 그 단계에서 벗어나지 못한다면 그러한 지적 체계에 고착화되는 결과를 초래할 수 있다. 제시된 정보를 극복할 수 있는 능력은 창의적 사고에 필수적이다.

이들은 싫증을 잘 내며 충동적이라고 알려져 있으며 경우에 따라 공격성까지 보이기도 하기 때문에 치료를 위한 목적으로 리탈린ritalin을 투여하기도 한다. 약의 투여는 분명 이들의 집중력을 향상시키고 차분한 마음을 만드는 데 도움을 줄 수 있다. 이 점은 가족들에게 큰 안도감을 줄 것이다. 그러나 리탈린이라는 약물로 인해 완화되어가는 ADHD 특성충동성, 공상, 무질서한 생각이 잠재적 천재들의 미래의 창조적 능력을 약화시키는 것은 아닌가 하는 염려가 든다. 너무나 많은 아이들이 단지 피상적인 평가만으로 약물을 복용하고 있다. 위대한 창조적 인물들이 어린 시절부터 ADHD 진단을 받고 리탈린이라는 약을 처방받았다면, 그들의 창의성과 추진력이 지금의 것처럼 온존할 수 있었을까? ADHD로 진단되는 낙인이 일부 어린이들로 하여금 스스로가 자신감을 잃게 만들고 자신의 창조력을 억눌러 그들의 잠재력에 비해 더 작은 꿈을 꾸게 만들 수 있다. 약물치료를 통해 그들은 훨씬 더 무난해질 수 있는 능력을 갖추게 되지만 반대로 혁신성은 줄어들게 된다.

ADHD 뇌의 배선은 비선형적인 사고를 가능케 하며 이것은 오래된 모델이나 관습에 얽매이지 않고 새로운 것을 만들거나 발명하는 것을 목표로 할 때 특히 유용하다. 새로운 자극에 대한 만족할 수 없는 추구는 예술, 과학, 탐험 분야에서 획기적인 발전을 가져올 수도 있다. 제트블루 항공사의 CEO인 데이비드 닐먼David Neeleman은 ADHD를 위해 약을 복용한 적이 없으며, 자신의 ADHD 성향을 일종의 재능으로 받아들이고 있다. 약물을 복용하고 평범한 사람이 되느니 차라리 ADHD를 가지고 살아가겠다고 당당히 말한다.

2) 페라리에 달린 자전거용 브레이크

ADHD 형 인간은 어떠한 과제를 수행함에 있어 집중력이 너무 부족하다는 잘못된 인식이 널리 퍼져 있다. 이들은 분명 일상에서 부주의한 증상들을 드러내지만, 그들이 관심을 두는 특정 영역에 있어서는 고도로 집중력을 발휘할 수 있다는 사실을 알아야 한다. ADHD 유전자를 가진 사람은 다른 사람들의 생각에 흔들리지 않고 한 문제에 깊이 빠져드는 경향이 있으며, 보통 사람 서너 명이 평생동안 이룰 업적을 혼자서 다 이뤄내는 경향이 있다. ADHD가 그 자체로 천재성을 보장하는 것은 아니지만, ADHD가 만들어내는 선택적 집중력은 창조성을 번창하게 할 수도 있다.

그들이 자주 위험하고 파격적인 행동을 하는 것은 천성적으로 그들이 폭력적이거나 과격하기 때문이 아니라, 그런 행동이 자신을 진정시키는 수단으로 작용하기 때문이다. 외적인 산만함은 그들이 자기 내면의 혼돈으로부터 해방될 수 있도록 해준다. ADHD가 있는 사람은 언제나 자신이 주의를 집중할 초점을 찾아다니고 있기 때문에 산만하고 주의력이 결여되어 있는 것처럼 보이는 것이다.

하버드 대학교 의과대학 교수이자 ADHD 전문가인 에드워드 할로웰Edward Hallowell은 이 질병의 특성을 긍정적인 관점에서 페라리에 달린 자전거용 브레이크, 수력발전소로서의 잠재력을 지닌 나이아가라 폭포에 비유했다. 이들이 자기 억제력이 부족하고 충동적인 면모를 보이는 것은 넘치는 에너지를 주체할 수 없기 때문이다. 적은 에너지를 타고난 사람은 스스로를 억제하기 쉽지만, 큰 에너지를 타고난 사람일수록 스스로를 억제하기 위해서는 더욱 강도 높은 고통을 감당해내야 하는 것이다. 전속력으로 달리는 페라리를 자전거용 브레이크로 멈춘다는 것은 불가능에 가깝다. 페라리에는 페라리에 합당한 브레이크가 필요하다. 천재들이 자신들의 과잉성을 통제하고 담아낼 수 있는 전문 분야가 바로 브레이크에 속한다.

마찬가지로 폭포의 위력은 굉장하지만, 그게 생산적이 되려면 그 힘을 전략적으로 활용할 필요가 있고, 그러한 기능을 하는 것이 바로 수력발전소이다. 발전소를 세울 때까지 그것은 단지 시끄럽고 성난 폭포에 불과할 뿐이다. 하지만 일단 수력발전소를 세우면 그걸로 도시 전체를 환하게 밝힐 수도 있다. 결국, 브레이크 역할을 하고 발전소 역할을 할 수 있는 자신만의 전문 분야를 찾아내는 것이 이들의 중요 과제다. 이들은 몰입의 상태에 들어가야만 안정을 되찾을 수 있다.

파블로 피카소에게 있어 수력발전소는 미술이었다. 피카소는 20세기 미술사를 이끈 최고의 예술가다. 하지만 그의 전기를 살펴보면, 천재적인 예술적 재능과 달리 학업 성적은 낙제점 수준인 것을 확인할 수 있다. 실제로 피카소는 학창 시절 산만한 아이였고 학교의 규칙을 잘 지키지 않았으며, 교사의 지시를 거의 따르지 않았다. 수업 중에 제멋대로 일어나 돌아다니기 일쑤였고 교과서에는 낙서만이 가득했다. 피카소의 아버지는 아들의 미래가 걱정되어 과외 교사를 붙여주었지만 과외 교사도 곧 피카소를 포기하고 말았다. 답이 없다고 생각한 것이다.

피카소는 ADHD에 해당됐으며, 공간 지능과 시각적 기억이 극단적으로 발달해 있기 때문에 글을 읽거나 쓰는 데 어려움을 겪었다. 하지만 그를 평생 괴롭힌 학습 부진은, 아이러니하게도 그를 예술계의 거장으로 만든 동력이 되기도 했다.

이번엔 마이클 펠프스Michael Phelps의 사례를 보자. 그는 무려

308

20개가 넘는 금메달을 획득한 수영선수지만 이 성공적인 결과의 많은 부분을 자신의 ADHD 덕분이라고 믿고 있다. 펠프스는 학창 시절 그 어떤 것에도 제대로 된 집중을 하지 못한다는 평을 들었을 만큼 산만한 아이였고, 7세에 ADHD 판정을 받아 약물을 복용하기에 이르렀다. 하지만 그는 수영을 통해 자신의 충동성과 공격성을 컨트롤하겠다고 선언하면서 약물 복용을 중단하고 만다. 그가 수영을 할 때면 집중력을 최대한 끌어모을 수 있었다. 그는 자신이 타고난 과도한 에너지를 수영에 선택적으로 집중시킴으로써 ADHD를 극복할 수 있었다. 수영의 황제 마이클 펠프스에게 있어 수력발전소는 수영이었던 셈이다.

마찬가지로 모차르트에게 있어 수력발전소는 음악이었다. 에디슨에게 있어 그것은 연구와 발명이었다. ADHD 성향은 불규칙적이고 불안정한 학교 성적 또는 업무성과로 나타날 수 있지만, 이들은 오히려 집중해야 할 대상이 너무나 많기 때문에 산만한 것이다. 이들이 온전히 몰입할 수 있는 대상을 찾게 되면 곧 선택적 집중력을 극단적으로 발휘할 수 있게 된다.

3) ADHD 자체가 창조성을 보장하는 것은 아니다

우수한 창의성의 발현을 위해서는 확산적 사고와 수렴적 사고가 고루 발달해야 한다. ADHD를 가진 사람들의 확산적 사고

능력은 고정된 틀을 벗어나 사물을 다각도로 바라볼 수 있도록 해주며, 그들의 충동성은 도전의 두려움 앞에서 용기와 과감성으로 나타날 수 있다. 이들은 충분히 혁신가적 기질을 지녔다고 볼 수 있다. 하지만 창조성이라고 하는 것은 단지 내부적으로 존재하는 어떠한 가능성 차원에 국한되어 평가될 수 없다. 창조성은 단지 기발한 아이디어나 독특한 발상 그 자체에 머무는 것이 아니라, 구체적 현실과 연결되어 실질적인 변화를 초래할 수 있는 정합성까지 고려해야 하는 개념이다.

수력발전소를 찾아야 한다. 아무리 에너지가 흘러넘쳐도 그 에너지를 활용할 적절한 분야를 찾지 못하면, 그 에너지는 일상에서 불편을 초래하는 방향으로 표출될 것이다. 또한 지적으로 비범하다는 것이 항상 높은 IQ에 의존하는 것은 아니지만 IQ가 너무 낮으면 낮은 창의적 잠재력을 갖는다. 아무리 다양한 정보를 지각해낼 수 있는 확산적 사고 능력이 발달했다고 해도 각 정보를 분석하고 아이디어를 취사선택하여 본질을 통합할 수 있는 능력, 즉 수렴적 사고가 부족하다면 우수한 창조성은 기대하기 어려울 것이다.

많은 사람들은 ADHD를 앓고 있는 아이들이 장애가 없는 아이들보다 더 똑똑하다는 잘못된 생각에서 위안을 찾곤 하지만 ADHD가 반드시 고지능을 보장하지는 않는다. 물론, ADHD에 해당하는 사람들의 지능은 일반인들과 비슷한 수준으로 나타나며, 인지능력 자체에 큰 결점이 있는 것은 아니다.

Chapter 5

더 창조적인 삶을 위하여

WHO IS
T—H—E
GENIUS

1

자신의 정체성을 아는 것이
창조성의 전제 조건이다

당신은 인생의 아주 단순한 비밀을 깨닫고 나면 훨씬 풍부한 삶을 살
수 있다. 즉, 바로 당신이 인생이라고 부르는 주변의 모든 것들은 당신
보다 똑똑하지 못한 사람들에 의해 결정된다는 것이다.

-스티브 잡스

우리가 두려워하는 까닭은 우리 자신이 무능력해서가 아니라 우리에
게 무한한 힘이 있어서다. 우리는 어둠이 아닌 빛을 두려워한다.

-메리앤 윌리엄슨

우리는 왜 창조적으로 살아야 하는가?

창조성은 진화론적으로나 정신적으로나 인간의 기본적 요
건임에 틀림없다. 지성을 지닌 존재 특성상 인간은 누구나 창
조적 욕망을 가진 채 태어난다. 지능이 낮은 개나 고양이, 더 극
단적으로는 식물과 미생물은 인간처럼 개성이 강하지 않다. 단
지 종의 일반적 특성을 연구하면 각 객체들의 거의 모든 특성

이 파악된다. 동일한 환경에서 이들은 거의 동일한 행동을 취한다. 개성이 뚜렷하지 않기에 주변 환경과 상황 정보를 분석함으로써 이들의 거의 모든 것들을 예측할 수 있다. 하지만 지성을 지닌 인간은 다르다. 똑같은 환경에서 확연하게 다른 행동을 한다. 똑같은 대상을 보면서도 전혀 다른 생각을 할 수 있다. 오직 지성을 지닌 존재만이 뚜렷한 개성을 가지며, 뚜렷한 개성을 가진 존재는 창조에 대한 욕망을 갖는다. 개성을 가진 인간은 누구나 자신만의 것을 드러내고 그것을 세상으로부터 인정받고 싶어 하는 욕구를 갖는다. 남과 다른 그 무엇 그것이 바로 독창성의 씨앗이다. 그것을 표출하는 것이 바로 창조성과 관련이 있다.

이 세상에 무엇인가 말하고 싶은 것이 생겼을 때 비로소 독창성이 생성된다. 자신의 정체성을 모르는 사람, 자신이 이 세상에 무엇을 말하고 싶은지 모르는 사람, 그저 세상이 알려주는 모범적인 길을 자신의 정체성으로 알고 살아가는 사람들에게서 창조성을 기대할 수 없다. 아무리 IQ가 높고 명문대학교를 졸업했어도 똑똑하지만 창조성은 그저 그런 여러 평범한 사람들 중 하나에 불과하다. 자신의 정체성과 부합하는 목표를 추구할 때 인간은 열정을 얻을 수 있고, 그 열정은 근시안적이며 냉소적인 세상 사람들로부터 당신을 지켜줄 수 있다. 당신이 독창적이고자 노력할수록 자기발전의 기회를 더 많이 얻게 될 것이다. 창조성은 한 개인의 삶을 풍요롭게 만들 뿐 아니라 사회, 더 나아가 세계와 인류의 발전에도 이바지한다.

외부의 기준에 따라 당신 자신의 고유한 내면을 억압하는 것은 당장 사회적 안정감을 가져다 줄 수는 있지만 진정한 행복 역시 가져다주지는 못한다는 사실을 알아야 한다. 일상에서 맛볼 수 있는 소소한 만족이나 타인의 칭찬 역시 당신 내면의 문제를 근본적으로 해결해주지 못한다. 잠깐의 만족감을 얻더라도 다시 공허함이 찾아와 당신을 괴롭힐 것이다. 그렇기 때문에 게임이나 알코올, 섹스 등에 더욱더 쾌락의 빈도를 높여 추구하게 되고 결국은 중독에 빠지게 되는 것이다. 중독은 어떤 대상에 대한 쾌락 때문에 빠지는 것이 아니라, 어떤 마주하기 두려운 대상에 대한 회피로 인해 빠지는 것이다. 내면에 풀어내야 하는 에너지가 강한 사람일수록, 내면에 지닌 고유성이 짙은 인간일수록 그 타격은 더욱 커진다. 그 공허한 마음의 근원이 어디인지 역추적해볼 필요가 있다.

당신에 대한 모든 부정적 판단을 중단하고 자기 자신을 있는 그대로 받아들여라. 모든 증오심을 버리고 솔직한 자기 자신과 대면하라. 외부의 기준과 시선에 당신을 종속시키지 말라. 내면의 이중성을 극복하고 당신의 욕망과 고유성에 집중하는 순간 새로운 가치와 과업이 당신 앞에 나타날 것이며, 이것이 당신의 삶을 이끌 것이다.

새로운 가치의 발견은 스스로의 삶을 변화시키고 더 나아가 사회를 변화시킬 수 있다는 기적 충동으로 이어진다. 이 소명감은 외부에서 갑자기 당신의 마음속으로 들어온 것이 아니라, 본래 당신의 마음속에 존재했던 것이다. 단지 그 힘의 크기와 강렬함이 두렵기 때문에 그것들과 마주하는 것을 회피해왔을 뿐이다.

이제 두 가지 선택지가 남아 있다. 하나는 사회가 요구하는 틀 안에서 안정적이지만 억압된 자아를 가지고 사는 것이고, 다른 하나는 자신의 삶에서 어떠한 부분을 바꾸고 새로운 길을 열어나가는 것이다. 당신의 창조성을 애써 무시하든지 창조의 길로 가든지 선택해야 한다.

물론, 번뜩이는 비전만 가지고는 창조적인 결과를 이끌어 낼 수 없다. 세상을 변화시킨 사람들은 꿈을 현실화하는 데 탁월한 재능을 가지고 있다. 꿈은 말 그대로 꿈일 뿐이다. 목표만 떠들고 다니는 열정만으로 세상을 변화시킬 수는 없다. 행동으로 옮겨야 한다. 이 세상에 열정이 부족해서, 꿈이 없어서 평범한 사람은 없다. 그것을 실행할 용기와 행동력이 있느냐 여부로 비범한 사람과 평범한 사람이 구분된다. 비범한 비전을 가진 사람이라고 해서 비범한 사람이 되는 것은 아니다.

교육 수준, 경제력, 경력, 인맥 등 성공을 하는 데 필요한 여러 가지 요소가 있지만 이러한 요소들이 모두 갖추어졌을 때만 행동하려는 사람은 평생 아무것도 이루지 못한다. 오히려 차가운 현실적 한계 앞에서도 꿈에 대한 대단한 사명에 의해 행동하지 않고서는 못 배긴 사람들이 좀 더 과감한 도전을 하고 창조적 결과를 맞이한다.

당신이 내면에 지닌 고유성을 지켜내고 그것을 외부에 드러내는 것은 다소 용기가 필요한 일이며, 주변과 이질감을 형성할 수 있지만 당신 스스로가 자기 삶의 예술가가 된다는 점에서 창조적 긴장과 달콤함을 누릴 수 있다. 물론, 극단적인 삶을 살다간 천재들처럼 이 세상의 모든 짐을 짊어질 필요는 없다. 당신이 선택한 분야에서 모험을 하되 삶의 다른 영역들은 안정되어 있을 필요가 있다. 당신은 당신이 창조적이고자 하는 분야에 대해서만 독특함을 발산하면 된다. 반복되는 일상 속에서 당신 삶의 작은 부분들을 조금씩 변화시켜가는 것만으로 충분하다. 이것이 정서적 안정과 만족감을 바탕으로 조금 더 창조적인 삶을 사는 방법이다.

2

창조성은
일종의 태도다

예술은 미지의 세계를 향한 모험이다. 그 세계는 위험마저 기꺼이 감
수할 의지가 있는 사람에게만 허락된다.

- 마크 로스코

위대한 창조적 업적과 명성은 누구나 가지고 싶어 하는 것이지
만 이러한 천재의 삶이 누구에게나 어울리는 것은 아니다. 천
재의 삶은 치열하고 불균형적이다. 대부분의 사람들은 균형 잡
힌 삶을 이상적으로 생각한다. 천재들의 삶에서 위대함을 발견
하고 그 위대함에 존경을 표할 수는 있겠으나, 그러한 불균형
적이고 극단적인 삶의 무게를 자신이 직접 짊어진다는 것은 전
혀 다른 차원의 문제다. 모든 사람이 천재가 될 수는 없다.

하지만 지성을 지닌 인간이라면 평범한 재능의 소유자라 해도 정서적
안정과 삶의 균형을 바탕으로 누구나 창조적인 사람이 될 수

있다. 창조적인 사람이란 천재와 보통 사람의 중간 정도에 해당하는 인물이다. 당신은 지금보다 더 창조적인 사람이 될 수 있다. 창조적인 인물이 되기 위해 반드시 피카소나 아인슈타인처럼 될 필요는 없다. 창조성은 평범한 일상 속에서도 발휘할 수 있다.

창조성은 능력이기도 하지만 일종의 태도이기도 하다. 자신이 창조적이라고 생각하는 사람은 누구나 창조적인 삶을 살 수 있다. 창조성의 발현을 논할 때 선천적 지능과 재능도 완전히 무시할 수는 없지만, 창조적이고자 하는 개인의 의지와 태도가 차지하는 비중은 절대로 적지 않다. 모든 예술에는 나름대로의 형식과 규칙이 있다. 처음부터 천재성을 타고난 결과로 탁월한 결과를 내는 사람들도 있지만, 창조성을 발휘하는 데 필요한 몇 가지 도구와 규칙을 의식적으로 연마하여 비범한 성취를 이룬 사람들도 적지 않다.

뛰어난 재능, 즉 영재성을 지닌 사람이지만 자신의 재능을 평범한 방식으로만 사용하는 것에 익숙해져서 창조적인 인물로 성장하지 못한 경우가 많다. 이들은 단지 조금 똑똑한 사람으로 기억될 뿐이다. 재능이 넘치지만 남보다 조금 똑똑하고 창조성은 그저 그런 인물로 남는 모범생들은 우리 주변에서 어렵지 않게 찾아볼 수 있다. 타고난 재능이 평범하더라도 기회를 포착하고 그것을 과감하게 시도하는 것이 중요하다. 실패에 대한 두려움 때문에 아이디어가 두개골 안에만 머문다면 그 사람은 창조적인 사람이라고 할 수 없다. 재능이 우수한 것과 창조적인 인물이 되는 것은 별개의 문제다.

천재 수준에 이르지 않는보통보다 우수한 정도의 창조성을 논할 때 재능보다는 창조적이고자 하는 태도가 더 큰 비중을 차지한다.천재는 재능과 태도를 모두 갖추고 있다. 영웅과 범부는 모두 미지의 세계에 대한 두려움을 느낀다. 단지, 두려움을 대하는 태도에 차이가 있을 뿐이다.

당신이 닮고 싶은 천재는 누구인가? 없다면 정하라. 그리고 그들의 초상을 방에 걸어두어라. 만약 아인슈타인과 스티브 잡스가 당신에게 강렬한 영감을 주는 천재들이라면, 당신의 초상을 그들의 초상과 함께 나란히 걸어두어라. 아침에 일어나 하루를 시작할 때, 일과를 마치고 저녁에 잠이 들 때, 당신은 그들과 어깨를 나란히 하고 있는 자신을 발견하게 될 것이나.

그들과 대화하고 그들처럼 생각하기 위해 노력해보아라. 그들의 사상이나 이미지에 종속되라는 것이 아니다. 천재들을 철저히 자기 자신화하라는 이야기다. 아인슈타인을 자기 자신화하라. 스티브 잡스를 자기 자신화하라. 그러면 당신은 당신도 모르는 사이에 스스로가 마치 위대한 일을 성취할 운명을 타고난 사람처럼 행동하게 될 것이다. 당신은 점점 창조적인 인물이 되어간다.

인공지능 시대에도 천재의 지위는 견고하다. 인공지능이 제아무리 뛰어난 완성도의 작품을 쏟아내도 그것은 인간의 창조성과 구분된다. 인공지능은 인간의 창조성을 흉내낼 뿐이다. 선구자로서 새로운 세계를 이끌어나가는 주체는 언제나 인간이다. 인공지능은 학습한 것을 분석하여 결정을 내리고 작품을 만들어낸다. 하지만 인간은 위대한 상상력을 바탕으로 검증되지 않은 새로운 영역을 개척한다. 이 부분은 인공지능이 대체하기 어렵다.

이지성 작가는 《에이트》에서 인간의 창조적 상상력만큼은 인공지능이 쉽게 대체할 수 없다고 단언하는데, 필자도 그와 같은 생각이다. 천재는 인간 중에서도 인간이 발휘할 수 있는 창조적 상상력을 극단의 경지까지 끌어올릴 수 있는 존재다. 창조적 상상력이 비범한 인물은 인공지능 시대에 저절로 리더가 된다. 인공지능은 인간에게 더욱 위대한 상상력과 창조성을 요구할 것이다. 인간의 위대한 상상력과 공감력은 인공지능을 통해 더욱 극대화된 창조성으로 나타날 수 있다. 그러니 천재를 추구하라.

"인공지능은 결국 인간을 흉내낸 것에 불과하다. 인공지능은 인간 중에서도 천재를 흉내내고자 한다. 하지만 천재의 지적 능력 정도나 흉내낼 수 있을 뿐 창조적 능력은 흉내조차 낼 수 없다. 아니 인공지능은 천재의 창조가 무엇인지조차 모른다. 하여 천재는 인공지능이 영원히 닿을 수 없는 별로 남을 것이다. 인공지능 시대에도 인간 천재는 계속 나타날 것이다. 그들은 새로운 인공지능을 상상하고, 창조할 것이다. 그렇게 천재는 인공지능의 주인을 넘어 인공지능의 위대한 창조자가 될 것이다. 그러니 당신도 힘써 천재를 추구하라." - 이지성

(2019), 《에이트》, 차이정원

3

우뇌를
활성화하라

직관적 사고는 하늘이 주신 신성한 선물이며 합리적 사고는 충실한
하인에 불과하다. 그러나 우리는 하인을 섬기고 신성한 선물은 등한
시하는 사회를 만들었다.

- 알버트 아인슈타인

좌뇌가 지배하는 삶은 항상 그것이 시키는 대로 사는 삶이다.
그 검열관은 당신이 안정감, 친숙함을 유지하고 항상 합리적인
것들만 추구하도록 만들 것이다. 좌뇌라는 검열관은 이성과 논
리로 무장해 있다. 남달라지려는 당신의 욕구를 무자비하게 때
려눕히고, 당신을 매우 합리적인 사람으로 만들어준다. 내면에
서 들려오는 직관의 음성을 차단해버린다.

우리가 본연의 모습을 되찾고 좀 더 창조적인 삶을 살기 위
해서는 좌뇌로부터 자유로워지기 위해 노력해야 한다. 좌뇌로

부터 자유로워지기 위해서는 우리가 이미 알고 있는 인식체계에서 벗어나야 한다. 그 인식체계는 대표적으로 언어이다. 언어는 효율적이지만 세계에 대한 우리의 인지를 매우 협소하고 경직되게 만든다.

언어는 사고를 논리적이고 명확하게 만들어주지만, 세계를 어떻게 인식해야 하는지를 우리보다 앞서 미리 결정해버린다. 문밖에 더 넓은 세계가 존재한다는 사실을 망각하게 만든다.

언어는 특정 대상을 가리키는 하나의 명칭이지만 그것이 가리키고자 하는 대상을 정확하게 반영할 수는 없으며, 심지어 왜곡시킬 수도 있다. 언어는 그 어떤 명칭으로도 그 사물이나 대상을 완전 그대로 나타낼 수 없다.

우뇌를 강화시키고 싶다면, 언어를 멀리하는 시간을 가져보라. 가끔은 다른 사람과의 단절을 선택하라. 자기 자신과의 대화도 단절하라. 머릿속에 일어나는 언어적 잡음을 모두 걷어라. 눈앞에 보이는 사물이나 현상을 논리적으로 분석하려 들지 말고 느껴라. 그것을 언어가 아닌 다른 방법으로 느끼고 표현하라. 사물을 대체하라, 결합하라, 확대하라, 축소하라, 다른 용도를 찾아라, 삭제하라, 재배치하라, 거꾸로 하라. 서로 전혀 관련이 없는 사물이나 대상들을 선택해서 새로운 공통점을 발견한 뒤 그것들을 연결지어라.

혼자 있는 동안 시간을 내어 의식적으로 행동하지 말고 무의식적으로 행동하라. 무엇인가를 배열하나 정리할 때, 준비물을 챙길 때, 의식적으로 하지 말고 무의식적으로 일을 처리하고 무엇인가 빠뜨리지 않았는지 점검하는 과정을 반복하라.

잡지나 신문에 실려 있는 글을 한 번 정독하고 가위로 각 문단을 자른 뒤 섞어라. 서로 섞여 있는 문단들을 재배치하라. 혹여, 실제 문단 순서와 다르게 배치해도 문단의 흐름이 자연스러운 경우가 있는지 살펴보아라.

출퇴근 시, 고의로 익숙하지 않은 다른 길로 우회하라. 산책을 할 때도 목적지를 미리 정해놓지 말고 즉흥적으로 떠나고 다시 원위치로 돌아와 보아라.

당신이 느끼는 감정을 의식의 흐름에 따라 계속 종이에 작성하라. 이때 사용하는 언어는 당신이 평소에 사용하는 언어와 다르다. 맞춤법이 틀려도 좋다. 거칠고 투박한 표현도 상관없다. 무엇이든 생각나는 대로 적어라. 이상한 생각, 불안한 생각, 위험한 생각, 부끄러운 생각, 뼈아픈 기억, 과거의 트라우마 가리지 말고 막힘없이 적어라. 그 느낌을 의식의 흐름에 따라 있는 그대로 종이에 적어라. 언어로 표현하기 어려울 때는 그것을 그림으로 표현해도 좋다. 몸의 움직임으로도 표현하라.

그러한 훈련을 계속하라.

물론 좌뇌는 우뇌를 활성화하려는 당신의 시도에 분명 시비를 걸 것이다. 우뇌가 어떻게 실패할지. 왜 위험한지. 얼마나 충동적인지 맹공을 퍼부으며 당신을 설득하려 들 것이다. 좌뇌의 설득에 넘어가지 마라. 우뇌는 좌뇌의 주인이다. 좌뇌는 우뇌가 떠올리는 아이디어를 논리적으로 정리하고 취사선택하는 역할을 할 뿐이다. 하지만 좌뇌는 자신에게 주인이 필요하지 않다고 생각한다. 자신이 자기만의 세계에서 왕으로 군림하고 있다. 그래서 주인의 존재를 망각하고 자기 혼자 옳다는 독선을 부린다. 우리가 할 일은 좌뇌에게 더 큰 세상을 지배하는 우뇌라는 주인이 있다는 사실을 가르쳐 주는 것이다.

한 가지 주의할 점은 우뇌형 인간이 되라고 해서 좌뇌를 무조건 억제하라는 뜻으로 받아들여선 안 된다는 것이다. 이것은 일종의 흑백논리다. 우뇌만 100%사용하는 경우란 없다. 인간이 극도로 창의적이기 위해서는 확산적사고유연하고 개방적으로 사고하는 능력를 담당하는 우뇌와 수렴적 사고여러 가지 정보를 취사선택하여 일정한 논리체계를 만들거나 가장 적절한 선택지를 판별해내는 능력를 담당하는 좌뇌가 고도로 협력해야 한다. 단지 우리가 죄뇌에만 너무 의존해 있으므로, 더 창조적인 사람이 되기 위해 그 주도권을 다시 우뇌에게 주자는 것일 뿐이다.

충동적으로 떠올린 아이디어와 비논리적 사고 과정 자체를 직관력이라고 간주한다면, 이는 헛된 망상으로 오히려 일을 크게 그르치는 경우가 많을 것이다. 공상력을 현실과 연결지으려면 일정 수준 이상의 논리적 사고능력이 필수적으로 요구된다.

그래서 창조적인 인물이 되고자 하는 사람들의 필요한 지적 미
덕은 무의식의 지성인 직관력과 의식의 지성인 이성 두 가지를
모두 갖추는 일일 것이다.

4

집단이 정한 기준을
맹목적으로 추구하지 마라

너무 오랫동안 세상 사람들은 그들(무리 짓는 작은 사람들)의 언행을
들어왔다. 그래서 마침내 그들에게 권력마저 주게 되었다. 이제 작은
사람들은 가르친다. "작은 사람들이 선하다고 하는 것만 선하다"라고
- 니체

한국은 개인의 정체성보다 집단적 성취를 우선시하는 경향이
다른 나라에 비해 유달리 강하다. 우리는 자신의 내면에 집중
하기보다는 집단과 무리가 하는 행동을 생각 없이 따라 하는
것에 익숙해져 있다. 다 같이 뭔가를 하자고 하면, 한 개인은 하
기 싫더라도 집단의 화목한 분위기를 위해 반드시 그 '함께'의
일부가 되어야만 한다. 우리는 자신을 낮추고 집단의 기준에
순응하는 것을 자기 통제의 미덕이자 예의라고 배워왔다. '함
께'라는 신성한 가치에 의문을 표하기라도 하는 날엔 사교성이

없다거나 자기중심적이라는 말을 듣게 된다.

공동체의 가치를 모르는 사람으로 인식될 뿐이다. 때문에 '우리'라는 폭력에 대항할 힘이 없는 삭은 개인은 '우리'라는 감옥에서 벗어나지 못하고 평생을 남들이 만든 가치와 기준에 따라 살게 된다. 자신의 고유한 사상을 표현하는 것도, 엄청난 용기와 각오가 필요하다. 집단적 광기에 대항하려고 하는 순간, 집단적 광기는 어느새 협동과 협력의 가치라는 아름다운 포장지를 두른 채 고유한 내면이 살아 있는 한 개인을 더욱 억압하려 든다. 개인들은 '우리'를 위해 얼마나 자기 자신을 희생하며 살아왔던가.

개인의 행복을 위해, 사회적 창조력의 낭비를 막기 위해 우리는 우리를 가두는 우리에서 벗어나야 한다. 자신의 주장이 다른 사람의 의견이나 집단의 정체성과 양립할 수 있는지를 먼저 걱정해야 하는 곳에서는 자존감 없는 인정욕구와 허영만이 넘쳐날 뿐이다. 스스로에 대한 자각이 부족한 상태에서 그 빈약한 자존감을 해소하기 위해 남들의 시선 속에서 자신의 가치를 찾으려는 개인들이 스스로의 창조성과 창조적이고자 하는 다른 개인들을 억압하고 있다.

자기 내면에 대한 탐구가 빈약한 개인일수록 자신이 추구하는 가치가 무엇인지도 모른 채, 그저 집단이 정해준 행복의 기준을 강박적으로 좇는 법이다. 이들은 개인의 욕망보다는 남들에게 뒤처지지 않겠다는 안도감을 더욱 갈망한다. 남에게 뒤처지지 않을 수만 있다면 자신의 진정한 내면을 억누르고 희생시키는 것쯤은 대수롭지 않다.

순수하게 자신의 욕망을 추구하는 사람, 자신의 행복을 추구하는 사람은 그 본질이 순수하고 탄탄하기 때문에 자신의 모습이 외부에서 어떻게 보일지에 대해 그다지 신경을 쓰지 않는다. 이 사람은 세상이 자신을 어떻게 생각하는지보다 자신이 세상을 어떻게 바라볼 것인지에 집중한다.

자기 스스로 행복을 찾지 못하는 사람은 행복을 흉내내는 사람이다. 행복은 스스로가 삶의 주체가 될 때 찾아온다. 불행의 근원은 개인이 아니라 집단이 정한 행복의 기준을 강요받는 것에 있다. 당신은 당신의 것도 아니면서 당신에게 별로 도움도 되지 않는 신념들을 머릿속에 너무나 많이 축적해 놓았다. 현재 당신이 가지고 있는 모든 신념을 의심하는 것부터 시작하라. 스스로에게 질문하라. 당신은 당신이 해야 하는 것을 하고 있는가 아니면 하고 싶어 하는 것을 하고 있는가. 당신은 바람직한 것을 하고 있는가 아니면 바라는 것을 하고 있는가.

당신이 따르고 있는 신념 중 대다수는 다른 사람들이 당신에게 주입한 것들이다. 우리들은 성장하면서 내면의 충동을 이성으로 억압하는 훈련에 너무 익숙해져 왔다. 문화는 충동을 잘못된 것, 억제해야 하는 것, 참아야 하는 것으로 가르쳐 왔다.

그리고 우리는 사랑받기 위해서 외부로부터 주입된 요구에 따라 그것을 통제해왔다. 우리는 사회적으로 용인되는 것, 예의 바른 것, 의무적인 것을 하도록 교육받았다. 반면 하고 싶은 것, 좋아하는 것을 하는 것에는 늘 엄격했다. 그 과정에서 우리는 우리의 영혼이 담긴 충동을 불신하고 오직 이성에만 충실한 인간이 되었다. 이것은 당신의 정체성을 부정하는 행위다. 이것은 '성실'이나 '인내'가 아니라 '자기기만'에 해당할 뿐이다. 내면의 이중성은 순수한 욕망과 타인에 의해 주입된 욕망 사이에서 당신을 우왕좌왕하게 만든다. 타인을 지나치게 의식하는 상태가 지속되면, 불필요한 신념이 당신의 민감한 뇌와 결합해서 아무것도 시도하지 못하게 만든다.

어차피 모두의 기대를 충족시켜줄 수 있을 만큼 완벽한 사람은 이 세상에 존재하지 않는다. 당신을 향한 외부의 시선에 집착하지 말고 당신 내면에 존재하는 순수한 욕망과 고유성에 집중하라. 외부의 시선과 기준을 지나치게 의식하면 당신은 당신의 삶을 변화시킬 수 있는 새로운 시도들을 할 수가 없다.

5

독립적으로
사고하라

권위에 호소하여 논쟁하는 자는 지성을 사용하지 않는다. 기억을 사
용할 뿐이다.

- 레오나르도 다 빈치

어떤 이들은 자신의 독서량을 자랑하면서 자신의 유식함을 드
러낸다. 그리고 누군가와 대화할 때 자신이 읽은 책 이름을 들
먹이면서 어느 파트에 어느 구절이 어떻게 나와 있는지를 덧붙
인다. 그러면 주변 사람들은 그 박학다식함에 놀라움을 금치 못
하고 자동으로 어깨가 으쓱해진다. 하지만 독립적으로 사색하
는 사람들의 눈에는 그저 '나팔'에 불과할 뿐이다. 꽤나 많은 것
을 아는 것처럼 보이지만 사실, 이들은 기억력에 의존하여 대화
를 하는 것일 뿐, 지성을 활용하여 대화를 하는 것이 아니다.

자신이 본 것을 그대로 흡수해 두었다가, 필요할 때 그대로

뱉어내는 것이다. 스스로 사색할 줄 모르는 이들은 머릿속에 다른 사람들이 만들어 놓은 사유의 결과물들을 자신의 것 마냥 가득 쟁여놓는다. 세상에 이미 알려진 것이라 할지라도 그것을 수동적으로 입력하여 터득한 것과 스스로 알아낸 것은 천지 차이다. 전자는 이미 앞서간 사람들이 두고 간 밧줄을 부여잡고 산을 오르는 일이고 후자는 스스로 길을 찾아 올라서는 일이다. 전자는 그저 밧줄만 잡고 산에 올라가면 되기에 생각을 할 필요가 없다. 단순히 읽는 것에만 너무 익숙해지면, 스스로 사고하는 방법을 잃어버리게 된다. 그저 눈이 글자를 따라 움직일 뿐 그 어떠한 사상도 창조해내지 못한다.

하지만 독립적 사색을 하는 사람은 그 위치에 도달하기까지 스스로 사유하고 창조하는 연습을 거듭하였기 때문에 자신의 전공과 전혀 색다른 분야의 지식을 접해도 훨씬 빠른 속도로 본질을 꿰뚫고 자신의 분야에 접목시킬 수 있다. 독립적 사색을 하기 위해서는 외부의 기준에 휩쓸려서는 안 된다. 이는 사회의 일반 상식이나 타인의 관점을 무조건 배척하라는 말이 아니다. 타인의 다양한 관점을 통해 대상을 다각적으로 바라보되, 그것을 교조적으로 추구하지는 말라는 것이다. 쓸모없는 것은 버리고 정수만 추리는 것이다. 그리고 그것을 자신만의 것과 결부시켜서 자신만의 사상을 창조하라. 이것이 사색의 과정이다.

6

인문학을
창조성의 촉매제로 활용하라

인문학은 왜 배우는가?

인문학을 통해 배양된 기량은 매우 남다를 수밖에 없다. 인간의 사고 수준을 높여주며 세계를 새로운 방식으로 바라보게 해주는 인문학이야말로 창조성의 도구라 할 수 있다. 우리는 인문학을 활용해 더 높은 사유의 시선에서 사물을 다각적으로 바라보고 머릿속에 존재하는 기존의 지식들을 새로운 방식으로 연결해 새로운 가치를 창출해낼 수 있다. 탁월한 사고 체계를 기반으로 지식을 학습하는 사람은 보통의 방식으로 지식을 흡수하는 사람들과 전혀 다른 결과를 보여준다.

혁신과 독창성의 아이콘인 스티브 잡스는 본인의 혁신성의 원천이 바로 인문고전에 있다고 말하였다. 고등학교 시절, 세상의 진리에 대해서 사색을 즐겼던 그는 컴퓨터에 대한 전문성을 키워나가면서도 플라톤, 셰익스피어 등의 인문 고전을 닥치는 대로 읽었다.

내면에 존재하는 자기 자신에 대해 끊임없이 질문하고 외부의 진리를 추구하는 과정에서 기존 철학자들의 혜안을 활용하였다. 스티브 잡스는 17살 때부터 인문철학과 함께함으로써 자신의 사고 수준을 높은 단계까지 끌어올릴 수 있었다. 자신만의 사상을 창조한 잡스는 스스로 '룰의 생산자'임을 자처하였고, 이 세상의 권위에 굴복하지 않았다. 애플의 잡스뿐 아니라 페이스북의 저커버그도 인문학의 중요성을 강조했다.

이에 따라 세계적인 기업들이 인문학적 소양을 갖춘 인재들을 높은 창의적 잠재력을 갖춘 것으로 보아 채용하고 있으며 한국 대기업들도 이러한 분위기에 편승해 인문학적 소양의 중요성에 눈뜨기 시작했다. 채용 과정에 인문학적 지식을 평가할 수 있는 문제가 출제되기도 한다.

대기업이 먼저 인문학에 관심을 가지게 되니, 당연히 국내의 모든 국가 기관과 중소기업들도 인문학에 관심을 가지게 되고, 결과적으로 대중들 사이에서 인문학 열풍이 불게 되었다.

하지만 인문학을 공부한다고 해서 무조건 창조적이게 되는 것은 아니다. 우리는 인문학을 중시하는 사회적 분위기에 편승해 인문학을 흉내만 내고 있을 뿐이지 진정한 의미에서의 인문학을 실천하지 못하고 있다. 일부 철학자들의 책 속에 갇혀 있는 사고방식을 그대로 암기하는 것만으로는 창조성을 기대할 수 없다. 이것이 우리의 한계이다.

칸트, 니체, 쇼펜하우어, 공자, 노자, 장자가 주장한 지식들을 무작정 암기해서는 별다른 변화가 없을 것이다. 과거의 인문학을 그대로 가져와서 학습하는 것은 또 하나의 믿음체계에 순응하는 것에 불과하다. 지난 10여 년 동안 우리나라가 인문학 열풍을 겪으면서 철학을 열심히 공부했음에도 불구하고 아직 뚜렷한 성과가 나오지 못하는 것은 우리가 철학을 지식적 차원에서 학습하는 수준에 머물렀기 때문이다.

인문학을 공부하는 근본 목적은 자기 자신의 고유한 사고 능력을 고도로 발휘함으로써 새로운 세계를 여는 것이다. 철학자들의 저서와 이론을 공부하는 이유는 자신보다 앞서 살았던 지성인들의 탁월한 사고방식, 이들이 세계를 바라보고 해석했던 방식을 따라가 봄으로써 스스로 그들과 동등한 위치에 도달해 보는 데 있다.

더 나아가 그 시선의 높이에서 세상을 통찰하고 해석하는 독자적인 기준을 만들어 낼 수 있고, 그것이 자신의 분야 또는 삶 일부로서 정립되어간다면 그것이 진정한 의미에서 '창조'일 것이다.

인문학은 말 그대로 촉매제다. 촉매제를 제대로 활용하기 위해서는 먼저 서로 섞여 화학반응을 일으킬 만한 재료들이 준비되어 있어야 한다. 그러한 실체가 없이 홀로 존재하는 촉매제는 아무런 화학반응을 일으킬 수 없다. 아무리 훌륭한 레시피를 손에 쥐고 있다 할지라도 음식의 재료식재가 구비되어 있지 않다면, 그 어떠한 요리도 만들어낼 수 없다.

지금까지 위대한 업적을 남긴 천재들이 공통적으로 인문/철학을 공부해왔지만, 그들은 인문학만 공부한 사람들이 아니라, 인문학도 공부한 사람들이다. 이점을 간과해서는 안 된다. 인문학을 통해 얻은 높은 사유의 시선이 우리 현실에 구체적인 모습으로 드러나려면 그것과 결합할 수 있는 지식과 전문성이 필요하다. 그렇지 못하다면 아무리 비범한 사유의 시선을 갖는다고 할지라도 산속에 혼자 은둔해 살아가는 도인과 다를 바가 없게 된다. 만약 스티브 잡스가 프로그래밍, 공학, 미학, 경영학의 지식들이 없이 단지 인문학만 공부하는 사람이었다면, 철학과 교수가 될 수는 있었을지언정 오늘날의 스티브 잡스는 없었을 것이다.

오늘날 우리는 각자의 생존을 위해서라도 철학하는 인간이 되어야 한다. 지금까지는 기존의 지식과 정보를 착실하게 학습하는 것만으로도 어느 정도 사회적 기능을 수행하고 인정받을 수 있었지만, 앞으로의 사회는 그러하지 못하다. 인간의 학습능력은 도저히 인공지능을 따라잡을 수 없으므로, 학습능력에만 의존하는 거의 모든 일자리는 기계로 대체될 것이다. 다시 말해 우리는 과학적이고 논리적이면서도 인문적이고 예술적인 사람이 되어야만 인공지능에 대체되지 않는 나를 만들 수 있다.

7

모방하고
훔쳐라

좋은 예술가는 모방하고, 위대한 예술가는 훔친다.

-파블로 피카소

모방에서 독창성까지

평범한 사람에게 있어 모방과 독창성은 서로 대립되는 개념이지만 창조성을 추구하는 사람에게 있어 모방과 독창성은 점증관계다. 애벌레가 나비로 성장해 나가는 과정과 같은 것이다. 애벌레와 나비는 대립관계인가 아니면 점증관계인가? 모방은 독창성과 대비되어 별로 좋지 않은 개념으로 다뤄지는 경향이 있으나 모방은 모든 인간에게 있어 굉장히 중요한 과정이다.

모방이라는 것은 누군가가 이미 만들어 놓은 훌륭한 결과물을 그대로 밟고 따라가 봄으로써 직접 그 위치에 도달해보는 과정이다.

지능을 가진 인간에게 있어서 모방은 본능이기도 하다. 모든 아이디어는 백지에서 나오기 힘들며, 자신의 경험이나 능력이 부족할 때는 탁월하고 모범적인 사람의 행동을 무의식적으로 따라 하게 됨으로써 각종 위험 요소와 비용을 최소화하고 생존율을 높일 수 있게 된다. 모방이라는 것은 결국 '학습'이라는 개념과도 같은 것인데, 이렇게 모방이라는 과정을 지속적으로 반복하다 보면, 어느새 기술이 숙달되고 대상의 원리와 작동방식에 대한 깊은 깨달음을 얻게된다. 이를 기반으로 새로운 시도를 할 수 있는 지평이 열리게 된다.

"좋은 예술가는 모방하고, 위대한 예술가는 훔친다."라는 피카소의 명언이 독창성에 대한 모든 것들을 가장 간결하면서도 명료하게 함축한 문장이라고 생각한다. 입체주의 미술 양식을 개척하며 20세기 최고의 거장인 피카소지만 그의 천재성에 대해 의문을 제기하는 사람들도 많았다. 그의 작품들은 겉으로 보기에 매우 독특하고 남달랐지만 사실, 다른 화가들의 작품에서 이와 유사한 부분들이 꽤 관찰되었기 때문이다.

하지만 피카소는 오히려 당당하게 받아친다. "위대한 예술가는 훔친다." 그는 어린 시절부터 다른 사람들의 작품에 대해 굉장히 관심이 많았다. 타인의 작품을 수없이 감상하고 따라 그리는 모방의 과정을 통해 그림에 대한 단편적인 기법들을 익혔으며 더 나아가 화가들이 가진 고유한 사상을 포착해 이를 자신만의 방법으로 재조합하여 구현하는 경지까지 도달한다. 파블로 피카소의 "좋은 예술가는 모방하고 위대한 예술가는 훔친다."라는 명언은 훗날 스티브 잡스에게 큰 영향을 준다.

"지금까지 만들어 놓은 것 중에서 최고의 것을 발견하고 그것을 자신이 하고 있는 일에 접목시킬 줄 아는 지혜가 필요하다. 창의력은 다양한 아이디어를 조합하는 능력이다." -스티브 잡스

그 외 뉴턴, 알버트 아인슈타인을 포함하여 많은 창조적인 천재들이 유사한 진술을 했다. 아이작 뉴턴은 "다른 사람들보다 더 많이 보았다면 그것은 거인의 어깨에 서 있는 것"이라고 말했다. 여기서 교훈은 우리 모두가 거인들의 어깨에 서서 열정을 사용하여 주제에 대해 알게 되는 모든 것을 흡수하고 창의력을 발휘하여 최첨단을 발전시킬 수 있다는 것이다.

물리학자 알버트 아인슈타인은 "창의력의 비밀은 소스sources를 숨기는 방법을 아는 것입니다."라고 하였다. 헤밍웨이는 "내가 아이디어를 빌린 모든 사람들을 열거하려면 하루가 걸릴 것이며 살아 있거나 죽은 사람들 모두에게서 배우는 것이 전혀 새로운 것이 아니다. 작가와 마찬가지로 글쓰기에 관해서도 화가들로부터 많은 것을 배웁니다."라 하였고, 시나리오 작가 윌슨 위즈너는 "한 저자의 것을 훔쳐 가면 표절이 되지만, 많은

저자의 것을 훔쳐 가면 연구 결과가 된다."라는 말을 남겼다. 창조성을 추구하는 사람에게 있어 모방과 독창성은 대립관계에 있는 것이 아니라 점증관계다.

8

역발상하라

> 다수가 성공하는 경우란 없다. 모든 사람이 똑같이 생각한다면 틀렸
> 을 가능성이 크다. 군중이 가는 길과 다르게 가야 한다.
>
> **-험프리 닐**

미켈란젤로는 자유를 향한 노예들의 사투를 다룬 4점의 미완
성 조각품을 남겼다. 이 작품들에 붙여진 제목은 〈큰 덩이 머리
노예〉, 〈젊은 노예〉, 〈잠에서 깨어나는 노예〉, 〈수염 난 노예〉이
다. 팔과 다리는 그런대로 형태를 유지하고 있지만 나머지 부
분들은 대충 뭉뚱그려졌다. 자유를 향한 노예들의 사투라는 작
품의 주제처럼 노예들은 자신들을 붙잡아두는 미완성 돌덩이
로부터 탈출하려 하는 것처럼 보인다.

미켈란젤로의 <큰 덩이 머리 노예>(1520-30년경)
미켈란젤로는 미완성이 주는 표현의 가능성을 개발한 것이 아닌가 짐작된다. 덜 묘사함으로써 더욱 표현적이 되고, 명료한 묘사보다는 불분명한 묘사가 오히려 시사하는 바가 크기 때문이다.

사람들은 이 미완성작품을 대수롭지 않게 생각했다. 미완성이기 때문에 완성품보다 그 가치가 떨어지는 것은 당연했다. 그것이 상식이다. 이 미완성 작품들은 한때 차가운 박물관 지하실에 방치되었다. 하지만 이에 영감을 받은 조각가가 있었으니, 그 천재의 이름은 로댕이다. 로댕은 완성품은 그 완성도 때문에 오히려 풍부한 표현력을 잃는다고 생각하였다. 영감을 받은 로댕은 고의로 미완성 작품들을 만들었는데, 이것은 완성품에 대한 경멸에 가까웠다.

하지만 미완성된 부분들에 대해서는 관람객들의 자유로운 상상력이 가미될 여지를 남겨두었다. 이제 작품을 완성시키는 것은 예술가가 아니라 작품을 바라보는 관객이다. 물론 정교하게 깎여진 완성품만을 최상의 가치로 여겼던 당시 사람들은 로댕을 매우 게으른 예술가라고 여겼지만 말이다.

9

처음부터 완벽함을
기대하지 말라

완벽에 대해 두려움을 갖지 마라. 어차피 여러분은 결코 완벽에 도달
하지 못할 것이다.

- 살바도르 달리

창의적 발상이 처음부터 완벽한 형태로 현실에 나타나는 것은
아니다. 때문에 처음부터 너무나 많은 기대를 가지고 덤벼드는
것은 오히려 의욕을 꺾는 결과를 초래할 수 있다. 애벌레가 나
비로 성장하기 위해서는 일정한 시간이 필요하다. 애벌레가 나
뭇잎을 갉아 먹듯이 차분하게 자신에게 주어진 지식과 정보들
을 학습해야 하는 과정을 거쳐야 하고, 스스로 친 고치 안에서
고독과 함께 사색의 시간을 보내야 한다. 모든 창의적 발상은
처음엔 다소 부족하고 현실성이 부족할 수밖에 없다. 창의성이
라는 것은 기존의 것을 넘어서는 것이기 때문이다.

어니스트 헤밍웨이는 "모든 초고는 걸레다."라고 하였다. 그의 작품《무기여 잘 있거라》의 엔딩 부분은 30번 이상 고쳐 쓴 것으로 알려져 있다. 문장 하나 때문에 몇 시간을 고민하고 고쳐 쓴 경우도 많았다. 아무리 천재 작가라고 해도 일필휘지로 처음부터 완벽한 글을 써 내려갈 수는 없는 것이다.

역사상 유명한 천재들은 항상 성공적인 인생을 산 것처럼 보인다. 창조적인 인물이기 때문에 언제 어디서든 창조적 성취를 매우 쉽게 이루었을 것이라고 생각한다. 하지만 창조성만큼 불안정한 것도 없다. 창조성은 고정된 재능이 아니다. 굉장히 유동적인 재능이다. 사회적으로 공인된 창조적인 인물이라도 언제든지 실패와 성공을 오갈 수 있는 불안정한 재능이다. 어느 한 분야에 창조적인 사람이 다른 분야에서는 전혀 창조적이지 못할 수도 있다. 뿐만 아니라 원래 창조적이었던 분야에 대해서도 전혀 창의적인 아이디어를 내지 못할 뿐만 아니라 오히려 그 자신만만했던 아이디어 때문에 참혹한 실패를 겪는 경우도 많다.

역사상 유명한 천재들을 보면 이들이 만들어낸 모든 작품이나 사상이 위대한 가치가 있는 것처럼 보이지만 사실은 이와 아주 다르다. 이들은 매우 많은 작품들을 쏟아냈지만, 그 결과물 중 극히 일부만 우리에게 알려져 있는 것이다. 피카소는 평생 5만 점 이상의 작품을 남겼지만, 그 중 위대하다고 일컬어지는 작품은 몇 개나 되는가? 아인슈타인 역시 200여 개의 논문을 발표했지만 세상이 주목한 논문은 광전 효과, 브라운 운동, 상대성이론을 비롯한 5~6개 정도이다.

20세기를 대표하는 위대한 과학자임에도, 그가 쓴 다른 수많은 논문을 우리는 존재조차 잘 모른다. 아인슈타인의 독창성과 위대한 직관력도 때로는 오류를 내포하는 경우가 많았다. 자신의 논리를 손상시키는 치명적인 실수를 저지르기도 했다. 발명가 에디슨도 1,000여 개의 특허를 받았지만, 전혀 실용적이지 못한 발명품도 많았으며 그 중 탁월하다고 평가받는 것들은 소수에 불과하다. 스티브 잡스 역시 연이어 혁신에 성공한 사람이 아니다. 자신의 독단 때문에 일을 그르친 경우가 많았다. 하지만 그 독단의 출처는 자신의 일에 대한 끊임없는 열정과 주체할 수 없는 행동력이었고, 결국, 아이폰이라는 결과물을 만들어 냈다.

천재가 항상 천재적인 상태에 있는 것은 아니다. 엉뚱하고 어리석은 시도 속에서도 가장 창조적인 결과를 한 번만 내면 천재라는 타이틀을 얻는 것이고, 그렇게 천재라는 타이틀을 얻은 사람도, 때로는 전혀 천재성과 거리가 먼 행동을 할 수가 있다. 이와 같은 천재들의 사례를 든 이유는 이들의 재능이나 명성에 흠집을 내기 위함이 아니다. 창조적인 사람은 많이 시도하는 사람이며, 그만큼 실패에도 익숙한 사람들이라는 점을 강조하고자 함에 있다.

창작의 방향을 정하면 이에 대해 현실적이든 비현실적이든 상당히 많은 아이디어를 쏟아내고 다양한 시도를 해보는 것이 좋다. 그 과정에서 물론 졸작도 나오겠지만 어쨌든 그 작품들 중에서 보통 이상의 평가를 받는 것들이 나오기 시작할 것이다. 그리고 그 보통 이상의 작품을 만드는 것이 일상이 되면, 그 보통 이상의 작품들 중에서 역작이 탄생할 것이다.

당신의 총은 형태가 불분명하고 밑에 다리가 달려 움직이는 표적지를 향해 있다. 그 표적지를 향해 처음에는 상당히 무겁고 버거운 한 발 한 발을 쏘겠지만, 그 신중함에도 불구하고 표적지를 당연히 빗나가고 말 것이다. 하지만 점차 창조적 행위에 익숙해지고 실패에도 익숙해지면, 총을 재장전하고 정조준하는 시간이 줄어들게 될 것이다. 그러면 그만큼 당신은 평생동안 다른 사람들보다 많은 총알을 표적지를 향해 쏘게 될 것이다. 대부분의 총알은 표적지를 빗나가겠지만 그중 하나의 총알만 표적지를 명중시키면 그 작품이 역작이며, 세상이 당신의 이름을 기억하게 될 것이다.

설령, 명중시키지 못한다고 할지라도, 당신은 이미 수많은 작품을 세상에 탄생시킨 창조자가 된다. 비록 천재의 반열에 오르진 못하겠지만, 보통 이상의 작품을 여러 개 탄생시킨 것만으로도 당신은 그 분야에서 전문가로서 인정받게 된다. 천재

와 보통 사람의 중간 정도에 위치한 '창조적인 인물'로 일컬어
지는 데는 전혀 문제가 없다. 결국, 창작의 고통과 실패를 극복
하고 최대한 많은 창조적 시도를 하는 사람이 가장 창조적인
인물이 되는 것이다.

10

오해받고 비난 받는 것을
자랑스럽게 생각하라

누군가를 불편하게 만들지 않는다면 진정으로 세상을 흔들고 있는 것
이 아니다.

- 데버러 콘래드(인텔 부사장이자 최고 마케팅책임자)

당신의 목표가 평범한 삶에 있다면 "결코 모두에게 사랑받을
수 없다"라는 말로 충분하다. 모두가 당신을 좋아할 수는 없지
만 어쨌든 당신은 대부분의 사람들에게 미움을 받지 않고 평
탄한 삶을 살 수 있으니까 말이다. 하지만 당신의 비전이 평범
함에서 벗어나는 것, 세상을 놀라게 하는 것에 있다면 그 정도
로는 부족하다. 지금보다 더 심한 욕을 먹을 수 있도록 노력해
야 한다. 공감받기보다는 오해받는 사람이 되어야 한다. 필자
가 알기로 가슴속에 위대한 목표를 품은 사람, 평범한 사람이
쉽게 할 수 없는 생각을 하는 사람, 위대한 성취를 욕망하는 사

람은 반드시 주변 사람들로부터 비난을 듣게 된다. 특히 그 시도가 독창적이고, 앞서가는 것이고, 혁신적인 것일수록 더욱더 큰 비난을 듣게 된다.

창조적인 사람은 남다른 시선으로, 독창적인 방법으로 세계를 해석하고 그 독창성을 이 세상이 이해할 수 있는 방법으로 작품과 이론, 행위를 통해 대중에게 전달하는 존재다. 그리고 그것은 과정에서든 결과에서든 언제나 혼란이 동반되기 마련이다. 결국 아무에게도 비난을 받지 않고, 몰이해를 당해보지 않는다는 것은 남과 별반 다를 게 없는 인생이고 아무런 창조적 시도를 하지 않았다는 말과 같다.

여기서 필자는 배짱이 두둑한 예술가, 마르셀 뒤샹의 사례를 들려주고자 한다. 예술작품은 독창적이어야 한다. 당연하지 않은가? 전혀 새롭지도 않은 작품이 우리에게 어떠한 강렬한 인상과 감동을 선사해줄 수 있다는 말인가? 하지만 대량생산된 기성품을 거의 그대로 가져다가 전시회에 내던진 배짱을 보인 천재가 있었으니, 그 천재의 이름은 마르셀 뒤샹이다. 그가 보인 배짱 중의 가장 극치는 바로 소변기다.

그는 소변기를 그대로 가져다가 미국 독립작가협회가 주관하는 뉴욕 그랜드 센트럴 팰리스의 전시회에 접수했다. 아니 '접수했다'라는 표현보다는 주최 측에 '내던져두었다'라는 표현이 더 적합할 듯싶다. 그가 소변기에 한 것이라고는 'R. Mutt'

라는 서명을 한 것이 전부다. 그 외 시장에서 판매되고 있는 다른 소변기들과 다른 점은 없다.

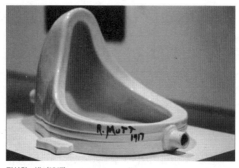

뒤샹의 <샘>(1917)
뒤샹은 남자 소변기에 어떤 가공도 하지 않은 이 작품을 뉴욕 그랜드 센트럴 갤러리에서 열린 독립미술가협회 전시회에 출품해 논란을 일으켰다.

"일상에서 흔히 볼 수 있는 물건을 가져와 새로운 제목과 관점 아래 그 쓰임새가 사라지도록 배치했다. 그 결과, 그 오브제에 대한 새로운 생각이 창조되었다." - 마르셀 뒤샹

소변기 기능을 생각하지 않고, 그저 있는 그대로의 본질적 형태만을 바라볼 때 소변기의 매끄러운 표면과 부드러운 곡선은 실로 어느 추상 조각 작품과 비교해보아도 전혀 손색이 없음을 알 수 있다. 당시의 미술계에서 작품이라는 것은 작품을 만들어내는 작가의 숙련도와 땀방울, 그리고 독창성이 결합하여 탄생하는 것이었다. 하지만 마르셀 뒤샹은 당시 형식화된

미술 시스템에 대한 도발을 하였다. 즉 그의 독창성은 작품 그 자체가 아니라, 관념, 즉 관점의 전환에 있었다. 마르셀 뒤샹의 파격적인 시도는 예술의 본질이 작품 자체가 아닌, 작품 너머 배후에 존재하는 관념에 있다는 미술사의 새로운 흐름을 만들어내었다.

미술계는 혼란에 빠졌다. 뒤샹의 행동은 미친 것이다. 가장 창조적인 사람들이 모였다는 예술계도 알고 보면 보통의 집단 못지않게 보수적이다. 예술가와 그의 작품은 반드시 기교가 우수하고 독창적이어야 한다는 생각도 사실은 매우 진부한 것이다. 그의 소변기는 당시 많은 비난을 받았지만, 지금은 20세기를 대표하는 작품 중 하나가 되었다. 기성품을 가져다가 그대로 전시해 둔 것 그 자체가 독창적인 발상이 되어버렸다. 창의력을 마음껏 발휘하려면 세상의 비난과 조롱에 맞설 배짱과 뻔뻔함은 선택이 아닌 필수다.

11

건강한 나르시시즘은
필요하다

여기에서 말하는 나르시시즘은 병리적 수준에 이르지 않은 건강한 자기애를 의미한다. 남들과 다른 가치를 추구하고, 훨씬 높은 수준의 비전을 갖는다면 건강한 나르시시즘은 필수적으로 구비해야 한다. 앞서 말했듯이 남과 다른 시도를 한다는 것, 창조적인 시도를 한다는 것은 그만큼 타인들의 눈에 띄기가 쉬운 일이고 공격을 받을 가능성이 높은 일이다. 당신이 아무리 진실한 노력을 하고 나날이 발전한다고 해도 당신의 시도 속에서 조금의 실패의 가능성이 엿보인다면 사람들은 당신의 미래에 대해 부정적인 견해들을 쏟아낼 것이다.

인간은 자신보다 원래 우월했던 사람에 대해 질투심을 느끼지 않는다. 평소 자신과 동등한 위치에 있었다고 여겨지는 동료, 또래, 친구 따위가 자신을 곧 추월하는 것 같다는 느낌에 대해 더욱 강렬한 반응을 하는 법이다. 이들은 당신의 비전이나 시도들에 대해서 단순히 비난하는 것에 멈추지 않고, 당신에게 좋지 않은 낙인을 찍는 등 정치적 행동을 통해 당신의 발전을 견제하려 들 수 있다. 이때마다 당신은 이들의 시선에 휘둘릴 것인가? 위축될 것인가? 이들에게 다시 좋은 평판을 얻기 위해 당신의 행동 범위를 조절할 것인가?

만약 그러한 생각을 하고 있다면, 필자는 만류한다. 당신이 이들에게 휘둘리는 순간 이들은 밑에서 당신을 더욱 뒤흔들 것이다. 자신들은 비록 평범하지만, 결속력과 평판이라는 도구를 활용해 얼마든지 당신을 통제할 수 있다고 믿기 때문이다. 당신이 자신들에게 굴복했다고 생각할 것이다.

당신의 비전이 확고하고 계획이 구체적이며, 실행력이 있다면, 타인이 당신에 대해 어떠한 비난을 하든 흔들리지 말아야 한다. 감정적 동요를 하지 말아야 한다. 이것은 당신이 자기 자신에 대하여 확고한 믿음이 없다면 불가능한 것이다. 비범한 정신적 높이로 인해 주변으로부터 고립되고 비난을 듣는 것이라면 차라리 고상한 일이다. 스스로의 위대성에 대하여 확신을 가져야 한다. 당신을 향한 질문에는 교묘한 함정과 전제가 숨어 있다는 것을 간파해야 한다. 대답을 잘하는 것은 중요하지 않다. 그 질문에 답변하는 것 자체가 질문의 전제를 인정하는 꼴이 되고 상대가 만들어놓은 판에 휘말리게 되는 것이다.

12

함부로 배수진을
치지 마라

한 분야에서 창시자가 되려면 자신이 창시자가 되려는 그 분야를 제외
하고 다른 모든 분야에서는 감정적으로 사회적으로 안정된 사람이 되
어야 한다.

-에드윈 랜드, (폴라로이드 창업자)

많은 기업가들이 엄청난 위험을 감수한다. 하지만 그런 사람들은 보통
실패한 기업가들일 경우가 많지, 성공신화를 쓴 기업가들이 아니다.

-말콤 글래드웰

미지의 길을 간다고 해서 세상의 모든 위험을 감내할 필요는
없다. 창조성을 발휘한다고 해서 모든 것에 반항적으로 되어야
하는 것은 아니다. '배수진을 치고 도전하라.'는 구호는 수많은
자기계발서에 난무한다. 하지만 '용기'나 '열정'을 명분으로 다
니던 직장을 그만두라거나 모든 자원을 한 곳에 투입하라는 자
기계발서는 위험하다고 생각한다. 자기계발서는 독자 한명 한

명을 두고 쓴 책이 아니라는 점을 조심해야 한다. 저자는 다수의 독자들을 염두에 두고 글을 써 내려간다.

독자 개개인이 어떠한 목표를 가졌는지 어떠한 상황에 부닥쳐있는지 알 수 없다. 그렇기에 사회적으로는 올바를 수 있지만, 개인에게는 위험을 초래할 수 있는 말들을 쉽게 내뱉을 수 있다. 도전과 용기를 최고의 가치로 떠받드는 것까지는 좋다. 하지만 독자들에게 배수진을 치라는 등의 책임질 수 없는 말을 함부로 해서는 안 된다고 생각한다.

물론, 창조적인 사람이 되기 위해서는 용기가 필요하다. 때로는 무모함도 필요하다. 하지만 무작정 위험을 감수하는 것은 '용기'가 아니라 '투기' 또는 '객기'라는 말이 더 적합할 것이다.

창조적 천재들이 혁신을 이루고자 여러 가지 위험을 감내한 것은 사실이지만 그들이 무턱대고 위험에 자신을 노출 시킨 것은 아니었다. 오히려 자신이 혁신을 이루고자 하는 분야 외에 다른 삶의 부분들이 안정되어 있을 때 독창성이 더 잘 발현되는 경우가 많았다.

독립된 주체로 자립하는 것에 만족하지 못하고 더 나아가 이 세상의 무엇인가를 변화시키겠다고 마음먹었다면, 자신이 정말 희망하는 한 분야에서 위험을 감수하되, 다른 분야들에 대해서는 관행을 존중하며 신중하게 처신하는 것이 필요하다. 독창성의 천재들이나 혁신가들을 보면 이들이 처음부터 모든 것들에 대해 도전적인 것은 아니었다. 자신이 연구하는 분야와 혁신을 이루려는 분야에 대해서만 도전적이었다.

우리는 앞서 특허청 공무원으로 근무하면서 약 6개월에 걸쳐서 5개의 논문을 발표한 아인슈타인의 사례를 살펴보았다. 그는 자신의 학문적 이상도 중요했지만, 가족을 부양할 의무도 있었다. 이것은 매우 현실적인 문제였다. 그래서 그는 직장에 다니면서 퇴근 후 남는 시간을 활용해 논문을 작성했다. 20세기 최고의 두뇌라는 아인슈타인 역시 독창성을 발휘하기 위해서는 안정적인 삶의 토대가 필요했다. 1976년 스티브 잡스와 회사를 공동 창업한 스티브 워즈니악은 휴렛팩커드라는 본래 직장을 그만두지 않고 1년 간 고용상태를 유지했다.

스릴러의 대가 스티븐 킹은 작가 생활을 하면서도 수 년 간 학교, 주유소에서 근무했다. 이베이를 창업한 피에르 오미디야르는 창업 후에도 계속 프로그래머로 일했고, 부수입이 월급보다 많아지고 나서야 직장을 그만두었다. 나이키 창업자인 필 나이트는 1964년 운동화 세일즈를 시작했지만, 5년 간 회계사로서의 일을 그만두지 않았다.

창조적 천재들은 기존 질서에 의문을 제기하고 이 세상에 도전장을 내던지기 때문에 굉장히 대담하고 자신만만해 보인다. 하지만 이들의 당당하고 강철 같은 겉모습을 살짝 들추어보면 그들 역시 실패에 대한 두려움에 시달린다는 것을 알 수 있다.

본업이 있으면 창업에서 최고의 기량을 발휘하는 데 방해가 되지 않으며 오히려, 한 분야에서 안정감을 확보하면, 다른 분야에서는 더 자유롭게 독창성을 발휘할 수 있다. 경제적으로 안정되면 중압감에서 벗어나 사고가 자유로워지고 퀄리티 있는 작품을 만들 수 있다.

운이 인생의 성공에 미치는 영향도 무시할 수 없다. 오히려 타고난 재능이 다소 부족한 사람이라도 운이 매우 좋은 사람은 자신의 재능을 극도로 발휘하지 않고도 원하는 것을 쉽게 손에 넣을 수 있다. 하지만 운이라는 것은 인간이 예측할 수 없는 것이다. 아무도 알 수 없다. 어제까지 건강했던 사람이 하루아침에 운명을 할 수도 있고, 불운한 인생을 살던 사람 앞에 생각지도 못한 조력자가 나타나 성공가도를 달리게 되는 수도 있다. 운은 예측할 수 없는 것이기에 우리는 단지 그 운이라는 것이 우리에게 왔을 때 담을 수 있는 그릇을 준비하는 일을 할 수 있을 뿐이다.

운이라는 것이 우리에게 왔을 때 담을 수 있는 그릇을 준비하는 일을 할 수 있을 뿐이다. 운을 맞이할 경우와 그렇지 못할 경우를 모두 고려해 포트폴리오를 꾸려야 한다. 한 곳은 고위험에 투자하고 다른 곳은 안전한 곳에 투자하여 자신을 보호할 줄 알아야 한다. 만약 당신이 작가가 되고자 한다면, 직장을 그만둘 필요가 없다. 개개인의 재능과 환경적 조건에 따라 차이가 있을 수 있지만, 직장을 다니면서도 1년에 책 1~2권 정도는 충분히 쓸 수 있다. 직장생활과 당신의 목표를 별개의 것으로 간주할 필요가 없다. 직장에는 수많은 인간군상이 존재하고 인간에 대한 풍부한 경험을 쌓을 수 있으며, 이는 작품세계에 반영할 훌륭한 재료가 되기도 한다.

당신의 목표가 사업가이든 대학원에 진학하여 학위를 취득하는 것이든 모두 마찬가지다. 전혀 관련이 없어 보이는 것들 사이에서 공통분모를 찾아내고 이미 주어진 환경 속에서도 남들이 발견하지 못한 새로운 가치를 만들어 내는 것이 바로 창조성이다.

>>> 참고문헌

강주상2017, 《이휘소 평전》, 사이언스북스

권혜숙2012, 《영재를 이해하는 부모 영재로 착각하는 부모》, 루비박스

신성권2019, 《말 안 듣는 우리아이가 영재였다니》, 생각의 빛

이병욱2015, 《위대한 환자들의 정신병리》, 학지사

이지성2019, 《에이트》, 차이정원

조성관2018, 《독일이 사랑한 천재들》, 열대림

지형범2016, 《영재성 바로 알기》, 한국경제신문

안승일2014, 《열정의 천재들 광기의 천재들》, 연암서가

개럿 로포토 지음, 장은재 옮김2012, 《다빈치형 인간》, ㈜고려원북스

니체 지음, 장희창 옮김2004, 《차라투스트라는 이렇게 말했다》, 민음사

대린 M, 맥마흔 지음, 추선영 옮김2017, 《천재에 대하여》, 시공사

로버트 그린 지음, 이지연 옮김2019, 《인간 본성의 법칙》, 위즈덤하우스

로버트 그린, 주스트 엘퍼스 지음, 안진환, 이수경 옮김2009, 《권력의 법칙》,
웅진 지식하우스

로버트 루트번스타인, 미셸 루트번스타인 지음, 박종성 옮김2007, 《생각의 탄
생》, 에코의 서재

리처드 니스벳 지음, 설선혜 옮김2010,《인텔리전스》, 김영사

말콤 글래드웰 지음, 노정태 옮김2008,《아웃라이어》, 김영사

멜리사 실링 지음, 이주만 옮김2018,《괴짜들의 비밀》, 새로운 현재

미하이 칙센트미하이 지음, 최인수 옮김2004,《몰입 flow》, 한울림

바스 카스트 지음, 장혜경 옮김2016,《지금 그 느낌이 답이다》, 갈매나무

쇼펜하우어 지음, 함현규 옮김2006,《생존과 허무》, 빛과 향기

쇼펜하우어 지음, 홍성광 옮김2009,《의지와 표상으로서의 세계》, 을유문화사

아인슈타인 지음, 김기덕 옮김1994,《나의 자서전》, 민성사

애덤 그랜트 지음, 홍지수 옮김2016,《오리지널스》, 한국경제신문

앤드루 로빈슨 지음, 박종성 옮김2012,《천재의 탄생》, 학고재

예카테리나 월터 지음, 황숙혜 옮김2013,《저커버그처럼 생각하라》, 청림출판

윌리엄 더건 지음, 윤미나 옮김2008,《제7의 감각》, 비즈니스맵

자오신산 지음, 이예원 옮김2010,《천재적 광기와 미친 천재성》, 시그마북스

잔 시오파생 지음, 이은주 올김2008,《어른이 된 영재들》, 도마뱀출판사

제임스 웨브 외 지음, 윤여홍 옮김2009,《영재와 정신건강》, 학지사

제임스 힐먼 지음, 주민아 옮김2013,《나는 무엇을 원하는가》, 토네이도

지바 마사야 지음, 박제이 옮김2018,《공부의 철학》, 책세상

체자레 롬브로조 지음, 김은영 옮김2015,《미쳤거나 천재거나》, 책읽는 귀족

토마스 만 지음, 원당희 옮김2009,《쇼펜하우어, 니체, 프로이트》, 세창미디어

하워드 가드너 지음, 문용린 옮김2007,《다중지능》, 웅진지식하우스

하워드 가드너 지음, 임재서 옮김2004,《열정과 기질》, 북스넛

천재, 빛나거나 미쳤거나

초판 1쇄 인쇄 2021년 3월 20일
초판 1쇄 발행 2021년 3월 29일

글쓴이 신성권

펴낸이 박세현
펴낸곳 팬덤북스

기획 위원 김정대 김종선 김옥림
기획 편집 윤수진 김상희
디자인 이새봄
마케팅 전창열

주소 (우)14557 경기도 부천시 부천로 198번길 18, 202동 1104호
전화 070-8821-4312 | **팩스** 02-6008-4318
이메일 fandombooks@naver.com
블로그 http://blog.naver.com/fandombooks

출판등록 2009년 7월 9일(제2018-000046호)

ISBN 979-11-6169-154-1 (03120)